企業価値最大化経営

澤 拓磨
株式会社TS&Co.
創業者兼代表取締役グループCEO

日本経済新聞出版

企業価値最大化経営

――企業価値最大化の実現を目標に定めた企業経営

本書は企業価値最大化経営、すなわち、「企業価値最大化の実現を目標に定めた企業経営」の実戦知を形式知化した実践書である。さらに本書では、企業価値最大化経営のキードライバーである「企業価値最大化を実現し続けるCEOとM&Aの方法論と要諦」を核心とし、蓄積・実証された現時点の結論を開示する。

なぜ、企業価値最大化経営か。詳しくは第1章1―1「経営・企業経営・企業価値最大化経営の違い」に譲るが、それは、経済（価値と対価の等価交換機能）の循環構造や企業の位置付け上、企業が果たすべき使命を最も包括的に抽象した指標が「企業価値」であり、その「最大化」（極大化や向上ではなく）こそが公器たる企業の本懐を最も果たしうると考えるためである（なお、企業経営は特殊解で営む営為であり、株主やCEOの価値観の数だけ異なる指標を目標に掲げた企業経営が存在しうる）。従って、理想的には、企業に関わるあらゆるステークホルダーに企業価値最大化経営を理解していただき、経済全体の活性化に繋げていくことが必要と考える。

しかし、本書では、より直接的に経済の発展・繁栄に貢献するため「企業価値最大化をこれから実現したい」「さらなる企業価値最大化を実現したい」「企業価値最大化を実現できる対象に投

企業価値最大化経営：企業価値最大化の実現を目標に定めた企業経営

資したい」と企図する、既に企業価値最大化経営に関心をお持ちの株主、取締役会、CEO、経営幹部、経営企画担当者、事業責任者、M&A担当者、投資家に対象読者を絞り、企業価値最大化経営の実行力と読み（読解）・描き（構想）・そろばん（計画）能力向上に貢献するという視点で、より多角的・多面的に企業価値最大化経営を考察し、実践的で実務に役立つ内容とすべく努めた。

　企業価値最大化経営のキードライバーであるCEOとM&Aそれぞれの視点でみた企業価値最大化経営は似て非なるものだ。

　CEO視点の企業価値最大化経営は、自社単独の意志に基づく計画（目標企業価値の実現確率が最も高いと考える計画）を策定し企業価値最大化を実現していく。この計画内では、M&Aを行うことも想定されるため、M&A当事者視点の企業価値最大化経営はCEO視点の企業価値最大化経営に包含される。

　M&A当事者視点の企業価値最大化経営は、自社単独の意志に基づく計画を策定し企業価値最大化の実現を目指していた複数社が経営支配権の異動を伴う提携をし、他社（M&A当事者間）の意志も鑑みた計画を策定し、経営資源の運用とシナジー（相乗効果。ディスシナジーも生じうる）を享受しながら経営支配権の異動に伴う投資額を上回る企業価値最大化を実現していく「負け」から始まる経営である。

　しかし、CEOとM&Aには以下のような類似性があるため、同時に考察することで両者の理解がより深まる。

1. 両者ともに企業や事業を丸ごと扱い企業経営や事業経営を多角的・多面的に捉えながら目標を実現していく。
2. 両者ともに企業価値最大化経営に与える影響が甚大であり、一方の実行力や見識が他方のパフォーマンスに好影響を及ぼす。
3. 両者ともに企業価値が最重要経営指標であり、その最大化を目指す。

そこで本書では、企業価値最大化経営のキードライバーであるCEOとM&Aの方法論と要諦を同時に考察し、読者に企業価値最大化経営の理解を深めていただき、実行力と読み(読解)・描き(構想)・そろばん(計画)能力のレベルアップに貢献することを狙いとした。

本書の構成は、企業価値最大化経営をより多角的・多面的に理解していただき、実戦に役立てていただけるよう章立てをした。

第1章「企業価値最大化経営の基本」では、企業価値最大化経営とは何か、企業価値最大化を実現し続けるCEOとM&Aの方法論と要諦とは何かを明らかにし、企業価値最大化経営の基本を考察した。第2章以降は、基本を前提に応用・発展・実戦と論理を展開する。またコラムとして、実務にて話題に挙がることの多い、単独経営と共同経営はどちらが優れた企業価値最大化を実現しうるか、オーナー経営者と非オーナー経営者はどちらが優れた企業価値最大家か、戦略投資家と金融投資家はどちらが優れた企業価値最大家かの3点について筆者の見解を示した。愚問だが話題に挙がることが多いため、コラムとして一般論を掲載することとした。

第2章「企業価値最大化経営の応用」では、過去筆者あるいはＴＳ＆Ｃｏ．が関与した実例を参考に、もし筆者が各社の企業価値最大化経営を担うＣＥＯであったらと仮定し、ＣＥＯアジェンダ（ＣＥＯにしか突破できない経営の流れを変える最重要・最優先課題）に絞り考察した。

第3章「企業価値最大化経営の発展」では、過去筆者あるいはＴＳ＆Ｃｏ．が関与した実例以外の企業価値最大化経営を実践され、過去10年超にわたり企業価値最大化を実現されている業界・規模・所在地・社歴等の異なる企業を参考に、もし筆者が各社の企業価値最大化経営を担うＣＥＯであったらと仮定し、ＣＥＯアジェンダに絞り考察した。なお、本内容は各社の経営方針を反映したものではなく、あくまで筆者の仮説である点にご留意いただきたい。

第4章「企業価値最大化経営の実戦」では、企業価値最大化経営の実戦における要諦、企業価値最大化経営の実戦で外部アドバイザーを起用する場合の要諦を紹介する。

２０２４年3月現在、２０１４年8月に経済産業省より公表された伊藤レポート（Ito Review）や２０１０年代中盤以降に東京証券取引所より次々と公表された各種原則・提言（ＣＧコード・スチュワードシップコード・資本コストや株価を意識した経営の実現に向けた対応について等）、近時増加傾向にある同意なき買収（敵対的ＴＯＢ）や相次ぐオーナー経営者の高齢化に伴う事業承継型Ｍ＆Ａの影響もあり、本邦企業経営界において上場企業を中心に企業価値最大化経営への機運が高まり続けている。

本書の目的は、こうした本邦企業経営界の重要な課題である「『企業価値最大化の実現』に寄与し、日本経済の発展・繁栄に貢献すること」である。本書の読者が経営を担う日本企業において企業価値最大化を実現し続ける企業が一社でも増えることや次代の本邦企業経営界を牽引する実務家に役立てていただくことで、本書が日本経済の発展・繁栄に貢献できれば、筆者として望外の喜びである。筆者自身も企業価値最大化経営への挑戦を続け、ステークホルダーの皆様とともに、日本経済ひいては世界の発展・繁栄に貢献していきたい。

2024年3月

株式会社TS&Co.
創業者兼代表取締役グループCEO
澤　拓磨

目次

第2章 企業価値最大化経営の応用

第3章　企業価値最大化経営の発展

第4章　企業価値最大化経営の実戦

第1章

企業価値最大化経営の基本

本章では、企業価値最大化経営とは何か、企業価値最大化を実現し続けるＣＥＯとＭ＆Ａの方法論と要諦とは何かを明らかにし、企業価値最大化経営の基本を考察する。

1-1　企業価値最大化経営とは

経営・企業経営・企業価値最大化経営の違い

はじめに、経営・企業経営・企業価値最大化経営の違いを整理し、企業価値最大化経営とは何かを明らかにしたい。図表1-1をご覧いただきたい。企業価値最大化経営とは「企業価値最大化の実現を目標に定めた企業経営」のことだ。なお、企業価値を論じる際、現場において使用されることの多い用語、企業価値の「最大化」「極大化」「向上」と、「価値創造」「価値破壊」は、それぞれ左記の通り意味合いが異なるため注意してほしい。

・企業価値最大化：企業価値をある一定期間内における最大値に向上させること。
・企業価値極大化：企業価値をある一定期間内の限定された期間における最大値に向上させること。
・企業価値向上：企業価値を向上させること。
・価値創造：投資家の期待収益率（資本コスト）を上回る資本利益率を実現すること。典型的にはＲＯＩＣ（投下資本利益率）＞ＷＡＣＣ（加重平均資本コスト）で表される。

・価値破壊：投資家の期待収益率を下回る資本利益率であること。典型的にはＲＯＩＣ＜ＷＡＣＣで表される。

企業価値最大化経営の目的は企業価値最大化であり、それには4つの背景がある。

1つ目は、図表1-2の通り、経済の循環構造や企業の位置付け上、企業価値最大化経営の実践こそが、公器たる企業の本懐を最も果たしうる使命であるためである。この点において、企業価値最大化経営を実践する必要性については、法人擬制説[※1]、法人実在説[※2]どちらの立場で考えたとしてもその影響を受けない。

2つ目は、株式会社の仕組みとして、将来のリターンを期待し、投資対象会社の株式や債券に投資した株主・債権者の期待収益率を上回る企業価値を実現すべきためである。

3つ目は、企業価値最大化経営を実践し、企業価値最大化を実現した先に、ＣＥＯや株主は、①永続的企業価値最大化経営、②Ｍ＆Ａ、③ＩＰＯ等の選択肢を能動的に選べる状態を得られるためである。

（※1）　法人擬制説：法人とは、概念的存在で株主の資産である資本の集合体であり、株主の負託を受けた経営者が経営する機能体（ゲゼルシャフト）と捉える欧米的定義

（※2）　法人実在説：法人とは、意志を持つ有機的な人の集団であり、代表取締役が代表として経営する共同体（ゲマインシャフト）と捉える日本的定義

企業価値最大化経営

企業価値最大化の実現を目標に定めた企業経営

企業価値最大化の実現

企業価値最大化

4つの背景：

1．経済の循環構造や経済における企業の位置付け上、企業価値最大化経営の実践こそが公器たる企業の本懐を最も果たしうる使命である
2．株主・債権者の期待収益率を上回る企業価値を実現すべき
3．企業価値最大化経営を実践し企業価値最大化を実現した先に、CEOや株主は、①永続的企業価値最大化経営、②M&A、③IPO等の選択肢を能動的に選べる状態を得られる
4．本邦企業経営界を取り巻く不可逆な時代の要請に自社を最適化していかなければならない

ゴーイングコンサーンを前提に3～5年単位で企業価値最大化経営に挑戦し続ける

※金融投資家の傘下企業では有期限を前提とする場合あり

- 上場企業経営者・CEO
- エクイティで資金調達を行った未上場企業経営者・CEO
- M&A当事者
- 取締役会

等

企業価値最大化を実現し続けるために必要な専門的能力全般

図表 1-1：経営・企業経営・企業価値最大化経営の違い

企業価値最大化経営とは「企業価値最大化の実現を目標に定めた企業経営」のこと

	経営[1]	企業経営
定　義	結果を出し続ける行動	企業が定めた目標を実現し結果を出し続ける行動
目　標	結果の実現	企業が定めた目標の実現
目　的	経営を行う主体者次第 ※志・野心等、個々のアイデンティティに影響を受ける	企業経営を行う企業経営者・CEO次第 ※志・野心等、個々のアイデンティティに影響を受ける
期　間	経営を行う対象次第 ※人生経営であれば100年等、寿命に影響を受ける	ゴーイングコンサーン（継続企業の前提）
主体者	全ての生物	全ての企業経営者・CEO
必要能力	経営を行う対象で結果を出し続けるために必要な能力全般	企業が定めた目標を実現し結果を出し続けるために必要な能力全般

1 詳細は筆者の前著『最高経営責任者（CEO）の経営観　―夢・理想の未来を拓く実践的技術』（単著、2022年、ダイヤモンド社）を参照

図表1-2：インベストメントチェーン（投資の連鎖）

経済の循環構造や企業の位置付け上、企業価値最大化経営は企業の使命

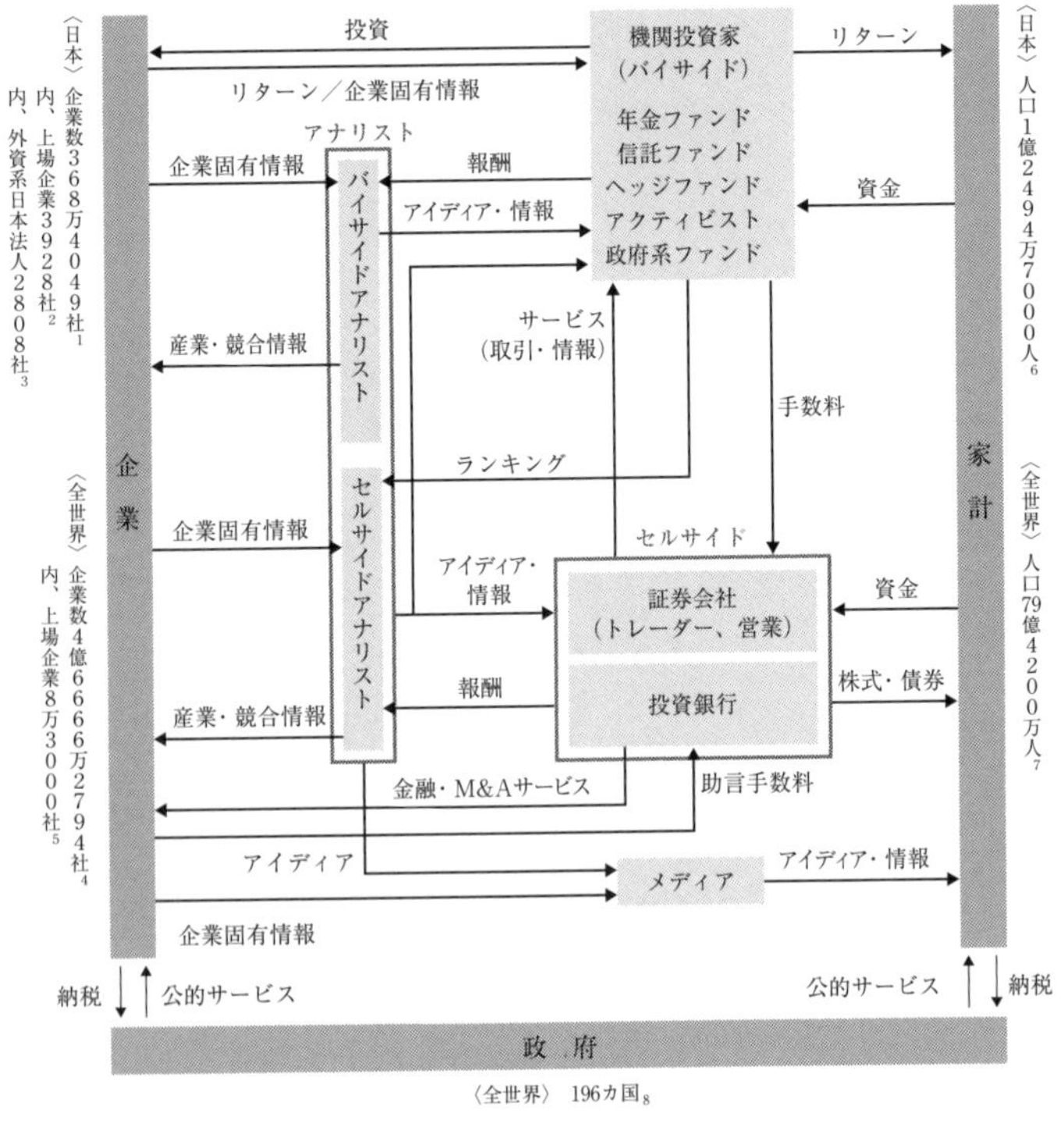

（出所）Desai, M.A., 2019. How Finance Works. The HBR Guide to Thinking Smart about the Numbers. Harvard Business School Publishingより筆者作成

1 令和3年経済センサス-活動調査 産業横断的集計「事業所に関する集計・企業等に関する集計」結果の要約（2022年6月1日時点）
2 日本取引所グループ上場会社数（2024年1月31日時点）
3 データブック オブ・ザ・ワールド2023（2019年度）
4 ビューロー・ヴァン・ダイク/ムーディーズ・アナリティックス「Orbis」（2023年9月27日時点）
5 ビューロー・ヴァン・ダイク/ムーディーズ・アナリティックス「Orbis」（2023年9月27日時点）
6 総務省統計局人口推計（2022年（令和4年）10月1日時点）
7 国連「World Population Prospects, 2022 Revision」
8 外務省（2023年3月20日時点）

４つ目は、２０１４年8月に経済産業省より公表された伊藤レポート（Ito Review）や、２０１０年代中盤以降に東京証券取引所より次々と公表された各種原則・提言（ＣＧコード・スチュワードシップコード・「資本コストや株価を意識した経営の実現に向けた対応について」等）、近時増加傾向にある同意なき買収（敵対的ＴＯＢ）や相次ぐオーナー経営者の高齢化に伴う事業承継型Ｍ＆Ａ、従業員への株式報酬制度の導入開始等の本邦企業経営界を取り巻く不可逆な時代の要請に自社を最適化していかなければならないためである。

なお、前述の4つの理由があろうとも、公器たる徳を保ちながら企業価値最大化経営を実践すべきであり、仮に公器たる徳に反してまで企業価値最大化経営の実践を優先しようとしても望む結果は得られないであろう。例えば、近時の国際社会に大きな影響を与えているロシア・ウクライナ戦争を踏まえた国際企業各社の対応（一時撤退・完全撤退等）とその後の企業価値への影響を鑑みると、株式市場は公器たる徳のある正しい決断を下した企業への好感を示し当該企業の株価は継続的に上昇を続けている。

企業価値最大化経営が行われる期間は、ゴーイングコンサーンが前提であるが、主体者の属性によっては有期限となる場合もある（金融投資家の傘下企業等）。従って、企業価値最大化経営とは必ずしも一代のＣＥＯのみで行われるものではない（一期4年の比較的短期でＣＥＯが任期を終えることも多い日本企業であればなおさらである）。

企業価値最大化経営の主体者は、実務上、後述する「企業価値」が論点となる上場企業経営者・

CEO、エクイティで資金調達を行った未上場企業経営者・CEO、M&A当事者、取締役会等である。しかし、例えば、オーナー家や創業経営者が発行済み全株式を所有する未上場企業であり、M&A当事者でもない企業を経営するオーナー経営者でも、オーナーが期待リターンの源泉を企業価最大化に定め使命を企業価値最大化に求めていた場合、企業価値最大化経営の主体者となりうる。

こうした特徴を持つ企業価値最大化経営に必要な能力は、企業価値最大化を実現し続けるために必要な専門的能力全般となる。企業価値最大化の実現を目標に定めることで生じるこの点が、企業価値最大化経営と他経営を隔てる違いである。具体的な方法論と要諦は1-2「企業価値最大化を実現し続けるCEOの方法論と要諦」、1-3「企業価値最大化を実現し続けるM&Aの方法論と要諦」にて述べる。

2024年3月現在、本邦企業経営界において企業価値最大化経営は、上場企業の経営者・CEO、M&A関係者等の従前より「企業価値」に実務上接する機会の多かったステークホルダーの間でも、認知は得られているものの未だその実現確率や再現性を上げるための議論や実戦知が確立されているとはいえない。しかしながら、環境は変化している。今こそ、本邦企業経営界全体として、企業価値最大化経営の実行力と読み(分析)・描き(構想)・そろばん(計画)能力の底上げを図る必要がある。

企業価値最大化経営の司令塔「企業価値」

企業価値とは「企業全体の総合的価値」だ。評価対象企業が継続することを前提とした場合の企業価値は、市場参加者のコンセンサスを根拠に評価するマーケットアプローチと将来創出される価値を根拠に評価するインカムアプローチで算定される。そして、評価対象企業が清算されることを前提とした場合の企業価値は、企業の再調達原価（コスト）に着目し、過去の純資産・負債・資産・利益を根拠に評価するコストアプローチ（ネットアセットアプローチ）を通じ算定される。

継続企業の評価では、マーケットアプローチであり、事業・財務面で類似する企業を複数選定し自社の財務情報（当期純利益、金利支払い前・税金支払い前・有形固定資産の減価償却費および無形固定資産の償却費控除前利益等）と整合した類似企業の評価倍率（ＰＥＲ、ＥＶ／ＥＢＩＴＤＡ倍率等）を乗じることで、企業価値を算出する類似企業比較法（トレーディング・コンプス、コンプスと呼ばれる）と、取引当事者の事業・財務面のプロファイルや取引ストラクチャーが類似する類似取引を複数選定し、自社の財務情報と整合した類似取引の評価倍率を乗じることで企業価値を算出する類似取引比較法（トランザクション・コンプスと呼ばれる）、インカムアプローチであり当該企業や事業が将来創出するＦＣＦの現在価値の総和に非事業資産を加算することで企業価値を算出するＤＣＦ法（ディスカウンテッド・キャッシュフロー法）の３つが実務上多く使用され、これらの手法を通じ算出された企業価値を参考に目標企業価値を算定していく。

清算企業の評価では、コストアプローチであり時価や簿価の純資産（株主価値）に純有利子負債、非支配株主持分、新株予約権、種類株式の時価を足すことで企業価値を算出する純資産法が使用される。

ここでいう企業価値、すなわち、企業全体の総合的価値には、オフバランス化された見えない資産（人的資本・ブランド資本・サステナビリティ貢献・ESG活動・レスポンシブルビジネス活動・AI等の最新テクノロジーおよびDX対応度等）や企業の将来的な超過収益力を反映した無形の営業資産であるのれん等の非財務価値も織り込まれ、企業を取り巻く多種多様なステークホルダーの期待と思想が反映された（仮に企業価値に織り込まれていないと考えられる非財務価値が存在する場合でも、測定できないものは評価も管理もできないため企業価値に織り込むには定量的な紐付けが必要）現在価値と未来価値の総和だ。企業価値最大化経営では、企業価値を司令塔とし、目標企業価値を実現するための計画策定、その実現を目指したリーダーシップ（約束した結果に導く力）と実行力を発揮し目標企業価値を実現していく。

企業価値は、バリュエーション（企業や事業、その他投資対象の価値評価や経済性評価を行い算定するまでの一連のプロセス全般）を通じ算定され、企業価値最大化経営におけるバリュエーションプロセスは、①厳格なセルフデュー・ディリジェンス（DD）を実施しフルポテンシャルを算定する、②CEOが野心的な挑戦と信念を伴う目標企業価値を決断する、③逆算思考で適切なリスクを伴う中期経営計画を策定する、④CEOが中期経営計画を決断・コミットメントするの

４つのプロセスを経る。この４つのプロセスは、企業価値最大化を実現し続けるＣＥＯの方法論と要諦において非常に重要なプロセスであるため、詳細は1-2「企業価値最大化を実現し続けるＣＥＯの方法論と要諦」にて後述する。

企業価値のバリュエーションは、株式市場やＭ＆Ａ市場等において、ＣＥＯ、株主、取締役会、フェアネス・オピニオンプロバイダー、投資家、裁判所、コンサルタント、証券アナリスト等により、企業価値最大化経営目的、Ｍ＆Ａ等の取引目的、財産処分目的、上場企業による買収防衛策目的、裁判目的等にて実施される。そして、評価主体の属性や目的に応じ、価値は一物一価ではなく一物多価となる。

これは、評価主体により評価対象となる企業や事業が将来創出するであろうＦＣＦや当該ＦＣＦを現在価値に割り引く際に使用する期待収益率が異なり、目的によっても使用される評価手法が異なるために生じる。この点が、企業価値のバリュエーションは、サイエンスだけでは完結できずアートの要素を多分に含むといわれる所以だ。

なお、企業価値・バリュエーションともに、日本の株式市場やＭ＆Ａ市場等だけで使用される言語や方法ではなく、全世界共通の言語や方法である。

企業価値最大化経営のキードライバー「ＣＥＯ×Ｍ＆Ａ」

企業価値の構成要素は多岐にわたり、企業価値最大化を実現し続けるためのドライバーは数多存在するが、本書では、企業価値最大化を実現し続けるための「キー」ドライバーはCEOとM&Aであり、CEOとM&Aのパフォーマンスが企業価値最大化の実現確率を大きく左右すると考える。

CEOとは、企業の最高経営責任者であり、企業経営における執行上の最終責任者として責任を享受する存在である。従って、企業価値最大化経営だけでなく企業経営全般において、結果を出し続けるためのキードライバーであることに疑いの余地はない。

M&Aとは、企業・事業間の合併や売買のことであり、自社の経営資源のみを運用し成長を実現するオーガニック成長ではなく、自社の経営資源に加え他社の経営資源も運用しシナジーを享受しながら成長を実現するインオーガニック戦略である。適切なリスクテイクと運用がなされることを前提にした場合（日本企業のM&A案件では取引完了前に定めた目標値を上回るパフォーマンスを実現したのは2～3割程度といわれ、〝言うは易く行うは難し〟ではあるが）、オーガニック成長に加えインオーガニック成長を志向することに伴う増分経営資源の運用を通じた超過利潤により、同一時間内において企業価値最大化を実現しうる。M&Aもまた企業価値最大化経営に欠かせないキードライバーといえよう。

ここで、企業価値最大化経営のキードライバーであるCEOとM&Aそれぞれの視点でみた企業価値最大化経営の違いを整理しておこう。

CEOとM&Aそれぞれの視点でみた企業価値最大化経営の本質的な違いは、①企業価値最大化経営を自社単独の意志や経営資源で捉えるか、他社の意志や経営資源も鑑み捉えるか、②「負け」から始まる経営か否かの2つだ。図表1-3をご覧いただきたい。

CEO視点の企業価値最大化経営は、自社単独の意志に基づく計画を策定し、企業価値最大化を実現していく。この計画内では、M&Aを行うことも想定されるため、M&A当事者視点の企業価値最大化経営はCEO視点の企業価値最大化経営に包含される。企業価値最大化を目的とし、ゴーイングコンサーンを前提に、3~5年単位で企業価値最大化経営に挑戦し続ける。企業価値最大化経営を自社単独の意志や経営資源に基づき捉えることから当該企業のCEOを主体者に、①厳格なセルフデュー・ディリジェンス（DD）を実施しフルポテンシャルを算定する、②CEOが野心的な挑戦と信念を伴う目標企業価値を決断。中期経営計画を策定し決断・コミットメントする、③組織をつくり目標企業価値を実現する、④結果と原因から学ぶ。責任を果たし進化する、⑤「現時点」の実力に相応しい企業価値最大化経営に再挑戦し続ける、を方法論と要諦とし実行する。

M&A当事者視点の企業価値最大化経営は、自社単独の意志に基づく計画を策定し、企業価値最大化の実現を目指していた複数社が経営支配権の異動を伴う提携をし、他社（M&A当事者間）の意志も鑑みた計画を策定し、経営資源の運用とシナジーを享受しながら経営支配権の異動に伴う投資額を上回る企業価値最大化を実現していく「負け」から始まる経営である。

企業価値最大化を目的とし、ゴーイングコンサーン（金融投資家が買手となった場合は有期限）

M&A当事者視点の企業価値最大化経営

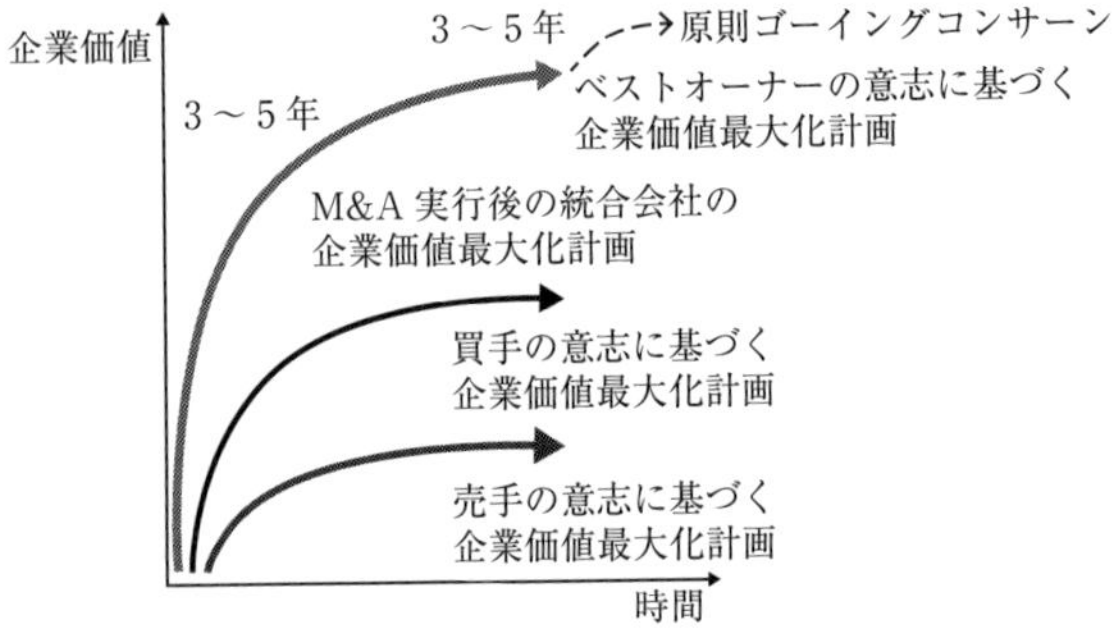

自社の意志に加え他社の意志も鑑みた計画を策定。他社の経営資源も運用しシナジーを享受しながら経営支配権の異動に伴う投資額を上回る企業価値最大化を実現(「負け」から始まる経営)

企業価値最大化

ゴーイングコンサーン(金融投資家が買手となった場合は有期限)を前提に3～5年単位で企業価値最大化経営に挑戦。結果と原因から学びベストオーナーを決断する

M&A当事者(買手CEO、売手CEO、統合・分割主体CEO等)

①CEOがM&A戦略を決断(決めて・断つ)する
②圧勝を確信しながらディールメイキングをし実行する
③組織をつくり目標企業価値を実現する
④結果と原因から学ぶ。責任を果たしベストオーナーを決断する
⑤新ベストオーナーのもと企業価値最大化経営に再挑戦し続ける

図表 1-3：CEO視点の企業価値最大化経営とM&A当事者視点の企業価値最大化経営の違い

違いは①企業価値最大化経営を自社単独で捉えるか他社の意志や経営資源も鑑み捉えるか、②「負け」から始まる経営か否か

CEO視点の企業価値最大化経営

イメージ

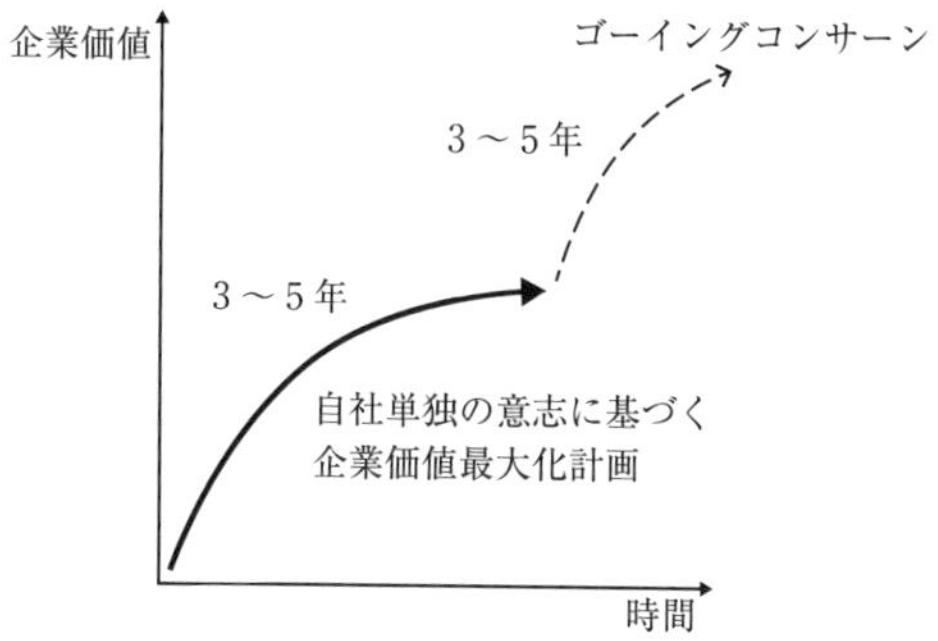

目標	自社単独の意志に基づく計画を策定し企業価値最大化を実現
目的	企業価値最大化
期間	ゴーイングコンサーンを前提に3～5年単位で企業価値最大化経営に挑戦し続ける
主体者	CEO
方法論と要諦	①厳格なセルフデュー・ディリジェンス(DD)を実施しフルポテンシャルを算定する ②CEOが野心的な挑戦と信念を伴う目標企業価値を決断。中期経営計画を策定し決断・コミットメントする ③組織をつくり目標企業価値を実現する ④結果と原因から学ぶ。責任を果たし進化する ⑤「現時点」の実力に相応しい企業価値最大化経営に再挑戦し続ける

を前提に、3～5年単位で企業価値最大化経営に挑戦しベストオーナーを決断する。企業価値最大化経営を自社の意志に加え他社の意志も鑑み捉えることからM&A当事者（買手CEO、売手CEO、統合・分割主体CEO等）を主体者に、①CEOがM&A戦略を決断（決めて・断つ）する、②圧勝を確信しながらディールメイキングをし実行する、③組織をつくり目標企業価値を実現する、④結果と原因から学ぶ。責任を果たしベストオーナーを決断する、⑤新ベストオーナーのもと企業価値最大化経営に再挑戦し続ける、を方法論と要諦とし実行する。

次節以降、この違いを踏まえ、企業価値最大化を実現し続けるCEOとM&Aの方法論と要諦について詳細に述べる。

1―2　企業価値最大化を実現し続けるCEOの方法論と要諦

1―2―1　全体像

はじめに企業価値最大化を実現し続けるCEOの方法論と要諦の全体像をまとめた図表1―4、図表1―5をご覧いただきたい。企業価値最大化を実現し続けるCEOの方法論と要諦を一言で述べれば「実力・真価・アイデンティティに基づく経営環境創出とCEOアジェンダ突破により経営を動的にコントロールし続ける」となる。以降、5つのプロセスに抽象し①より順に紹介していく。

1-2-2　①厳格なセルフデュー・ディリジェンス（DD）を実施しフルポテンシャルを算定する

【タイミングと期間】　計画準備期間にあたるYear1の3Qに～3カ月程度

【要諦】　コア・コンピタンス（中核的な強み。強みとは競争の勝敗を決定付ける競争優位性［違い］）を活用した既存（コア）事業と新規事業の成長ポテンシャルを判断し、企業価値の最大上振れポテンシャルを算定する。※M&Aで買手が売却対象の会社や事業に対し行う正常収益力やスタンドアローンバリューを見極める意味合いを含めたDDと異なり、将来の最大上振れポテンシャルの算定に集中

【主要論点1】　過去の結果と原因分析

企業価値最大化を実現し続けるCEOの方法論と要諦並びに厳格なセルフデュー・ディリジェンス（DD）を実施し、フルポテンシャルを算定するプロセスの出発点は、過去（中期経営計画等を策定している場合は最低でも過去2回分、策定していない場合は5～10年程度の実力が読み取れる中長期）の結果と原因分析だ。これは新任CEO・続投CEOともに、同様である。

また、業歴のない新設企業や歴史ある長寿企業も、同業他社の結果と原因分析を通じCEOア

大化経営に再挑戦し続ける

Year7（次期計画実行1年目）				Year11（次期計画実行5年目）				Year12（次々期計画実行1年目）	
1Q	2Q	3Q	4Q	1Q	2Q	3Q	4Q	1Q	……
④									
⑤									

アジェンダ突破により経営を動的にコントロールし続ける

③ 組織をつくり目標企業価値を実現する	④ 結果と原因から学ぶ。責任を果たし進化する	⑤ 「現時点」の実力に相応しい企業価値最大化経営に再挑戦し続ける
計画実行１年目～５年目にあたるYear2～Year6に３～５年	次期計画実行１年目にあたるYear7の１Qに～３ヵ月	再挑戦１年目は計画実行５年目にあたるYear6の３Q～次々期計画実行１年目にあたるYear12の１Qに３年９ヵ月～５年９ヵ月
目標企業価値の実現確率を上げるためにCEOの時間配分を最適化する。計画実行開始後100日程度のキータイムは組織の意識行動変容・組織づくり10割、その後はCEOアジェンダ突破7割、実行管理・実行支援3割程度が望ましい	結果を前中期経営計画と同業他社・ベンチマーク企業との比較により客観的・相対的に評価。その原因から経営の流れと未来への教訓を読み解き、企業価値最大化経営に再挑戦する際の課題を明らかにし経営の質を高める	No.1に拘り「現時点」の実力に相応しい野心的な挑戦と信念を伴う企業価値最大化経営に再挑戦し続ける
• CEOの時間配分とリーダーシップ • 実行、実行管理、実行支援 • 組織づくり	• 結果の客観的・相対的評価と原因分析 • ステークホルダー対応の最適化 • CEOの実力向上	• 現時点の実力に相応しい企業価値最大化経営 • 時代や世代を超えた企業価値最大化経営
• CEOが勝敗を左右するCEOアジェンダ突破に十分な時間配分と集中力を発揮できていない • 全階層で実行が徹底されず敗北	• 結果と原因を正しく評価・分析せず本来同期間で得られたであろう複利効果が限定的となる • CEOやリーダーシップチームが責任を果たさずステークホルダーからの信用と未来に得られたであろう複利効果やレバレッジ効果を失う	• 企業価値最大化経営の文化・ノウハウ・体制が適切に社内に浸透・蓄積されておらず、再挑戦を続けるたびに本来同期間で得られたであろう複利効果を享受し損ねる • CEOが自己満足し現時点の実力に相応しい・時代や世代を超えた企業価値最大化経営への飽くなき挑戦をし続けることを止める

図表 1-4：企業価値最大化を実現し続けるCEOの方法論と要諦（時間軸）

半年程度の事前準備を経て３～５年単位で企業価値最

Year1（計画準備）		Year2～5（計画実行1～4年目）				Year6（計画実行5年目）			
3Q	4Q	1Q	2Q	3Q	4Q	1Q	2Q	3Q	4Q
①	②	③							

図表 1-5：企業価値最大化を実現し続けるCEOの方法論と要諦（全体像）

実力・真価・アイデンティティに基づく経営環境創出とCEO

	① 厳格なセルフデュー・ディリジェンス（DD）を実施しフルポテンシャルを算定する	② CEOが野心的な挑戦と信念を伴う目標企業価値を決断。中期経営計画を策定し決断・コミットメントする
タイミングと期間	計画準備期間にあたるYear1の３Qに～３カ月程度	計画準備期間にあたるYear1の４Qに～３カ月程度
要諦	コア・コンピタンス（中核的な強み。強みとは競争の勝敗を決定付ける競争優位性［違い］）を活用した既存（コア）事業と新規事業の成長ポテンシャルを判断し、企業価値の最大上振れポテンシャルを算定する ※M&Aで買手が売却対象の会社や事業に対し行う正常収益力やスタンドアローンバリューを見極める意味合いを含めたDDと異なり、将来の最大上振れポテンシャルの算定に集中	CEOが野心的な挑戦と信念を伴う目標企業価値を決断。中期経営計画の実現確率とCEOアジェンダを解像度高く認識したうえで決断・コミットメントする
主要論点	•過去の結果と原因分析 •外部環境の変遷を見極めコア・コンピタンスと価値創造ストーリーを発見 •事業ポートフォリオ戦略と組織戦略 •既存（コア）・新規事業の成長ポテンシャル算定 •全社のフルポテンシャル算定	•CEOによる野心的な挑戦と信念を伴う目標企業価値の決断 •逆算思考による適切なリスクを伴う中期経営計画の策定 •組織実行力を最大限引き出すための意思決定構造とインセンティブの設計 •CEOによる中期経営計画の決断・コミットメント
よくある失敗	•事業ポートフォリオに聖域があり、企業価値最大化の実現に直結しない事業を保有し続けているため、資源が分散し本来の成長ポテンシャルが解放されていない •既存の延長線上にない、前例がない、業界では非常識な戦略を成長ポテンシャルに織り込めない	•信任の名のもと事業部トップや経営企画スタッフ主導で中期経営計画が策定されCEOがCEOアジェンダを認識することなく計画を決断・コミットメント •意思決定構造とインセンティブが企業価値最大化経営に最適化されていない

ジェンダを構想しようとするか、自社の結果と原因分析を通じCEOアジェンダを構想しようとするかの違いはあれども、過去の結果と原因分析が出発点であることに変わりはない。結果と原因を分析する際に留意すべきポイントは3つだ。

1つ目は、企業価値最大化経営全体におけるCEOアジェンダの構想である。過去の結果と原因分析における一番の目的はCEOアジェンダの構想だ。ここで構想すべきは後述する5つのプロセスに代表される企業価値最大化経営全体を検討範囲にCEO固有の時代観に基づき構想されるCEOアジェンダである。CEOアジェンダは使用される文脈に応じ検討範囲が広狭するため注意していただきたい。

2つ目は、結果の客観的・相対的評価である。CEOアジェンダを構想するには過去の結果の成否を正しく把握する必要がある。過去の結果の成否を正しく把握するためには、株価や業績等の結果と前中期経営計画等との客観的な比較、同業他社・ベンチマーク企業との相対的な比較を行うことが有効だ。

3つ目は、因果関係の論理である。過去の結果の成否を明らかにした後、なぜそうした結果となったのかその原因(因果関係の論理)を明らかにする。因果関係の論理を明らかにする際の思考法は、企業価値最大化経営全体におけるCEOアジェンダの構想と同様、後述する5つのプロセス全体を検討範囲に、キードライバーの発見を中核とし、細部にわたり因果関係の論理を探っていく。また、論理をインタビュー等で補強できるのであれば、最終結果に至るプロセスにおいて

ＣＥＯがどの程度時々の企業価値最大化経営全体の流れを動的にコントロールできていたかも確認でき、改善点の解像度が上がりなおよい。こうして因果関係の論理を探っていくプロセスを通じ、自社が何者であるか（実力・真価・アイデンティティ）についても明らかにする。

【主要論点２】　外部環境の変遷を見極めコア・コンピタンスと価値創造ストーリーを発見

次に、フルポテンシャル算定の鍵となる外部環境の変化を見極めコア・コンピタンスと価値創造ストーリー（価値創造プロセス［事業を通じ資源・資本を交換・増減・変換するプロセス］をストーリー性を持たせ説明したもの）を発見しにいく。この発見がなければ、企業価値の最大上振れポテンシャルを実現しうるブランド戦略、事業ポートフォリオ戦略、サステナビリティ貢献（持続的な事業活動、企業価値最大化、世界の持続・Ｗｅｌｌ‐ｂｅｉｎｇに寄与）を構想することはできない。外部環境の変遷を見極めコア・コンピタンスと価値創造ストーリーを発見する際は、過去・現在・未来の時間軸における政治・経済・社会・技術の各分野の変遷、変化の方向性、課題（需要）を把握する。企業が正しく各分野の変遷に基づき変化の方向性と課題を認識できるか否かは、企業価値最大化経営の最終意思決定者たるＣＥＯの世界観・時代観に掛かっている。ＣＥＯが自らの認知バイアスに気付かず偏りのある世界観・時代観を持っていたり、油断や慢心から世界観・時代観の更新を怠るようなことがあれば、当然外部環境と内部環境（自社）にはズレが生じ、時代から取り残されることとなるだろう。

次に、外部環境の変化の方向性と課題に自社をケイパビリティとポジショニングの2つの切り口で照らすことでコア・コンピタンスを発見する。

ケイパビリティとは、戦略の源泉となる「希少」で「模倣困難（できない、やらない等）」な活動力のことであり、ベストを目指すことで強化される。ケイパビリティは経営資源（リソース）の量と質、経営資源を企業価値へ変換する能力の2つで構成され、両者が揃ってはじめてケイパビリティとなる。例えば、いくら優れた人材が多数在籍していようとも（経営資源の量と質が豊富）、当該人材達のベクトルが揃わず一人ひとりのモチベーションも著しく低かった場合（経営資源を企業価値へ変換する能力が低い場合）、折角の経営資源の量と質は宝の持ち腐れとなる。

ポジショニングとは、戦略の源泉となる「差別化」された事業の位置取りのことであり、ユニークを目指すことで強化される。ポジショニングの分析では、自社の現時点における事業ポートフォリオが、コア・コンピタンスと価値創造ストーリー、企業戦略（全社戦略）、競争戦略の3つの観点において適合（フィット）し、差別化された事業の位置取りがなされているか、今後ユニークを目指すことでさらに強みが強化されるか検証していく。多くの場合、この検証を進めることで適合性ある事業・ない事業があぶり出される。また、競争戦略において競合を日本企業に限定していたところからアジア企業・世界企業へと視野を広げてみると、実は自社の事業ポートフォリオに差別化された事業は存在せず、ポジショニングの切り口ではコア・コンピタンスは存在しないと結論付けられることもある。

経営資源には、有形資本（見える資本）である財務資本・物的資本と、無形資本（見えない資本）である人的資本・時間資本・時代資本・知的資本・情報資本・社会資本・自然資本があり、こうした資源の量と質を同業他社・ベンチマーク企業と比較することで競争優位性があるか・ないかを検証できる。経営資源を企業価値に変換する能力とは、企業が環境変化への対応や企業価値最大化のために経営資源を活用し自己変革していく能力であるダイナミック・ケイパビリティと既存資源をより効率的・効果的に運用し利益を最大化していく能力であるオーディナリー・ケイパビリティ（トヨタ生産方式や日本的生産方式、ＧＥのリーン・シックスシグマに代表されるオペレーショナル・エクセレンスや現場の意識と行動力等が代表的）の２つで構成される。この２つの能力についても経営資源の量と質同様、同業他社・ベンチマーク企業と比較することで、競争優位性があるか・ないかを検証できる。

こうしたケイパビリティとポジショニングの２つの切り口による分析を行い、外部環境の変化の方向性と課題に照らすことで、自社固有のコア・コンピタンスを発見できる。

最後に、どんな機会と脅威に発見したコア・コンピタンスを活用していくべきか検証し、価値創造モデル（インプット・プロセス・アウトプット・アウトカム・インパクト・トランスフォーメーションの流れを図式化。ブランド戦略、事業ポートフォリオ戦略、サステナビリティ貢献、事業ビジョン［事業のあるべき姿。事業を通じた課題解決、世界の持続・Ｗｅｌｌ－ｂｅｉｎｇ〈如何なる瞬間も完全に良好と感じられる状態〉への貢献、世界になくてはならない等が事業ビジョンの必要条件。必要条件を満たす事業ビジョンはＡｓｐｉｒａｔｉｏｎ〈志。利他＋利己〉といわれ、満たさぬ事業ビジョンはＡｍｂｉｔｉｏｎ〈野心・野望。利己〉といわれる」等の構想含む）や成功事例として形式知化しながら価値創造ストーリーを発見する。企業経営全般において外部環境の変遷に対し内部環境を最適化していくことは真理であるが、環境は刻一刻と変化するとともに、ＣＥＯも人間であるため認知バイアスや油断・慢心により誤った環境認識をしてしまうこともあるため、真理を徹底することは容易ではない。

ゆえに、世界中のあらゆる企業は、今この瞬間も見えない機会と脅威にさらされていると認識すべきだ。この見えない機会と脅威を感じ取り、発見したコア・コンピタンスの企業価値へのベストな変換方法、すなわち、価値創造ストーリーを発見するのである。

【主要論点3】 事業ポートフォリオ戦略と組織戦略

続いて、事業ポートフォリオ戦略と組織戦略の検討に進む。経営学では企業戦略（または全社戦略）と呼ばれるテーマだ。

事業ポートフォリオとは、自社が所有・経営している事業群のことであり、一般的に、事業ビジョンの実現、全社企業価値最大化、リスク（不確実性）分散を目標に組成される。

事業ポートフォリオ戦略は、まず事業ビジョンの実現、全社企業価値最大化、リスク分散の3つの切り口で現状の事業ポートフォリオを評価し、既存（コア・ノンコア）事業、シナジー創出事業、企業価値創造（ＲＯＩＣ＞ＷＡＣＣとなる事業）・破壊（ＲＯＩＣ＜ＷＡＣＣとなる事業）事業、コングロマリット・ディスカウント（プレミアム）創出事業、リスク分散効果創出事業等をあぶり出す。

次に、事業ビジョンの実現、全社企業価値の最大化、リスク分散を実現するベストな事業ポートフォリオへの再編に向け、各事業領域に対する方針（成長投資、維持・自立、リストラクチャリング〔分割・統合等〕、縮小、再生、売却、撤退・清算、新規投資等）を固める。

最後に、方針に基づき、例えば、多角化を企図した成長戦略、人材活用を企図したスピンイン戦略（新製品や新市場を開拓するためメンバーが親会社を離れ半独立企業として起業し、親会社はこれに出資。新規事業がマイルストーンを達成すれば、親会社により買収され親会社に成功した新規事業が残る。リスクを取り独立した経営者は売却により起業家的利益を得られる）、リスク分散を企図したリスク最適化戦略（リスクの性質が異なる事業への新規投資）の実行等を検討するのだ。事業ビジョンは、事業ビジョンを描く人物（ＣＥＯ等）の世界観（世界とは何か・どう変化するか〔未来〕・どう変化しているか〔現在〕・どう変化してきたか〔過去〕に対する意志）、人生観（自分とは何者か・どう生きるか〔未来〕・どう生きているか〔現在〕・どう生きてきたか〔過去〕に対する意志）、時代観（時代とは何か・どう変化するか〔未来〕・どう変化しているか〔現在〕・どう変化してきたか〔過去〕に対する意志）に基づき構想される。

全社企業価値の最大化は、成長戦略の構想、シナジー享受（既存の強みと他要素が合わさることで単体で得られる以上の結果を得ること［相乗効果］。多角化成長［図表1-6］等を志向することで享受できる）に加え、企業価値破壊事業からの撤退・売却、コングロマリット・ディスカウントの解消、親子上場解消等についても検討していく。

リスク分散は、システマティック・リスク（市場リスク。分散投資では消去不可能な市場全体が影響を受けるリスク）とアンシステマティック・リスク（個別リスク。分散投資により消去可能リスク）を明らかにし、事業、地域、アセットクラス、時間の観点からリスク分散を検討する。その他、企業固有の課題解決や有事の対応のために事業ポートフォリオ再編が求められることもあるが、事業ビジョンの実現、全社企業価値の最大化、リスク分散の3つの切り口を基本に事業ポートフォリオを選抜していくことに変わりはない。

次いで、選抜された事業ポートフォリオを通じ、企業価値最大化を実現し続けるために最適な組織戦略を検討する。経営学では組織・人材マネジメントと呼ばれるテーマである。

組織戦略は、組織コンセプトとグループ全体の組織構造（グループ組織図と言い換えてもよい）を構想した後、各社の役割、企業文化、社名、経営戦略、コーポレートガバナンス、所在地、資本金、決算期、報告セグメント、現場の組織構造（現場組織図と言い換えてもよい）の順に検討し具体化していく。

組織コンセプトは、強さ、柔軟さ、固さの3つの基本コンセプトより検討していく。組織の強さとは支配・シナジー・能動・迅速・集中・上質・多量等の特徴のことであり、カリスマによる集権的な支配構造等が強い組織をつくる。組織の柔軟さとは非支配・透明性等の特徴のことであり、分権を基本に求心力を働かせることで柔軟な組織が育まれる。組織の固さとは団結・心理的安全性等の特徴のことであり、強さ・柔軟さいずれのコンセプトを採用したとしても固い組織をつくることができる。採用すべき組織コンセプトはＣＥＯのリーダーシップスタイル、選抜された事業ポートフォリオの業界特性やビジネスモデルにより異なるため、３つの基本コンセプトのうち特に強さか柔軟さかの見極めを誤らないよう注意したい。

グループ全体の組織構造は、組織コンセプトに基づき親会社・子会社・持分法適用会社・孫会社等の組織的関連性を組織図に落とし込む。例えば、強い組織をコンセプトとする場合は、過去の実績等より強い影響力を発揮可能な持株会社（ホールディングカンパニー）を親会社に、強い集権的求心力が働くピラミッド型の組織構造を採用する。柔軟な組織をコンセプトとする場合は、純粋持株会社を親会社に、各事業会社の自立・自走を重んじ分権的遠心力が働く文鎮型の組織構造を採用する等が考えられる。その際には、子会社やＢＵ（ビジネスユニット）をどんな基準（業界別・製品別・地域別・顧客別等）で分類していくかも検討する。

各社の役割は、持株会社（純粋持株会社と事業持株会社がある）、中間持株会社、事業会社、機能会社のなかより検討していく。

各社の企業文化（企業固有の受け継がれる意志・行動様式。理念・社是・社訓等を発信・体現し続けることで育まれる）は、ビジョン（未来のあるべき姿）、パーパス（ビジョンを何のために実

多角化戦略の類型

多角化戦略はさらに4分類

集中型 Concentric	・既存経営資源を活用し新製品開発・新市場参入
水平型 Horizontal	・同業種の周辺・隣接・関連事業をグループ化 ・コンツェルン2、トラスト3等
垂直型 Virtical	・既存事業のビジネスモデルを強化しうる周辺・隣接・関連事業をグループ化。コンビナート4等 — 川上統合：原材料調達力・企画力・技術力等のケイパビリティ強化を企図 — 川中統合：中間素材メーカー・代理店機能等の独占を企図 — 川下統合：顧客接点・顧客シェア独占を企図
集成型 Conglomerate	・異業種事業をグループ化 ・コングロマリット5等

3 同業種を営む複数事業者が合併し形成された企業
4 生産を効率的に行うため生産工程に関わる事業を一定地域で統合し形成されたグループ
5 異業種事業同士のM&Aで成長した複合企業

図表1-6：多角化成長の類型

多角化成長には複数の類型が存在。なお、多角化成長の類型に多角化戦略が存在するため混同しないよう注意したい

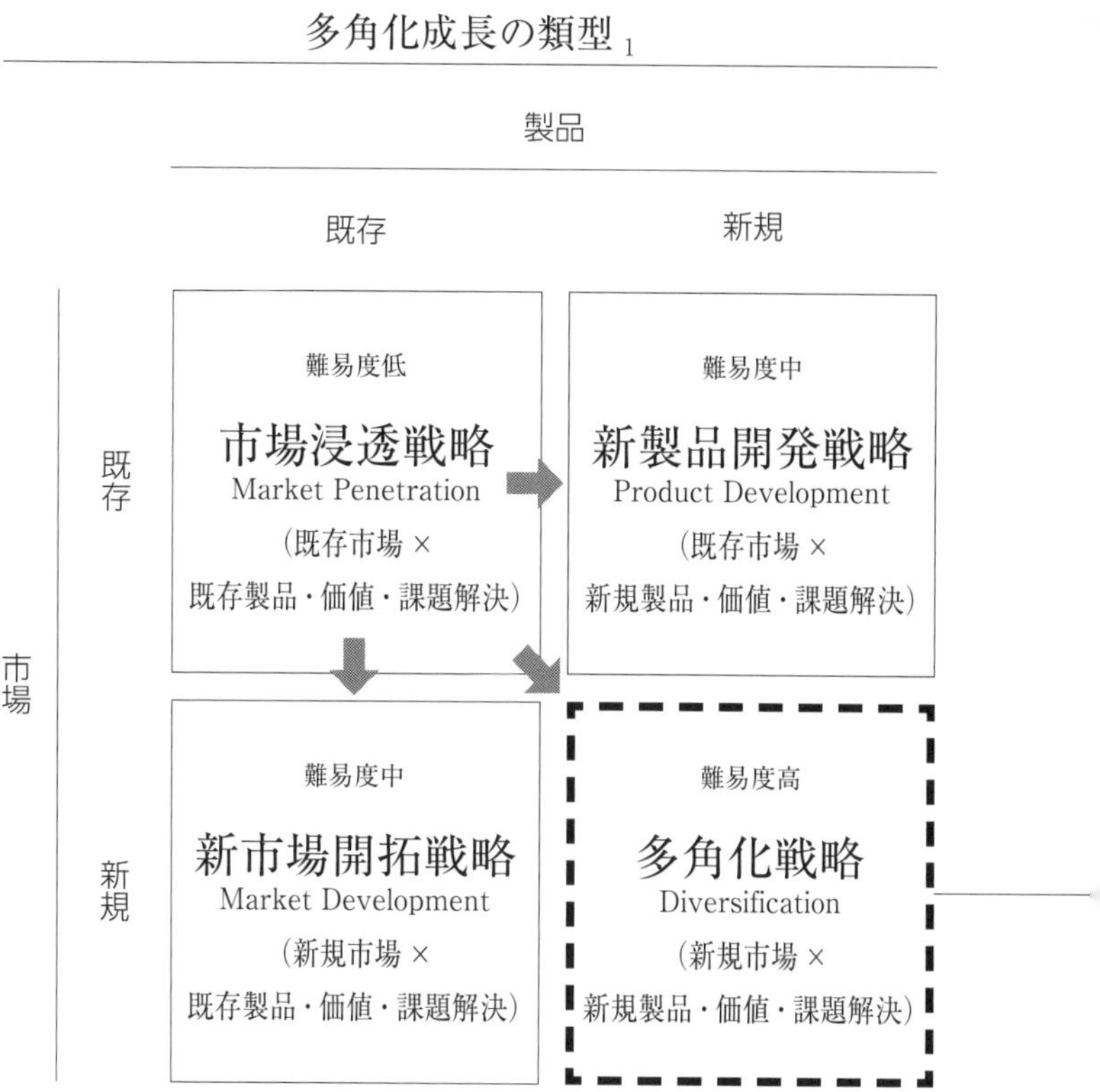

1 米国の経営学者イゴール・アンゾフ(1918－2002)が1965年出版の書籍『企業戦略論(corporate strategy)』で提唱したアンゾフの成長マトリクスを参照
2 同業種における市場独占を目的に、持株会社等を頂点にマジョリティ・マイノリティ含め子会社・孫会社との資本関係が形成されたグループ。戦前の財閥等

現するかの解。目的・存在意義［レゾンデートル］・大義名分・錦の御旗等。パーパスのうち長期的なものはＭＴＰ［Massive Transformative Purposeと呼ぶ］)、ウェイ(［ビジョンをどのように実現するかの解。ミッション〈あるべき在り方〉、バリューズ〈価値観〉、アクションガイドライン〈行動指針〉・文化体現活動等］)の観点から理念・社是・社訓等として自社固有の意志を抽象し、発信・体現し続けることで育んでいく。

各社の社名は、ブランド戦略を意識し検討していくことが基本だ。例えば、マスターブランド戦略を採用する場合は親会社のコーポレートブランドを活かし、全グループ会社に同一のブランド名を社名として付与し単一ブランドに基づき事業を展開していく。マルチブランド戦略を採用する場合は親会社のコーポレートブランドとは異なるブランド名を全グループ会社が社名として付与し同一カテゴリー内での複数ブランド展開等を企図する。サブブランド戦略を採用する場合はマスターブランド戦略とマルチブランド戦略のよいところをとり、各社の事業特性に応じコーポレート・ブランドを採用するか、個別ブランドを採用するかを選択しながら、事業を展開していくべく社名を検討していく。

各社の経営戦略は、ビジョン実現にむけた経営戦略ストーリー(本書全体を通じ体感いただきたい)・評価の順に検討していく。

各社のコーポレートガバナンスは、所有と経営の観点から、株主等ステークホルダーの立場を踏まえた透明、公正、迅速・果断な経営を可能とする仕組みを検討していく。所有はベストオーナーの見極め、株主構成、株主総会の運営等の検討、経営は経営の監督を担う機関（上場企業の場合は指名委員会等設置会社、監査等委員会設置会社、監査役会設置会社のいずれかを選択）・取締役・取締役会・監査役・監査役会・委員会と経営の執行を担う執行役員制度の導入と執行会議等について検討する。エントレンチメント（経営者の保身）を防ぐ等、コーポレートガバナンスに期待される役割は大きい。

各社の所在地は、各社の役割に応じ検討していく。例えば、日本企業でもグローバルに事業展開している企業グループであれば、親会社の所在地を日本にしておくことがグループ全体をマネジメントするという観点においては最適解とはいえないかもしれない。また、ある事業領域では中長期的な業界の競争環境変化を見据えた場合、インドや中国等の新興国に所在地を移すべきといったことが考えられる。

各社の資本金は、各社の役割をまっとうするための必要最低額を基本に、資本金額に応じた会社法や税法上の扱いの違いを考慮し検討していく。例えば、通常、新規設立法人における消費税の納税義務は、基準期間の課税売上高が１０００万円を超えたかどうかで判定され、新規設立法人には基準期間の課税売上高がないため原則消費税の納税義務が免除される。しかし、資本金１０００万円以上の法人を新規設立した場合、基準期間がないとき（第1期・第2期）でも納税義務は免除されないため、資本金を９９９万円に設定する等が考えられる。

各社の決算期は、中長期における既存（コア）事業の事業管理に最適な月を選択することが基本だ。3月、12月を決算月に定める企業が多い。例えば、東証プライム市場に上場している企業では68%が3月決算、13%が12月決算と3月・12月決算で全体の80%超を占める。3月決算は日本の教育制度や財政制度に合わせるため多くなり、12月決算は海外売上高比率の高い国際企業が在外子会社の現地習慣に合わせるため多くなるといわれている。

各社の報告セグメントは、取締役やCEO等が構想した経営戦略を鑑み、経営上の意思決定や業績評価をするために最適な事業・業績管理区分を検討していくマネジメント・アプローチにて設計していくことが望ましい。

各社の現場の組織構造は、自社の企業価値最大化を実現し続けるために最適な平時の通常業務を担うライン部門と有事の非通常業務を担うタスクフォースを構想し組織図に落とし込む。ライン部門は各社の事業特性に応じ営業・製造・経理・人事等の機能ごとに部門を作り組織化する「機能別組織」、商品・地域・顧客等の軸で組織化する「事業部制組織」、機能別組織と事業部制組織をミックスした組織形態である「マトリックス組織」を基本とし検討する。タスクフォースは、企業価値最大化を実現し続けるためにCEO直下に組成される部隊であり、企業価値最大化経営の参謀役・リーダーシップサポート役となることが期待される。

【主要論点4】 既存(コア)・新規事業の成長ポテンシャル算定

続いて、選抜された既存(コア)・新規事業の成長ポテンシャルの算定に入る。経営学では競争戦略（あるいは事業戦略）と呼ばれるテーマである。

既存（コア）事業の成長ポテンシャルを算定する際は、オーガニック戦略、インオーガニック戦略の２つの切り口にてＦＣＦ向上策を検討し定量化していく。オーガニック戦略ではビジネスモデルの進化とグループシナジー享受の観点から、インオーガニック戦略では広義のＭ＆Ａの観点からＦＣＦ向上策を抽出する。

オーガニック戦略におけるビジネスモデルの進化では、Ｗｈｅｒｅ（競争エリアと競争業界から構成される競争環境）、Ｗｈａｔ（ポジショニングと純観客価値［顧客価値－顧客コスト］）、Ｗｈｏ（事業主体）、Ｈｏｗ（業務の流れ・仕組み）、Ｈｏｗ Ｍａｎｙ（財務モデル）、Ｗｈｅｎ（参入・撤退タイミング等）、Ｗｈｙ（短中長期の外部環境と内部環境の変遷を鑑みビジネスモデルは最適化されているか）の視点で照らしＦＣＦ向上策を抽出する。

グループシナジー享受についてもビジネスモデル進化の考え方がベースとなり、グループ内各社とどのような提携・協業をすれば現ビジネスモデルを進化させられるかという視点で照らし、ＦＣＦ向上策を抽出する。

インオーガニック戦略では、広義のＭ＆Ａの観点から、すなわち、狭義のＭ＆Ａ（合併・買収）に加え、企業等の新規設立、資金調達、アライアンス（資本業務提携、オープンイノベーション等）、買収防衛、リキャップ、再生、撤退・清算等の手法も包含しＦＣＦ向上策を抽出する。

インオーガニック戦略の施策抽出においても、やはり自社のビジネスモデル進化の考え方が

インオーガニック

・同左
・(狭義のM&A)投資前に旧オーナーが経営する**事業や文化が存在**
・**自社グループ内＋他社(M&A当事者)**の経営資源も活用

〜1.5年程度

資金需要額(予算)＋旧オーナー希望額

投資家や旧オーナーとの交渉次第で発生
(望むタイミングで望む事業へ投資できるか不確実)

・上振れ余地中(事業仮説は旧オーナー検証済)×確率中
・シナジーの実現

・旧オーナー経営時のスタンドアローンバリュー維持に失敗
・投資前に想定していた**シナジー創出**に失敗

図表1-7：選抜された新規事業領域への参入方法

オーガニックに参入する場合は事業企画の質、インオーガニックに参入する場合はシナジー実現が勝敗を決める

		オーガニック
概要		・既存の選抜された事業ポートフォリオより新規事業領域を特定 ・投資前に**事業や文化が存在せず**ゼロから創造 ・**自社グループ内**の経営資源のみを活用
コスト	時間	～3年程度
	投資額	資金需要額（予算）
	機会[1]	確実に発生 （社内の意思決定者が同意すれば投資可能）
リスク	上振れ期待値[2]	・上振れ余地大（事業仮説ゼロから検証）×確率低 ・自社グループ内経営資源の潜在能力解放（抜擢人事等）
	下振れ期待値	・**上振れ余地が小さく実現性の低い事業企画** ・事業を成長させる経営資源不足。企画倒れ

1　機会コストとは、ある投資を行うことで失う他投資機会から得られたであろう収益（逸失利益）
2　期待値とは、ある投資を行った場合に予測される平均値。確率変数×確率

ベースとなり、他社との提携可能性を検討していく。具体的には、1-3「企業価値最大化を実現し続けるM&Aの方法論と要諦」にて後述するが、既存（コア）事業の成長ポテンシャルを正しく算定するためには、インオーガニック戦略を通じ創出された増分FCFを織り込むことは欠かせない。

新規事業の成長ポテンシャルを算定する際は、まず選抜された新規事業領域への参入方法をオーガニック（自社グループの経営資源のみを活用しゼロから事業創造）、あるいはインオーガニック（広義のM&Aを通じ自社グループの経営資源に加え他社の経営資源も活用しグループ内に新規事業創造）より検討していく。

図表1-7をご覧いただきたい。オーガニックに新規事業領域へ参入する場合は事業企画の質、インオーガニックに新規事業領域へ参入する場合は（旧オーナー希望額分の買収プレミアムの回収が必要となることから）シナジー実現が勝敗を決める。両者の大きな違いは、前者は投資前に事業が存在せずゼロから創造していくのに対し、後者は（狭義のM&Aでは）投資前に旧オーナーが経営する事業が存在すること。さらに、前者は自社グループ内の経営資源のみを活用し事業創造するのに対し、後者は自社グループ内に加え他社（M&A当事者）の経営資源も活用し事業創造していくことにある。それに伴い異なるコスト（時間、投資額、機会）とリスク（上振れ期待値、下振れ期待値）および各新規事業領域のビジネスモデルを鑑み、最適な参入方法を選択したい。

なお、参入方法検討時にも既存（コア）事業の成長ポテンシャル算定時同様、オーガニック戦略、インオーガニック戦略の2つの切り口にてFCF向上策を検討し、定量化していくことに変わりはない。

【主要論点5】　全社のフルポテンシャル算定

最後に、これまで実施してきた厳格なセルフデュー・ディリジェンスの結果を踏まえ、全社のフルポテンシャルを算定する。このステップでは、スプレッドシートにて既存（コア）事業と新規事業の成長ポテンシャルを合算し、自社企業価値の理論上の最大上振れポテンシャルを算定する。その際には、継続企業である自社の企業価値を基本となる3つの企業価値評価手法（類似企業比較法、類似取引比較法、DCF法）で算出し、CEOが目標企業価値を決断するための参考値とする。ここで重要なのは「理論上」どのレンジ（範囲）に自社企業価値が収まりうるかを明らかにすることだ。

なお、本書ではスプレッドシートを示し、細かく数値ロジックや計算方法を説明していくアプローチはとらない。それは筆者の本意からずれ、企業価値最大化経営とは拝金主義に偏重した企業経営であると捉えられることを避けるためである。ここでいう企業価値、すなわち、企業全体の総合的価値にはオフバランス化された見えない資産や企業の将来的な超過収益力を反映した無形の営業資産であるのれん等の非財務価値も織り込まれ、企業を取り巻く多種多様なステークホルダーの期待と思想が反映された企業が果たすべき使命を最も包括的に抽象した指標であることを改めて強調しておきたい。

【よくある失敗1】 事業ポートフォリオに聖域があり、企業価値最大化の実現に直結しない事業を保有し続けているため、資源が分散し本来の成長ポテンシャルが解放されていない

外部からは失敗する理由が見当たらない内容に見えるが、グループ内に多くの事業が存在し事業ポートフォリオとして運用する大企業では必ず一度は陥る失敗であろう。

なぜこうした失敗、すなわち、事業ポートフォリオに聖域が生じてしまうのか。それには、過去のしがらみと密接に関連した判断の難しい4つの理由が存在する。

1つ目の理由は、グループの中興の祖が開業した祖業である場合だ。日本は創業100年以上の長寿企業が世界一多い国である。グループ内に多くの事業が存在し事業ポートフォリオを運用する大企業には、創業100年以上の長寿企業をはじめ比較的長い社歴を持つ企業が多い。そうした企業において、創業者・初代が存命であるケースは多くなく、二代目、三代目へと経営のバトンが継がれている。従って、例えば、アクティビストによる議決権行使等の外部からの強いストレスがかからない限り、多少企業価値最大化の実現に直結しない事業が存在する程度の弱いストレスでは、祖業の経営支配権をグループ外へと異動する決断は後回しになりがちなのだ。

2つ目の理由は、過去の功労事業で現CEOがその立役者であった事業である場合だ。日本企業、諸外国企業問わず、多くの場合CEOにはグループの中核事業にて誰もが認める結果（成長

や再生等）を出したCOOや事業責任者が昇進する。従って、現CEOの主観では、当該事業は高い成長ポテンシャルをまだ見込めると考える場合が多く、第三者による客観的視点では当該事業が企業価値最大化の実現に必ずしも直結しない場合でも、当該事業の経営支配権をグループ外へと異動する決断は能動的にはなされない。

3つ目の理由は、現CEOが近過去に開始した事業である場合だ。2つ目の理由同様、現CEOの主観では、当該事業は高い成長ポテンシャルが見込めると考えているが、第三者による客観的視点では投資実行時より数年の時間が経過し実績や今後の展望を鑑み当該事業が企業価値最大化の実現に必ずしも直結しない場合でも、当該事業の経営支配権をグループ外へと異動する決断は能動的にはなされない。

4つ目の理由は、自社単独で方向性を決断できない合弁事業である場合だ。これまでの3つの理由と異なり、自社としては当該事業が企業価値最大化の実現に必ずしも直結しないため経営支配権をグループ外へ異動することも辞さない意向を持っていたとしても、合弁相手であるパートナーの意向により保有し続けなければならないことがある。パートナーとの交渉は短期でまとまる保証はなく、中長期化する覚悟が必要だ。従って、この場合は当該事業を保有し続けることを所与とし成長ポテンシャルに織り込まざるを得ない場合もある。

これらの理由から、事業ポートフォリオに聖域が生じてしまうのは必然である。しかし、企業価値最大化経営の主体者として企業価値最大化を実現し続けるCEOは、この背景を理解したうえで、事業ポートフォリオに聖域を設けず事業本来の成長ポテンシャルを解放しなければならない。また、CEOは自身の認知バイアスを自覚し、時に投資家や取締役会の第三者の視点を借りることで失敗を未然に防ぐことも忘れてはならない。

【よくある失敗2】 既存の延長線上にない、前例がない、業界では非常識な戦略を成長ポテンシャルに織り込めない

戦略の期待値は、定数×変数(確率変数×確率)にて評価可能だ(期待値を定数×定数で評価可能な戦略は堅実な戦略といえるが、変数×変数で評価しなければならない戦略は博打に近い戦略といえる)。

例えば、ある高額商品を拡販する戦略は、商品単価1000万円(定数)×見込み商談可能社数1000社(確率変数)×受注率10%(確率)=10億円の期待値と評価できる。ここで重要なのは、変数を構成する確率変数と確率を精緻に見積もることだ。既存の延長線上にない、前例がない、業界では非常識な戦略はそうでない戦略と比較しこの確率変数と確率の読みに精緻さが足りないがために成長ポテンシャルに織り込まれないのである。

しかし、ここに、自身のリスクキャパシティ内で自由裁量のもと時に大胆なリスクを取るオーナー経営者や、業界にいい意味で精通していないがゆえに業界では非常識なリスクを取るアウトサイダーとそうでない競合との間に、彼我の差が生じうる理由がある。

では、どうすればよいか。筆者は経営資源の３割程度を常に挑戦枠として配分する文化を企業として持つことが重要と考える。既存の延長線上にない、前例がない、業界では非常識な戦略は厳格な調査・分析を経たとしても、やはり確率変数と確率の読みに精緻さが足りない場合が多いが、挑戦枠内であれば仮にそうであったとしても大胆に挑戦していく。こうした文化を育むことも、企業価値最大化を実現し続けるＣＥＯの重要な役割だ。

1-2-3　②ＣＥＯが野心的な挑戦と信念を伴う目標企業価値を決断。中期経営計画を策定し決断・コミットメントする

【タイミングと期間】　計画準備期間にあたるＹｅａｒ１の４Ｑに～３カ月程度
【要諦】　ＣＥＯが野心的な挑戦と信念を伴う目標企業価値を決断。中期経営計画の実現確率とＣＥＯアジェンダを解像度高く認識したうえで決断・コミットメントする

【主要論点１】　ＣＥＯによる野心的な挑戦と信念を伴う目標企業価値の決断

ＣＥＯが野心的な挑戦と信念を伴う目標企業価値を決断することは、企業価値最大化経営において最も重要な論点だ。企業は果たすべき使命を最も包括的に抽象した目標企業価値を実現するために計画を策定し実現に向け動いていく。従って、企業価値最大化経営の主体者であるＣＥＯ（最高経営責任者）にとっても最も重要な論点となる。

目標企業価値は、プロセス①で算定した理論上の企業価値のレンジ（範囲）を参考値に、今一度同業他社やベンチマーク企業の動向を踏まえた中長期的な競争環境の変化を鑑み、ＣＥＯからみて野心的な挑戦と信念を伴う目標企業価値を決断する。野心的な挑戦と信念を伴う水準はＣＥＯの主観、とりわけセンス（物事の微妙な違いを悟る力）に委ねられ、同じ経営環境に置かれていても、あるＣＥＯが現実対比１２０％を目標に設定する一方で、別のＣＥＯは同５００％を目標に設定するといったことが起こる。かつてカナダの経営学者ヘンリー・ミンツバーグは、マネジメントには「アート」「クラフト」「サイエンス」のバランスが必要だと述べたが、まさにＣＥＯが目標企業価値を決断する際にはそれらをバランスよく脳内で総動員しなければならない。

なお、ＣＥＯが目標企業価値を決断する際には（本中期経営計画期間終了時に加え、その後の時間軸における検討も進めておくとなおよい）、事業ビジョン実現のためにどのような事業ポートフォリオをどのような組織戦略（グループ組織図や各社の組織構成員、オフィス環境等）で運用し、どのような競争戦略を実行し競争に勝つかについて鮮明なイメージを持ち決断することが重要だ。

【主要論点2】　逆算思考による適切なリスクを伴う中期経営計画の策定

ＣＥＯにより野心的な挑戦と信念を伴う目標企業価値の決断がなされた後、逆算思考による適切なリスクを伴う中期経営計画の策定に入る。逆算思考にはインカムアプローチ型（図表1-8）

図表1-8：インカムアプローチ型

DCF法に基づきFCF成長・WACC低減・非事業資産の最適化の3つの観点から細分化し、各ドライバーの数値目標を実現するための施策を抽出する

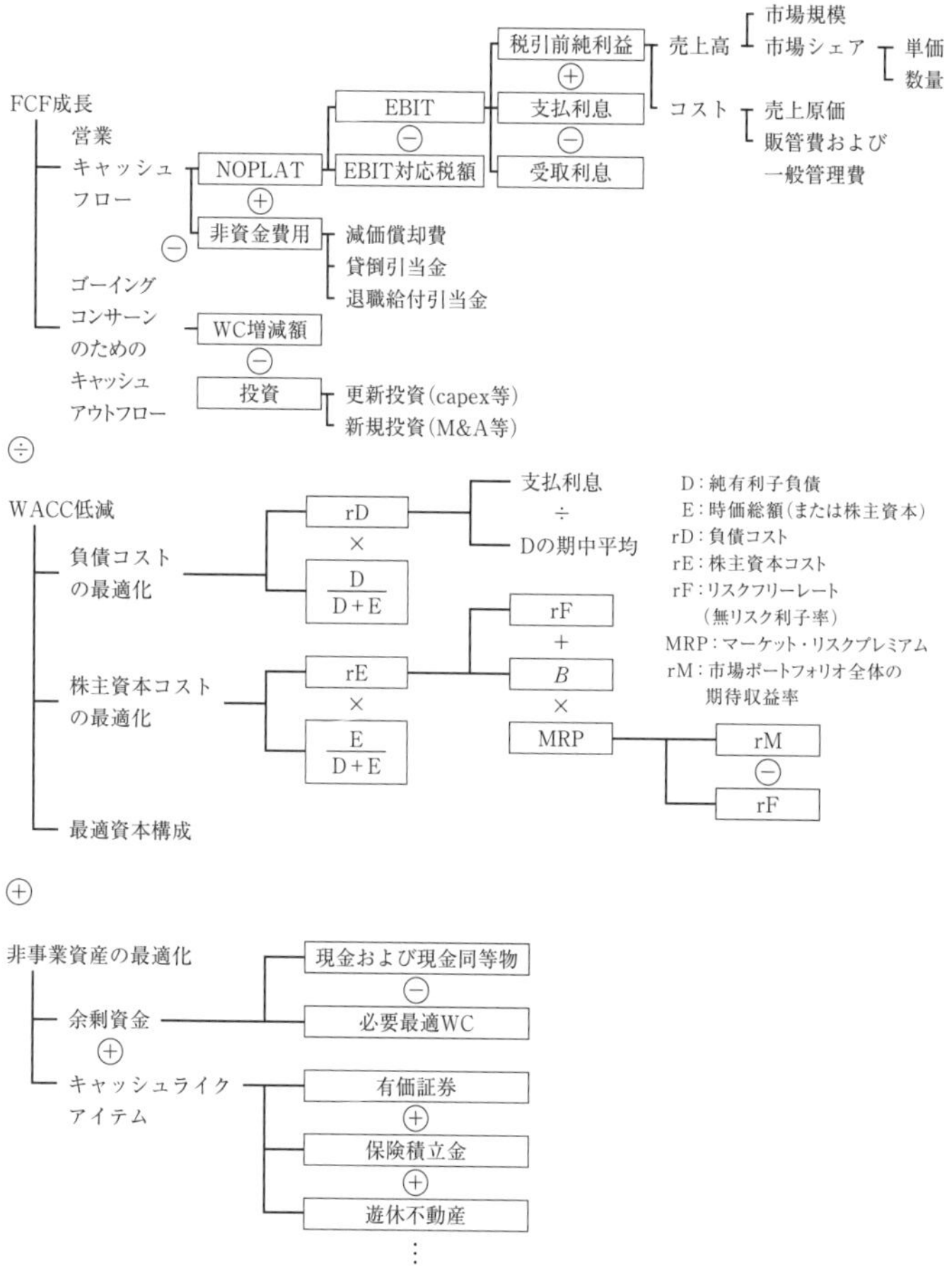

とマーケットアプローチ型（図表1-9）の2つのアプローチがある。戦略オプションの抽出にあたり、この逆算思考を使用することが企業価値最大化経営の特徴の一つだ。それぞれ留意すべきポイントを紹介しよう。

インカムアプローチ型では、目標企業価値を実現しうる戦略をＤＣＦ法に基づきＦＣＦ成長・ＷＡＣＣ低減・非事業資産の最適化の3つの観点から細分化し、各ドライバーの数値目標を実現するための施策を抽出していく。ＦＣＦ成長は、営業キャッシュフロー（ＮＯＰＬＡＴ＋非事業資産）－ゴーイングコンサーンのためのキャッシュアウトフロー（運転資本増減－投資［更新投資＋新規投資］）と細分化していき、各ドライバーの数値目標を実現するための施策を抽出していく。ＷＡＣＣ低減は負債コストの最適化・株主資本コストの最適化・最適資本構成の3つの観点から細分化し、各ドライバーの数値目標を実現するための施策を抽出する方法で検討していく。基本的にはβの低減が主要な施策となる。非事業資産の最適化は、余剰資金（現金および現金同等物－必要最適運転資本）＋キャッシュライクアイテム（有価証券＋保険積立金＋遊休不動産等）と細分化していき、各ドライバーの数値目標を実現するための施策を抽出する方法で検討していく。

マーケットアプローチ型では、目標企業価値を実現しうる戦略を類似企業比較法や類似取引比較法で使用する評価倍率（ＰＢＲ等）に基づき細分化し、各ドライバーの数値目標を実現するための施策を抽出していく。マーケットアプローチ型は、2023年3月末に東京証券取引所グループよりＰＢＲ（株価純資産倍率）が低迷する上場企業に対して改善策を開示・実行するよう要請さ

図表1-9：マーケットアプローチ型

類似企業比較法や類似取引比較法で使用する評価倍率(PBR等)に基づき細分化し、各ドライバーの数値目標を実現するための施策を抽出する

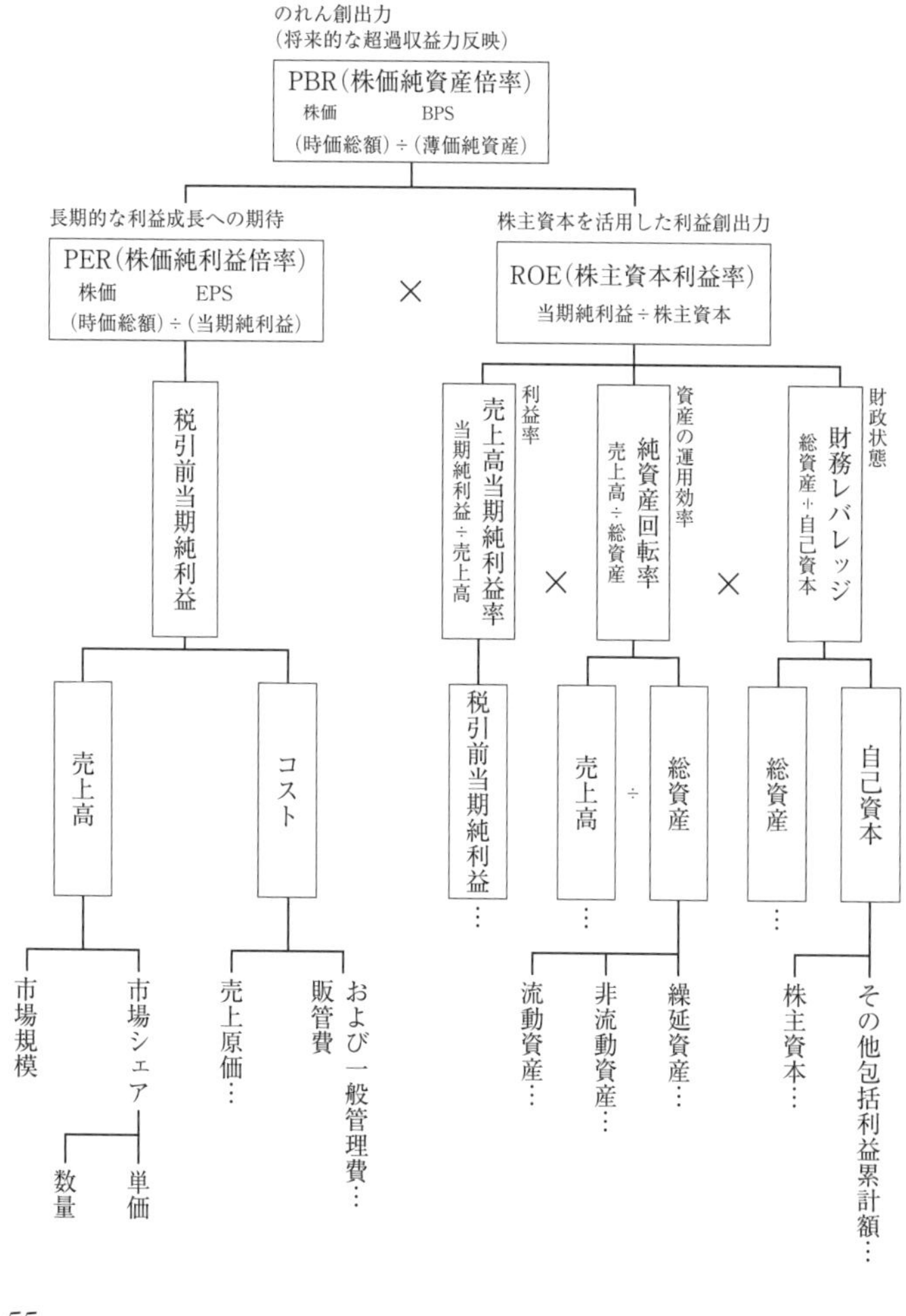

れたことを受け注目が高まっている。しかし、マーケットアプローチ型で使用する評価倍率は市場参加者のコンセンサスを根拠とする市場価値を反映しているものの、業種特性を考慮しない偏った評価や市場の短期的な需給に左右される面もあるため、企業が将来創出する本源的価値の向上に直接的に働きかけるインカムアプローチ型を優先的に検討し、そのうえでマーケットアプローチ型の検討も進めていくことが好ましい。

ここまで逆算思考で企業価値最大化に寄与する施策を抽出する考え方について述べた。次にそれら各施策の期待値を評価し、理論上、目標企業価値を実現しうる「適切なリスクを伴う中期経営計画」となっているか確認していく。多くの場合、逆算思考で期待値を計算できる施策を抽出しただけでは目標企業価値を実現するまでには至らず、自社のコア・コンピタンスを活用した大胆な挑戦がブレークスルーを生む。未来は不確実なため実践・実行してみなければ分からない面もあるが、事前の検証段階で理論上どう考えても目標企業価値を実現することは難しい「負けるべくして負ける状態」は避けたい。

【主要論点3】 組織実行力を最大限引き出すための意思決定構造とインセンティブの設計

経営とは実行し結果を出し続ける行動であり、中期経営計画を策定したとしても実行されなければ価値はない。そして、組織実行力を最大限引き出すことができなければ野心的な挑戦と信念を伴う目標企業価値を実現することは難しい。組織実行力を最大限引き出すためには、まずハード面からの働きかけとして株主等ステークホルダーの立場を踏まえた透明、公正、迅速・果断な決断を可能とする「意思決定構造」とCEOをはじめとする役職員の企業価値最大化経営へのコミットメントを生む「インセンティブ」の2つの切り口から仕組みを設計していく必要がある。

意思決定構造は、経営の所有を担う株主総会や経営の監督を担う機関、取締役、取締役会、監査役、監査役会、委員会等の監督体制と経営の執行を担う執行役や執行役会の執行体制の観点から、組織実行力を最大限引き出す布陣を選択する。

インセンティブは、報酬の種類（現金、株式報酬［RSU］、ストックオプション等）、報酬受益タイミング（現金報酬は通常の給与同様に月末払い、株式報酬は業績要件を満たした場合に毎年一定割合を事後交付、ストックオプションは業績要件と株価要件を満たすごとに新株予約権を普通株式に転換可能等）、報酬額（業界内で競争力ある年俸や株式報酬、現金報酬と株式報酬の割合等）、付与・取得可能株式数の観点から設計する。設計後にはインセンティブ設計の背景と目的を社内外のステークホルダーと共有・対話する機会を設けることで、目線を揃え企業価値最大化の実現に向け組織実行力を最大限引き出すのだ。

【主要論点4】　CEOによる中期経営計画の決断・コミットメント

最後に計画を実行に移す前の最終ステップとして、CEOによる中期経営計画の決断・コミットメントが必要だ。CEOによる決断・コミットメントが組織全体を一枚岩とし組織実行力を最大限引き出し中期経営計画の実現確率を上げるとともに、ＣＥＯへの実質的なガバナンス効果をもたらす。

　コミットメント（公約）とは、「ＣＥＯが社内外のステークホルダーに対し中期経営計画の実現を約束すること」である。約束をする以上、実現できなければ報酬面の減額は当然に、解任の可能性も否めないため、ＣＥＯは勝算のない状態で中期経営計画を決断・コミットメントすることはできない。従って、ＣＥＯは十分な勝算のある状態、すなわち、中期経営計画を実現するためのＣＥＯアジェンダを認識しＣＥＯの実力・真価・アイデンティティを鑑みたリーダーシップチーム等を選抜していくのだ。

　ＣＥＯアジェンダとは、目標企業価値を実現できるか否かの勝敗を左右する「ＣＥＯにしか突破できない経営の流れを変える最重要・最優先課題」である。個社ごとに異なるＫＳＦ（主要成功要因）に基づく特殊解が求められ、企業や事業全体を扱うマーケティング活動や業界再編を企図した同規模の同業他社との経営統合等がその代表例だ。中期経営計画の実行期間中に突破できるＣＥＯアジェンダは多くとも３つ程度が限界であり、実行段階におけるＣＥＯの時間はＣＥＯアジェンダの突破に集中的に配分される。

　ＣＥＯの実力、真価、アイデンティティを鑑みたリーダーシップチームの選抜はなぜ必要か。それは、目標企業価値を実現するためには、たとえＣＥＯが企業経営や企業価値最大化経営を非常に高い水準で総合的・統合的に対応可能であったとしても、解決しきれない多岐にわたる広範な課題が存在するためであり、なかには、ＣＥＯ以外の人物のほうが早く確実に解決可能な課題も存在するためである。

出発点は、ＣＥＯの実力、真価、アイデンティティを発見することだ。ＣＥＯの実力、真価、アイデンティティを発見する際は、自身にとって好きで得意なことであり、社内外のリーダーシップチーム候補者や競合と比較した場合に自身のほうが早く確実に解決できる課題を発見していく。これが、目標企業価値を実現するという環境下におけるＣＥＯの実力、真価、アイデンティティをあぶり出す思考法である。

そして、発見したＣＥＯの実力、真価、アイデンティティを鑑み、ＣＥＯのパートナーとなり目標企業価値の実現確率を上げるリーダーシップチームを選抜する。リーダーシップチームに求められる機能もＣＥＯの実力・真価・アイデンティティに依存し、例えば、補完関係を求め自身の実力、真価、アイデンティティ以外の機能を担うＣＦＯとＣＨＲＯをリーダーシップチームに招聘する場合や、諮問関係を求めＣＥＯの機能全般に対する諮問機能を担う社外の有識者を社外取締役として招聘する場合等がある。

【よくある失敗1】　信任の名のもと事業部トップや経営企画スタッフ主導で中期経営計画が策定されCEOがCEOアジェンダを認識することなく計画を決断・コミットメント

大企業を中心に高度に分業化された組織では信任の名のもと事業部トップや経営企画スタッフ

主導で中期経営計画が策定され、CEOがCEOアジェンダを認識することなく中期経営計画を決断・コミットメントしてしまう場合がある。

CEOがCEOアジェンダを認識していない状態は、中期経営計画の実行期間中、自身は組織に対しどんな貢献をすべきか、計画を実現するための鍵となる戦略やリスクは何かを理解していないことを意味する。この状態のまま実行段階へと歩を進めた場合、当然ながらCEOは最適な時間配分や決断を下すことができず、3~5年経過後には計画未実現の結果が待ち受けている可能性が高い。繰り返しになるが、中期経営計画の実現確率を上げるため、CEOはCEOアジェンダを事前に認識し中期経営計画を決断・コミットメントすべきだ。

【よくある失敗2】 意思決定構造とインセンティブが企業価値最大化経営に最適化されていない

企業価値最大化経営に最適化された意思決定構造と、インセンティブを設計し組織実行力を最大限引き出すことができれば、中期経営計画の実現確率は上がる。しかし、企業価値最大化経営に最適化された意思決定構造とインセンティブを設計し導入・浸透させるには大きな変革が必要となることから、本邦企業経営界では、例えば、先進的な上場企業やPEファンド投資先企業を除き、意思決定構造とインセンティブが企業価値最大化経営に最適化されていない場合が多い。意思決定構造、インセンティブともに、急進的に企業価値最大化経営に最適化していくことは難しいため、筆者は段階的に最適化していくことを推奨している。

具体的には、ステップ1として企業価値最大化経営に最適化された「標準的な」意思決定構造とインセンティブを設計し、ステップ2として企業価値最大化経営に最適化された「自社固有の」意思決定構造とインセンティブを設計していく流れである。ステップ1では、主要論点3で述べた観点から企業価値最大化経営に最適化された意思決定構造とインセンティブを設計し運用を試みる。そして、その結果と原因から学び、ステップ2として自社固有の意思決定構造とインセンティブを設計していく。

なお、この変革を主導し組織実行力を最大限引き出すことで中期経営計画の実現確率を上げることができるのはCEO以外にいないことを肝に銘じたい。

1-2-4　③組織をつくり目標企業価値を実現する

【タイミングと期間】 計画実行1年目〜5年目にあたるYear2〜Year6に3〜5年

【要諦】 目標企業価値の実現確率を上げるためにCEOの時間配分を最適化する。計画実行開始後100日程度のキータイムは組織の意識行動変容・組織づくり10割、その後はCEOアジェンダ突破7割、実行管理・実行支援3割程度が望ましい

【主要論点1】 CEOの時間配分とリーダーシップ

中期経営計画の実行期間は計画を実現する本番期間として3〜5年（1年では施策を実行し企

業価値へと変換するには短すぎ、10年では施策の企業価値への変換は期待できるものの十年一昔で企業を取り巻く環境が大きく変化し事前に未来を予測し切れない。業界にもよるが、おおむね3〜5年が適切）と長丁場となる。筆者の経験上、この期間は実行が徹底される企業と徹底されない企業との間に彼我の差が生じやすい魔の期間といえる。

これはマラソンレースに例えると分かりやすい。多くのランナーはレース前に目標タイム（サブスリー等）を設定する。そして、意気揚々とスタートを切るが、42・195キロの道のりを目標タイム内で走り切るまでに遭遇する様々なトラブルや障害への対応に疲弊し、スタート時のモチベーションや信念を貫けるランナーはそう多くない。目標企業価値を実現するプロセスも同様だ。CEOは事前に野心的な挑戦と信念を伴う目標企業価値を決断し、実現に向けた中期経営計画を策定する。そして、組織全体として高いモチベーションと信念のもと実行を開始するものの、物事が計画通りに進むことはそう多くなく、発見された課題を都度解決していくなかで次第に計画と実績との乖離が目立つようになり、実行開始時のモチベーションや信念を貫くことに陰りが見え始める。

こうした事態を避け実行が徹底される企業として目標企業価値を実現するためには「CEOの時間配分とリーダーシップ」が鍵となる。すなわち、CEOが3〜5年の長丁場において、何に、なぜ、いつ、どの程度の時間を配分していくか等によりリーダーシップの方向性が決まり、目標企業価値を実現できるか否かの勝敗が分かれるのだ。

では、ＣＥＯは何に、なぜ、いつ、どの程度の時間を配分すべきか。筆者は計画実行開始後１００日程度のキータイムは組織の意識行動変容・組織づくりに10割、その後はＣＥＯアジェンダ突破7割、実行管理・実行支援３割程度を配分すべきと考える。

計画実行開始後１００日程度は、目標企業価値最大化を実現できるか否かを左右するキータイムであるにも関わらず、計画策定という一仕事を終えたＣＥＯをはじめとするリーダーシップチームは一息入れ、組織はお手並み拝見と様子見のスタンスを取り、緊張感が緩みがちな期間だ。従って、ＣＥＯはここで気を緩めず、組織の全構成員に対し実行段階への移行と目標企業価値の実現に向けた意識行動変容を図るとともに、自律し共創・異結合・相互学習しながら自立・自走する組織づくりに集中しなければならない。そうした前提のもと意識行動変容・組織づくりを実現するには、企業文化・企業理念の体現者であるＣＥＯによる一貫したメッセージ管理のもと、全社的な中期経営計画の共有会や社内報・ＩＲ情報を通じた情報共有、ＣＥＯの拠点行脚等のトップダウン型のアプローチと目標企業価値を実現するためのタスクフォースを通じた意識行動変容・組織づくりへの働きかけ等のボトムアップ型のアプローチを併用していくことが有効だ。

その後は、ＣＥＯにしか突破できない経営の流れを変える最重要・最優先課題であるＣＥＯアジェンダ突破に7割、計画の実現率把握、実行主体者（執行役員やミドルマネジメント等）のマネジメントを通じた今後の方向性の軌道修正、士気向上等が可能な機会である実行管理・実行支援に３割程度の時間を配分していくことが望ましい。前者後者ともに、計画実行の全期間にわたり時間を配分することとなり、後者は意思決定構造の設計にて紹介した観点から設計された各種会議体において、少なくとも月に一度は円卓等を囲みオフラインで顔を見合わせながら議論する場を設けたい。計画実行の1年目なのか最終年度なのかによって多少の変動はあるものの、総じて前者に7割、後者に3割の時間を配分していくべきだ。

【主要論点2】 実行、実行管理、実行支援

目標企業価値を実現するためにはCEOの時間配分とリーダーシップに加え「実行、実行管理、実行支援」が鍵となる。実行段階は計画段階と比較し、得てして思考すべき論点が少なく難しい論点も少ないと思われがちだが、そんなことはない。実行こそが結果を生む源泉であり、論点は尽きない。実行段階の時々で企業価値最大化経営全体の流れを動的にコントロールできているか否かが勝敗を分ける。実行段階の論点を実行、実行管理、実行支援の3つの切り口で紹介しよう。

実行における論点は4つだ。

1つ目は、企業文化と社名の共有・浸透である。企業文化とは企業固有の受け継がれる意志・行動様式であり、社名は企業文化を一言で抽象した企業コンセプトである。名は体を表すということわざがあるが、まさにステークホルダーが社名を聞いただけで企業文化を連想できてしまう状態が理想だ。実行はミドルマネージャーと現場スタッフにより主導されることが多く、CEOが共有し体現する企業文化と社名を意識することなく日々目の前の期限やノルマに追われ仕事をこなしてしまいがちである。短期的にはこれでも行動と結果が伴うかも知れないが、目標企業価値を実現するまでの3~5年にわたる長丁場では、モチベーションを維持し、行動を続け、結果を出し続けられるのは一握りの人材だけだろう。従って、CEOやリーダーシップチームは企業文化と社名の共有・浸透を通じ、組織構成員が仕事を「こなす」のではなく「使命感を持ち取り組める」よう努めなければならない。

2つ目は、会議体運営である。ミドルマネージャーと現場スタッフの1週間のスケジュールを見ると、勤務時間の30%程度、一部のミドルマネージャーでは70~80%程度を会議に費やしていることもあり、目標企業価値を実現するには会議体運営を最適化することが必須となる。議題（アジェンダ）の事前準備、必要最低限の参加者、会議冒頭での背景（前回振り返り等）と目的（本日の議題等）の共有、オフラインとオンラインの併用、週に一度程度の定例化、議題の結論と今後の進め方の摺り合わせ等の会議体運営の基本を徹底することが重要だ。

3つ目は、情報管理・ナレッジマネジメントである。データ駆動社会ともいわれ、企業においても社内の複数部門が複数の情報ベンダーからBIやSFA等の情報管理ツールの提供を受け、日々新たな情報を蓄積し続けている。そして、企業では日々人の入れ替わりが行われており、例えば、ベテラン社員と新入社員、プロパー社員と中途社員との間の情報格差は加速度的に広まっている。この状況・傾向を放置すれば、企業に追加的な多大なコストが発生し、本来組織が持つ実行力を最大限発揮できない。

そこで、情報管理・ナレッジマネジメントの仕組みを情報創造、情報統制、情報利活用の3つのステップで検討していく。情報創造では、共同化（経験を共有し再現性・再発防止を生む暗黙知を創造）→表出化（暗黙知の概念化）→連結化（概念を統合し形式知を創造）→内面化（形式知の実践を通じ、新暗黙知を獲得）→仕組化→共同化を通じ、企業に日々新たに蓄積される情報を知識化していく。情報統制では、蓄積された情報や知識の取り扱いに関するルール等を策定する。そして、情報利活用では、蓄積された情報や知識を企業価値最大化の実現に向け利活用していくのだ。

4つ目は、オペレーション効率化・生産性向上である。BPRに代表される業務プロセス全体の見直し、CEOやリーダーシップチームよるミドルマネージャーと現場スタッフへのエンパワーメント、チームワークの醸成等が有効だ。

実行管理における論点は2つだ。

1つ目は、PDCAの徹底である。PDCAを知っているかと問われれば、Plan（計画）、Do（実行）、Check（評価）、Action（改善）を繰り返すことを意味する実行管理における真理としてほぼ全ての企業が即答できるだろう。では、PDCAが徹底されているかと問われれば途端にYESと回答できる企業は限られるのではないか。筆者の経験では基本を徹底することができれば、9割以上の競争相手に勝利できるだけでなく、残り1割の同様に基本を徹底できるハイレベルな競争相手に勝利するために必要な強みを身につけるための土台ができる。そのため、PDCAの各ステップにおいて考え抜き、実行し切ることを強く推奨したい。特にPDCA

の頻度が重要であり、中期経営計画で設定された3～5年後の目標企業価値をブレークダウンした年次計画、半期計画、四半期計画、月次計画、週次計画、日次計画、半日計画の実行・評価・改善サイクルを繰り返すことが非常に有効だ。その際、ＰＭＯ(Project Management Office)を組成し、合理的・客観的にＰＤＣＡを管理してもよい。

２つ目は、計画のローリングである。物事が計画通りに進むことはほぼない。従って、当初想定していた中期経営計画をローリング(理想と現実のギャップを埋めるために戦略等を年に一度等のスパンで見直す手法)する選択肢を持っておく。ローリングが必要なケースは上振れ・下振れ両面において想定され、どちらの場合でもローリングを可能とし中期経営計画期間中の実力に応じ柔軟に調整していくことで、組織実行力を最大限引き出しながら目標企業価値の実現に向け進むことができる。

実行支援における論点は３つだ。

１つ目は、課題解決と不測の事態への対応を通じたブレークスルーである。ＣＥＯやリーダーシップチームには、権限を活用し実行主体者では解決できない課題や事態の解決・対応を通じブレークスルーを支援することが求められる。例えば、課題解決では実行主体者の思考を助け補助線を引く役割が、不測の事態への対応では突発的に生じた事態が悪化する前に迅速に対応可能な経営資源を調達し傾斜配分する役割等が考えられる。

２つ目は、目標企業価値を実現するためのタスクフォースの選抜と課題解決・実行リードである。目標企業価値を実現すべく計画を実行していく際は、ＣＥＯのリーダーシップを支援する企業価値最大化経営の専門性や業務のスピード量質に耐えうる平時と異なるケイパビリティを持つチームが必要だ。中期的な企業価値最大化経営の内製化を前提に、社内のエース級人材にチームに参加していただくとともに、必要に応じて外部アドバイザー（コンサルタントやアドバイザー）の起用も視野に入れ、必要なケイパビリティを持つチームを組織する。

なお、タスクフォースの年齢構成（若手・ミドル等）は企業の年齢ピラミッドを鑑み、組織実行力を最大限引き出しうる編成とすべきだ。

3つ目は、ハンズオフ（経営関与なし）・ハンズイフ（突発的な対応が必要となった場合のみ経営関与）・ハンズオン（深く経営関与）である。企業や事業はそれぞれ対峙している経営環境や組織で働く従業員の顔ぶれ・文化が異なる。従って、例えばハンズオン支援に強みを持つと自負していたとしても、全社一律でハンズオン支援をすることが最適解とはなり得ない。基本的には計画通りに結果が進捗し、未来においても大きな課題が生じえないだろう企業や事業はハンズオフを基本に、必要に応じてハンズイフのスタンスで接する。野心的な目標企業価値を決断し自社単独の経営資源だけでなく親会社や外部のパートナーから経営資源を調達し目標企業価値を実現しようとしている企業や事業、計画通りに結果が進捗せずこのままでは経営が立ち行かなくなるリスクがある企業や事業には、ハンズオンを選択することとなる。

【主要論点3】　組織づくり

目標企業価値を実現するための鍵として「ＣＥＯの時間配分とリーダーシップ」「実行、実行管理、実行支援」について紹介した。加えて目標企業価値を実現するためには組織（共通目標を実現するために集った集団）づくりが必要である。

ここでいう組織づくりとは「グループ共通の企業文化が浸透し目標企業価値を実現するために集った集団をつくること」だ。具体的には、フルポテンシャルを算定する際に選抜した事業ポートフォリオを通じ、企業価値最大化を実現し続けるための最適な組織戦略に基づき、組織コンセプトの見直し、グループ全体の組織構造再編、各社の役割・企業文化・社名・経営戦略・コーポレートガバナンス・所在地・資本金・決算期・報告セグメント・現場組織構造の再構築、各社・各事業の必要経営資源の調達と組織化、全社への共通文化浸透を進め、全社・各社・各事業が協力し合い目標企業価値の実現に向かう集団をつくるのである。

なお、組織をつくるのはあくまで目的（目標企業価値の実現）を果たすための手段だ。従って、目的次第では、組織は不要とすらなりうる。「手段の目的化」に留意しいたずらに膨張・肥大化した烏合の衆を組織する等の愚を犯すことは避けたい。

【よくある失敗1】　ＣＥＯが勝敗を左右するＣＥＯアジェンダ突破に十分な時間配分と集中力を発揮できていない

ＣＥＯの業務は通常多忙を極め、社内外のステークホルダーへの対応のために想定外の時間配分が必要となることも常であるため、意識的に時間を確保しない限りＣＥＯアジェンダ突破に「十分な」時間を配分することは難しく、時間自体は配分できたとしてもその時間に「十分な」集中力を発揮することは難しい。では、どうすればＣＥＯアジェンダ突破に十分な時間配分と集中力を発揮できるか。留意すべきポイントは3つだ。

1つ目は、事前共有のもとＣＥＯアジェンダ突破に配分するＣＥＯの時間をブロックしておくことである。リーダーシップチームをはじめ仕事上関わりあるメンバーに対し、予めＣＥＯアジェンダ突破に配分する時間を共有・公開しておき、その時間は秘書への伝言をお願いする等早急な対応は難しいことを共通認識として得ておく。

2つ目は、秘書機能の充実である。人間の生産性は集中力に大きく影響を受ける。ましてや目標企業価値を実現できるか否かの勝敗を左右するＣＥＯアジェンダ突破に向き合う時間に、集中力が低下した状態で挑むのは得策ではない。こうした事態を避けるため、ＣＥＯの時間調整等をサポートしていただく秘書機能の充実が有効だ。

3つ目は、ＣＥＯの自己管理に基づくベストコンディション維持と適度なトレーニングである。目標企業価値を実現するプロセスは3～5年と長丁場だ。その間、真剣勝負となるＣＥＯアジェンダ突破に向き合う時間、実行管理・実行支援に向き合う時間等、高い集中力が常時求められる。従って、ＣＥＯは3～5年にわたり自己管理に基づくベストコンディションを維持することができなければ話にならず、コンディションを悪化させない範囲で体と心の能力を高めるトレーニングを行うくらいがちょうどよい。運動（ランニング・ウエイトトレーニング等を通じ負荷を最適化）、栄養（食事を通じタンパク質・脂質・炭水化物の三大栄養素等の摂取を最適化）、休養（睡眠・休暇・アクティブレスト等を通じ回復を最適化）のバランスを意識し、自己管理に努めれば高い集中力の発揮と維持する力は高まる。

ＣＥＯが勝敗を左右するＣＥＯアジェンダ突破に十分な時間配分と集中力を発揮できているか、どうすれば十分な時間配分と集中力を発揮できるか、常に自問自答したい。

【よくある失敗2】 全階層で実行が徹底されず敗北

目標企業価値を実現するためには全階層で実行を徹底（ＰＤＣＡの各ステップにおいて考え抜き実行し切る、中弛みしない、実現への信念を貫く等）しなければならないことは、我々大人には自明である。しかし、実際に実行を徹底しシンプル・ストレートに結果に向かうことができる個人、ましてや組織となると非常に稀有であろう。理由は3つだ。

1つ目は、そもそも人は弱い生き物である。人は機械やロボットのように電源が続く限り一定のペースで一定のパフォーマンスを発揮し続けることはできない。人の体や心にはバイオリズムがプログラムされ、周期的にコンディションは上下し、ＳＮＳやメディア等の情報源や娯楽の社会的浸透が進み、情報量や誘惑が爆発的に増加し続けていることで一定のパフォーマンスを発揮し続ける難易度は高まるばかりだ。歴史を振り返れば、本来優れた自己管理能力を持つはずのトップCEOやトップアスリートが目を疑う事件を起こしてきた事実を踏まえると、彼ら彼女らであろうと例外ではないことが分かる。それ程にそもそも我々人間が実行を徹底することは難しい要求である。その難しい要求に応えていくことが実行を徹底するということだ。

2つ目は、階層間の断絶である。構造上、職責と職務上の役割の違いからCEOとリーダーシップチーム、リーダーシップチームとミドルマネジメント、ミドルマネジメントと現場スタッフ等、組織の全階層における断絶は避けられない。四半期ごとに戦略共有会等を実施し、CEOの声を現場に届けることやCEOが直属の部下であるリーダーシップチームと頻繁にコミュニケーションをとり、配下のメンバーへの伝達を委譲する等の工夫を試みたとしても、10名程度の小規模企業・事業体を除きどうしても断絶は生じてしまう。この断絶は実行を徹底するうえでの阻害要因となる。従って、タスクフォースを組成する等追加的な施策を用いリーダーシップを補強していくのだ。

3つ目は、実行の楽しさ不在である。トップと現場の断絶により実行主体者であるミドルマネージャーや現場スタッフへのエンパワーメントが上手くなされず、実行を楽しむことができていない場合が多い。実行段階は、解釈次第では経営層が策定した計画実現のためにしぶしぶ仕事をやらされている感覚を抱きやすく、CEOやリーダーシップチームが適切なコミュニケーションを通じ組織に一体感を醸成できなければ、実行の楽しさが育まれることはないだろう。ＣＥＯはこうした前提を踏まえ実行を徹底できる組織づくりをすべきだ。

1-2-5　④結果と原因から学ぶ。責任を果たし進化する

【タイミングと期間】　次期計画実行1年目にあたるＹｅａｒ７の1Ｑに～3カ月
【要諦】　結果を前中期経営計画と同業他社・ベンチマーク企業との比較により客観的・相対的に評価。その原因から経営の流れと未来への教訓を読み解き、企業価値最大化経営に再挑戦する際の課題を明らかにし経営の質を高める

【主要論点1】　結果の客観的・相対的評価と原因分析

３～５年にわたる中期経営計画の実行期間を終えた後、結果と原因を評価・分析し、経営の流れと未来への教訓を読み解き、企業価値最大化経営全般における課題を明らかにする。

結果の評価は、前中期経営計画と同業他社・ベンチマーク企業との比較により客観的・相対的に行う。具体的には、前中期経営計画においてＣＥＯが決断した目標企業価値の実現率は何％だったか、自社は過去3～5年でどの程度の成長（何倍、ＣＡＧＲ等）を実現し、その結果は同期間における同業他社・ベンチマーク企業の結果に対しどの程度上回っているか（または下回っているか）を定量的に比較していくのだ。

結果を評価する際、あくまで事実に基づき可能な限り同条件で定量的に比較することが重要であり、そこに感情や恣意性が入り込む余地はない。

なお、同業他社・ベンチマーク企業と比較する際には、一過性損益、同期間中の会計基準変更、ビック・バス（業績の悪い決算期にて将来に悪影響を及ぼす可能性のある項目を当期に費用化し、当期の業績をさらに悪化させることで次期以降の報告利益の増加を図ろうとする会計政策。不良資産償却や将来の損失に備えるための引当金計上等）等の会計方針の影響を控除し、より同条件での比較を目指したい。

原因の分析は、結果の評価で得られた前中期経営計画の実現率や同業他社・ベンチマーク企業との彼我の差を明らかにすべく外部環境と内部環境を対象に厳格に行う。この原因を明らかにし経営を変え、No.1を目指し、より高い・より早い・より堅い・より長い企業価値最大化経営に再挑戦していくのだ。

外部環境に関する原因分析では、過去3〜5年に世界がどのように変化してきたかを政治、経済、社会、技術の4つの切り口にて自社の事業ポートフォリオに関連する範囲に絞り分析していく。

ここでは、スコープレスを前提に方法論を紹介しよう。政治の分析では国際レベル、地域レベル、国レベル、市区町村レベルでどのような政策がとられ、関連諸制度がどのように変化してきたかを調査し、自社の予測と何が違い、どのように内部環境を最適化すべきだったか示唆を得る。

経済の分析では、マクロ経済レベル、セミマクロ（メゾ）経済レベル、ミクロ経済レベルで各指標やプレイヤーがどのように変化してきたかを調査し、自社の予測と何が違い、どのように内部環境を最適化すべきだったか示唆を得る。社会の分析では、リアル社会とバーチャル社会における文化、人々の生活、価値観等がどのように変化してきたかを調査し、自社の予測と何が違い、どのように内部環境を最適化すべきだったか示唆を得る。技術の分析では、インフラストラクチャー、モビリティ、医療、情報通信、軍事、ロボティクス、宇宙等の分野における技術がどのように変化してきたかを調査し、自社の予測と何が違い、どのように内部環境を最適化すべきだったか示唆を得る。

内部環境に関する原因分析では、過去3～5年における外部環境の変化に対し自社はどのように対応したのか、それは最適解であったのかについて、企業価値最大化を実現し続けるＣＥＯの方法論と要諦①～③で紹介した観点から分析していく。例えば、①の観点では事業ポートフォリオ戦略と組織戦略は最適解だったのか、②の観点ではＣＥＯが決断した目標企業価値と中期経営計画並びに意思決定構造とインセンティブは最適解だったのか、③の観点ではＣＥＯが勝敗を左右するＣＥＯアジェンダ突破に十分な時間配分と集中力を発揮できたのか等を分析し、経営の流れと未来への教訓を読み解き、企業価値最大化経営全般における課題を明らかにしていくのだ。

【主要論点2】　ステークホルダー対応の最適化

結果と原因の評価・分析を終えた後、ＣＥＯは企業価値最大化経営にともに挑戦したステークホルダーへの責任（結果責任、アカウンタビリティ［説明責任］、フィデューシャリー・デューティ［受託者責任］等）を果たすべく、結果と原因がどうであれ、外部環境に最適化されたステークホルダーへの対応を行う必要がある。

企業、とりわけ企業価値最大化経営の主体となる株式会社とは「人により事業を行うために創造・経営される営利目的の生物、公器、組織、経営資源の有機体」だ。そして、株主や経営者・CEOといった直接的なステークホルダー（株式会社は細分化された社員権［株式］を有する株主から有限責任のもと資金を調達し、株主から負託を受けた経営者・CEOが事業を経営し得た利益を株主に分配する制度）に加え、顧客、従業員と労働組合、サプライヤー、競合、新規参入者、代替品提供者、債権者、公的機関、経済機関、地球環境・人間社会・他生物社会、研究機関等の技術関係機関が間接的なステークホルダーとなる。ステークホルダーへの対応は、各ステークホルダーごとに評価・分配・アカウンタビリティ（PR活動・広報活動・IR活動・SR活動等）の3つの切り口で検討していく。

以降、分配順位を意識し、顧客、従業員、サプライヤー、経済機関、地球環境・人間社会・他生物社会、技術関係機関、経営監督者、経営者・CEO、債権者、公的機関、株主の順に紹介しよう。

顧客への対応は、アカウンタビリティの観点にて、企業価値最大化経営の結果と原因を説明することで感謝の意を伝えるとともに、さらなる純顧客価値向上に向けた意志を示す。

従業員への対応は、評価の観点では人事評価時に企業価値最大化経営の結果と原因並びにその中での個々人の貢献度を鑑みた評価と今後に向けたフィードバックを行う。分配の観点では、通常の給与報酬に加え、結果と原因次第では臨時賞与の支給やストックオプションの導入も検討し、アカウンタビリティの観点では評価・分配の方針を示す。

サプライヤーへの対応も顧客への対応同様に、アカウンタビリティの観点にて、企業価値最大化経営の結果と原因を説明することで、感謝の意を伝えるとともに、今後のサプライヤーへの発注方針やニーズ等について意志を示す。

経済機関への対応は、アカウンタビリティの観点にて、企業価値最大化経営の結果と原因を説明することで感謝の意を伝えるとともに、今後の経済機関への発注方針やニーズ等について意志を示す。

地球環境・人間社会・他生物社会への対応は、アカウンタビリティの観点にて、企業価値最大化経営の結果と原因を説明することで感謝の意を伝えるとともに、今後のサステナビリティ貢献方針等について意志を示す。

技術関係機関への対応は、アカウンタビリティの観点にて、企業価値最大化経営の結果と原因を説明することで感謝の意を伝えるとともに、今後の経営方針や技術ニーズ等について意志を示す。

経営監督者、経営者・ＣＥＯへの対応は、評価の観点では、株主総会における株主による議決権行使や株主代表訴訟を通じ、企業価値最大化経営の結果と原因並びにその中での経営監督者の貢献度を鑑みた評価、今後の任用有無、今後に向けたフィードバック等をいただく。分配の観点では、通常の給与報酬に加え結果と原因次第では臨時報酬の支給や株式報酬を検討する。アカウンタビリティの観点では、評価・分配の方針を示す。

債権者への対応は、アカウンタビリティの観点にて、企業価値最大化経営の結果と原因を説明することで感謝の意を伝えるとともに、今後の返済方針等について意志を示す。

公的機関への対応は、アカウンタビリティの観点にて、企業価値最大化経営の結果と原因を説明することで感謝の意を伝えるとともに、今後の経営方針について意志を示す。

株主への対応は、アカウンタビリティの観点にて、企業価値最大化経営の結果と原因を説明することで感謝の意を伝えるとともに、今後の経営方針、株主還元方針、自己株式取得・処分・消却方針、買収防衛方針等について意志を示す。

こうしたCEOによる外部環境に最適化されたステークホルダー対応が、ステークホルダーからの信用を育み、時に市場やメディアから今後の改善に向けた示唆をいただく機会を生じさせ、企業価値最大化経営の再挑戦に弾みをつけるのだ。

【主要論点3】　CEOの実力向上

結果と原因の評価・分析を終えた後、企業価値最大化経営への再挑戦を開始する半年程度の間に、徹底的にCEOの実力(人間力・生命力・器)を向上させることが重要だ。企業価値最大化経営に彼我の差を生む本質的な原因はビジョンの構想・決断、リーダーシップ、CEOアジェンダの突破を担うＣＥＯの実力であり、再挑戦を開始する半年程度の間にＣＥＯが実力を向上させることができれば、より高い・より早い・より堅い・より長い企業価値最大化経営を実現できる。アプローチは３つだ。

１つ目は、結果と原因の評価・分析内容を鑑み、現状ＣＥＯが採用している方法論と要諦のうち変えないことと変えること(イノベーションの方向性)を発見するアプローチである。変えないことと変えることは当然ＣＥＯごとに異なるが、例えば、筆者が過去経験した実例では、この期間に徹底的に事業ポートフォリオ戦略と組織戦略について見識を深め非連続な事業ポートフォリオ戦略と組織戦略を構想し、企業価値最大化経営に最適化された実行管理・実行支援体制について見識を深め、組織実行力を最大限引き出す新たな仕組みを導入した。

２つ目は、現状ＣＥＯが採用している方法論と要諦を、企業価値最大化経営に再挑戦する際の事業ビジョンや目標企業価値に近い他社やＣＥＯの方法論と要諦に照らし自問自答することで、現状の方法論と要諦のうち変えないことと変えることを発見するアプローチである。本質や真髄は何か、何が違うのか、どのような方法論と要諦に対し好き嫌いと感じたか、どのような方法論と要諦に対し悪手好手と感じたか、自身の方法論と要諦にはどのような強みと弱みがあるか、自身の方法論と要諦のうち何を変えず何を変えるか、もし自分だったらどうするか等の自問自答が有効だ。

３つ目は、現状ＣＥＯが採用している方法論と要諦を、企業価値最大化経営に再挑戦する際の目標企業価値や事業ビジョンに近い他社やＣＥＯ以外の方法論と要諦に照らし自問自答することで、現状の方法論と要諦のうち変えないことと変えることを発見するアプローチである。業界・規模・所在地・社歴等の異なる良い経営（経験が浅いうちは良い経営と悪い経営を見極めることが難しいため、制限を設けず最終的に自らのセンスで良い経営を見極める）を実践されていると考える経営者・ＣＥＯが出版した「流経営」や「の経営」等のタイトルを付した書籍や、書籍化される情報には限界があることからリアルタイムの経営現象（企業の業績・経営戦略・危機対応等）とも照らし自問自答することで、現状の方法論と要諦のうち変えないことと変えることを発見するのだ。

【よくある失敗1】　結果と原因を正しく評価・分析せず本来同期間で得られたであろう複利効果が限定的となる

企業価値最大化経営や企業経営には複利効果が働く（資本主義下の競争がある世界では個人や企業は競争に勝とうとしその結果として拡大再生産・自己増殖を続けるメカニズムが働く）ため、企業や事業が生存している限り何かしらの複利効果を享受していることとなる。例えば、経営者やＣＥＯが漠然と抱く企業経営への慣れや自信等は複利効果の一部だ。

複利効果を意識的に享受しているならよし、そうでないのであれば本来同期間で得られたであろう複利効果が限定的となっていた可能性が高いため、結果と原因を正しく評価・分析し、意識的に複利効果を享受していくべきである。結果と原因を正しく評価・分析する方法は主要論点１で述べた通りだ。結果と原因を正しく評価・分析する企業文化を創り、Ｎｏ．１を目指しより高い・より早い・より堅い・より長い企業価値最大化経営に再挑戦し続けたい。

【よくある失敗２】　ＣＥＯやリーダーシップチームが責任を果たさずステークホルダーからの信用と未来に得られたであろう複利効果やレバレッジ効果を失う

相次ぐ企業の不祥事、ＳＮＳやメディアの発達・浸透もあり、企業に対する風当たりは強まるばかりだ。しかし、いかに時代が変わろうとも、ＣＥＯやリーダーシップチームが誠実に責任を果たし続けることがステークホルダーからの信用を得続ける唯一にして絶対の解であろう。従って、ＣＥＯやリーダーシップチームには誠実に責任を果たし続けるインテグリティ（誠実さ）が備わっていなければならない。

企業価値最大化経営や企業経営には、誰が経営したとしても良い時も悪い時も訪れるものだ。たまたま過去3～5年の前企業価値最大化経営期間がそのいずれかに該当したのかも知れない。そのため、ＣＥＯやリーダーシップチームは、良い時には実力を疑い、悪い時にはより一層厳格に結果と原因を評価・分析し再挑戦に備えるべきだ。企業とりわけ企業価値最大化経営の主体となる株式会社には、株主や経営者をはじめ顧客、従業員と労働組合、サプライヤー、競合、新規参入者、代替品提供者、債権者、公的機関、経済機関、地球環境・人間社会・他生物社会、技術関係機関等の多様なステークホルダーが存在するが、CEOやリーダーシップチームはいついかなる時もステークホルダーの立場を踏まえ、誠実に責任を果たし続けるインテグリティを忘れずステークホルダーからの信用構築に努めたい。

そして、企業価値最大化経営に挑戦していくうえで、強力なドライバーとなる複利効果やレバレッジ効果を失わないようにすべきだ。

1-2-6 ⑤「現時点」の実力に相応しい企業価値最大化経営に再挑戦し続ける

【タイミングと期間】 再挑戦1年目は計画実行5年目にあたるYear6の3Q～次々期計画実行1年目にあたるYear12の1Qに3年9カ月～5年9カ月

【要諦】 No．1に拘り「現時点」の実力に相応しい野心的な挑戦と信念を伴う企業価値最大化経営に再挑戦し続ける

【主要論点1】 現時点の実力に相応しい企業価値最大化経営

企業価値最大化経営ではゴーイングコンサーンを前提に、3～5年単位で企業価値最大化経営に挑戦し続ける。そして、挑戦を終え、企業価値最大化経営に再挑戦する際には、都度「その時点」における実力に相応しい企業価値最大化経営に再挑戦していくことが非常に重要だ。

プロセス①～④で紹介した企業価値最大化経営の一連のプロセスに全力で取り組んできた場合、

3～5年前と現在では構想できる事業ビジョン、目標にできる企業価値、実行可能な戦略が大きく異なるはずである。

企業価値最大化経営に再挑戦する際もやるべきことに変わりはない。すなわち、厳格なセルフデュー・ディリジェンスを実施し、フルポテンシャルを算定することが出発点だ。当該フルポテンシャルを参考値としCEOが「現時点」の実力に相応しい目標企業価値を決断する。そして、中期経営計画を策定・決断・コミットメントし目標企業価値を実現していくのだ。

【主要論点2】　時代や世代を超えた企業価値最大化経営

ここまで企業価値最大化経営への挑戦と再挑戦といった6～10年程度の短中期的な時間軸における企業価値最大化経営を紹介してきた。しかし、企業価値最大化経営はゴーイングコンサーンが前提であり、長期・超長期を時間軸とする時代や世代を超えた企業価値最大化経営についても検討していく必要がある。企業、とりわけ企業価値最大化経営の主体となる株式会社は「人により事業を行うために創造・経営される営利目的の生物、公器、組織、経営資源の有機体」だ。

そのため組織という切り口でアナロジー（類推）し、どのような組織が長期・超長期にわたり繁栄し続け、そうした組織にはどのような特徴があるかを分析することで時代や世代を超えた企業価値最大化経営のヒントを得られる。

ここでは長期・超長期にわたり繁栄し続ける代表的な組織として、株式会社金剛組（非上場企業として世界最古の企業。創業578年、業歴1445年)や松井建設株式会社(上場企業として日本最古の企業。創業1586年、業歴437年)等の超長寿日本企業(その他業歴200年を超える超長寿企業は建設工事業、酒類業、宿泊業、卸小売業等に多い)、超長寿宗教組織(世界三大宗教の1つで最も歴史の長い仏教は2500年超の歴史を持つといわれる)、八省(7世紀後期[飛鳥時代後期]より開始された律令制で太政官[現在の内閣府に相当]に属する8つの中央行政官庁。中務省[同宮内庁侍従職に相当]、式部省[同文部科学省・人事院に相当]、治部省[同外務省・宮内庁の書陵部・式部職に相当]、民部省[同財務省・国税庁に相当]、兵部省[同防衛省に相当]、刑部省[同法務省に相当]、大蔵省[同財務省・経済産業省に相当]、宮内省[同宮内庁の主膳職等に相当]の総称)の3つの組織に共通する特徴をみていこう。特徴は3つだ。

1つ目は、需要が尽きず競争の少ない市場を独占している、である。超長寿日本企業の事業内容はほぼ全ての企業が、需要が尽きず競争の少ない市場にてそこでしか手に入らないOnly1の製品やサービスを提供することで独占に近い市場シェアを得ており、超長寿宗教組織は三大宗教間での多少の競争はあれど緩やかであり、世界中からの入教需要は尽きない。八省についてはいわずもがなである。

2つ目は、いたずらに規模化し組織を複雑にすることを避け、組織文化の醸成・浸透に成功している、である。超長寿日本企業、超長寿宗教組織、八省ともに、時代や世代を超え挑戦し続けるのはその時代を生きる人であること、そして、人を動かすのは組織文化に他ならないことを認識し、組織の複雑性を避け組織文化の醸成・浸透を徹底している。

3つ目は、次の時代を担う人を育成し続けている、である。超長寿日本企業、超長寿宗教組織、八省ともに、長い目で後継者や次の時代を担う人を育成可能な仕組みが整備され機能し続けている。

3つの組織に共通する特徴は、長期・超長期を時間軸とする時代や世代を超えた企業価値最大化経営にそのまま当てはめることが可能だ。すなわち、今の時代を生きる我々は、いつの時代も需要が尽きず競争の少ない市場を発見・ポジショニングし独占を目指し、組織文化の醸成・浸透に努め、次の時代を担う人を育成し続けるべきなのである。

【よくある失敗1】企業価値最大化経営の文化・ノウハウ・体制が適切に社内に浸透・蓄積されておらず、再挑戦を続けるたびに本来同期間で得られたであろう複利効果を享受し損ねる

ゴーイングコンサーンが前提であり、複利効果が働き、高い専門性が求められる企業価値最大化経営において、一度経験した企業価値最大化経営の文化・ノウハウ・体制を浸透・蓄積させず、都度再挑戦していくことは避けたい。

例えば、一度目の経験で0・1の企業価値最大化経営の文化・ノウハウ・体制が社内に浸透・蓄積され、二度目の経験でも同様に0・1の浸透・蓄積がなされるとする。この場合、数学的に考えれば、1(対象企業が一度目の経験前に有していた文化・ノウハウ・体制)×1・1(一度目の経験で社内に浸透・蓄積される文化・ノウハウ・体制）＝1・1。1・1×1・1（二度目の経験で社内に浸透・蓄積される文化・ノウハウ・体制）＝1・21（二度目の経験後に対象企業に浸透・蓄積されている文化・ノウハウ・体制）となる。これが、一度目の経験、二度目の経験ともに、0・5の企業価値最大化経営の文化・ノウハウ・体制が社内に浸透・蓄積された場合、1×1・5＝1・5、1・5×1・5＝2・25となり、一度目の経験・二度目の経験ともに0・1の浸透・蓄積がなされた場合の1・85倍もの文化・ノウハウ・体制が社内に浸透・蓄積されることとなる。さらに経験回数を重ねればこの差は広がる一方だ。

企業価値最大化経営の文化・ノウハウ・体制を適切に社内に浸透・蓄積していく仕組みや施策を企業価値最大化経営の一部に組み込むことは必要不可欠だ。

【よくある失敗2】　CEOが自己満足し現時点の実力に相応しい・時代や世代を超えた企業価値最大化経営への飽くなき挑戦をし続けることを止める

ここまで企業価値最大化を実現し続けるCEOの方法論と要諦について述べた。最後に、最もよくあり、企業価値最大化経営そのものを破壊しうる失敗「CEOが自己満足し現時点の実力に相応しい・時代や世代を超えた企業価値最大化経営に挑戦し続けることを止める」について述べる。

CEOは企業価値最大化経営のキードライバーだ。従って、CEOが自己満足し挑戦し続けることを止めれば、対象企業の企業価値最大化経営が最盛期の勢いを取り戻すことは至難の業だろう。

なお、年齢的・健康的問題で後世にバトンを継がざるを得ない状況であっても、ＣＥＯが自己満足し挑戦し続けることを止めているか否かが事業承継等の方向性を決める分水嶺となる点も申し添えておきたい。

1－3　企業価値最大化を実現し続けるＭ＆Ａの方法論と要諦

1－3－1　全体像

はじめに企業価値最大化を実現し続けるＭ＆Ａの方法論と要諦の全体像をまとめた図表1－10、図表1－11をご覧いただきたい。企業価値最大化を実現し続けるＭ＆Ａの方法論と要諦を一言で述べれば「Ｍ＆Ａ実行前に圧勝を確信し実行後半年で勝利を確実に。結果と原因から学び新ベストオーナーのもと再挑戦し続ける」となる。

以降、５つのプロセスに抽象し、①より順に紹介していく。

1－3－2　①ＣＥＯがＭ＆Ａ戦略を決断（決めて・断つ）する

【タイミングと期間】　ディール準備期間にあたるＹｅａｒ１の３Ｑ・４Ｑに～６カ月程度

【要諦】　ＣＥＯがＭ＆Ａ戦略を決断し目標企業価値を実現するうえでのＭ＆Ａへの期待を明

らかにする

【主要論点1】　現中期経営計画におけるM&A戦略の見直し

M&Aを通じ企業価値最大化を実現し続けるための出発点は、既にCEOがコミットメントしている現中期経営計画におけるM&A戦略を見直すことである。M&A戦略と聞くと一見難しい話に聞こえるが、検討プロセスは至ってシンプルだ。

具体的には、現中期経営計画ではM&AのWho（当事者）、What（目標・ターゲット事業領域）、Why（目的）、Where（実行エリア）、How Much（充当可能額）、How Many（成約件数）、How（実行体制・投資条件・撤退基準）、When（スケジュール）をどのように考えているか見直しを図るのである。

Whoでは、M&Aを実施する主体（本社・事業子会社等）とリストアップされたターゲット事業領域において投資ターゲットとなる企業や事業、当該企業と事業のキーマン等を確認していく。

Whatでは、M&Aの目標（現中期経営計画においてM&Aにどの程度の企業価値貢献を見込んでいるかの期待値）とターゲット事業領域について、スプレッドシートの数値とロジックを確認し、リスク過剰かリスク不足か、楽観的か悲観的か、アップサイド（上振れ余地）とダウンサイド（下振れ余地）のレンジはどの程度か、致命的なミスはないか等の視点で照らし検証していく。

Whyでは、大前提となる目標企業価値の実現に加え、新事業領域の開拓、キラーアクイジション（競合の登場を事前に抑え、寡占を維持または深めるための買収。寡占傾向の強いTMT［テクノロジー・メディア・通信］業界におけるビッグテック規制の中心的話題となっている）、アクハイアリング（人材獲得を目的にした買収）、技術を買う、時間を買う等のM&Aを行う目的を確認していく。

Whereでは、Whoで確認した投資ターゲットとなる企業や事業の所在地域や国はどちらとなり、交渉を進める際にどのような法的準拠や言語能力が求められるのか等を確認していく。

How Muchでは、現中期経営計画ではどの程度の資金をM&Aへ充当可能と考えており、投資原資の出所は自社のバランスシートに蓄積された自己勘定か、金融機関からの借り入れ・株式市場を通じたエクイティファイナンス・外部投資家からのファンドへの出資金等の外部資金か、どのようなターゲット事業領域に対しどの程度の資金を配分していくか等を確認していく。

How Manyでは、ターゲット事業領域ごとにどの程度の成約件数を見込んでいるか等を確認していく。

Howでは、M&Aの意思決定プロセス・機関・実務担当チーム等の「実行体制」、自社固有のハードルレートとして設定した期待収益率・投資ストラクチャーや契約条件の柔軟性等の「投資条件」、M&Aの勝敗を判断する「撤退基準」を確認していく。

Whenでは、中期経営計画の実行期間における何年目にどのようなM&Aを実行していくか、各M&Aディールは何年目にそれぞれどのようなディールプロセスを経ていく想定かについて確

3～5年単位で企業価値最大化経営に再挑戦し続ける

Year7（計画実行5年目）				Year8（次期計画実行1年目）				Year13（次期計画実行5年目）			
1Q	2Q	3Q	4Q	1Q	2Q	3Q	4Q	1Q	2Q	3Q	4Q
→	→	→	→	④							
				⑤	→	→	→	→	→	→	→

結果と原因から学び新ベストオーナーのもと再挑戦し続ける

③ 組織をつくり目標企業価値を実現する	④ 結果と原因から学ぶ。責任を果たしベストオーナーを決断する	⑤ 新ベストオーナーのもと企業価値最大化経営に再挑戦し続ける
計画実行１年目～５年目にあたるYear3～Year7に3～5年	次期計画実行１年目にあたるYear8の１Qに～３カ月	（新ベストオーナーへの経営支配権異動が伴う場合）新ベストオーナーへの経営支配権異動および企業価値最大化経営への再挑戦期間にあたるYear8～Year13に４年～６年
目標企業価値の実現確率を上げるためにCEOの時間配分を最適化する。M&A実行後半年程度のキータイムはM&A当事者間（買手・売手等）の意識行動変容・組織づくり10割、その後はCEOアジェンダ突破7割、実行管理・実行支援3割程度が望ましい	計画と結果・原因を比較し、想定との乖離や経営の流れと未来への教訓を読み解き、企業価値最大化経営に再挑戦する際の課題とベストオーナーを見極める	なぜ自らがベストオーナーなのかを鑑み、新ベストオーナーの意志に基づく野心的な挑戦と信念を伴う企業価値最大化経営に再挑戦し続ける
• CEOの時間配分とリーダーシップ • 実行、実行管理、実行支援 • 組織づくり	• 結果の客観的評価と原因分析 • 引き継ぎ対象選定とベストオーナーのリストアップ • ステークホルダー対応の最適化 • CEOの実力向上	• 新ベストオーナーへの経営支配権異動 • 新ベストオーナーの意志や経営資源に基づく企業価値最大化経営
• M&A実行後半年程度のキータイムにM&A当事者間の意識行動変容・組織づくりにCEOが中途半端に関与しスタンドアローンバリュー維持やシナジー享受に失敗。「負け」から始まる経営に負けるべくして負ける • シナジー享受可能と想定していた施策の実行難易度が想定以上に高くシナジー享受が限定的となる	• 結果と原因の評価・分析結果を正しく受け入れられず大敗事業からの売却・撤退を決断できない • ベストオーナーの検討が狭く浅く企業や事業本来の成長ポテンシャルが解放されていない	• 現オーナーが自己満足し現時点の実力に相応しい・時代や世代を超えた企業価値最大化経営への飽くなき挑戦をし続けることを止める • 理論上新ベストオーナーと考えられるものの経営流派の違いにより綻びが生じ理想とする企業価値最大化経営を実現できない

図表 1-10：企業価値最大化を実現し続けるM&Aの方法論と要諦（時間軸）

半年程度の事前準備と１年程度のディール実行を経て

Year1（ディール準備期間）		Year2（ディールメイキング・実行期間）				Year3 ～ 6（計画実行1 ～ 4年目）			
3Q	4Q	1Q	2Q	3Q	4Q	1Q	2Q	3Q	4Q
①		②				③			

図表 1-11：企業価値最大化を実現し続けるM&Aの方法論と要諦（全体像）

M&A実行前に圧勝を確信し実行後半年で勝利を確実に。

	① CEOがM&A戦略を決断（決めて・断つ）する	② 圧勝を確信しながらディールメイキングをし実行する
タイミングと期間	ディール準備期間にあたるYear1の３Q・４Qに～６カ月程度	ディールメイキング・実行期間にあたるYear2に～１年程度（優良企業をターゲットにした場合、対象企業の経営環境変化とディール機会を得るために４～５年程度をかける場合あり）
要諦	CEOがM&A戦略を決断し目標企業価値を実現するうえでのM&Aへの期待を明らかにする	CEOが圧勝を確信しながら能動的にディールに関与し、目標企業価値の実現確率を上げるディールメイキング、迅速・確実なディール実行を実現する
主要論点	• 現中期経営計画におけるM&A戦略の見直し • CEOによるM&A戦略の決断	• ディールメイキング • ディール実行
よくある失敗	• M&A当事者視点の企業価値最大化経営の本質を理解しておらずおさえるべきポイントが掴めていない • CEOがM&A戦略を決断できておらずM&A戦略に絞りがないため、本来不要な企業や事業への投資や高値掴みをしてしまうリスクが高まる	• CEOの関与度が低くM&A実行までの時間的・心理的コストが高い。M&A市場からも信用を失う • M&A実行後の計画の検討が必要な水準で行われず、高値掴みを招き、PMIと企業価値最大化経営におけるキードライバーやCEOアジェンダが特定されていないため目標企業価値実現の勝算がない

めるのだ。

右記の通りM&A戦略の見直しを行い、「理論上」最適解と思われるM&A戦略へと精度を高認していく。

【主要論点2】 CEOによるM&A戦略の決断

M&A戦略も目標企業価値同様、CEOによる決断を経て初めて公式なM&A戦略として運用開始できる。CEOがM&A戦略を決断する前に確認すべきポイントは3つだ。

1つ目は、企業価値貢献の期待値と劣後順位・優先順位付けである。計画通りにM&Aを実行し各ディールにおいて目標企業価値を実現できた場合の企業価値貢献額を算出し、全ディールの企業価値貢献額を足し合わせ総企業価値貢献額を算出する。そして、CEO視点で各ディールの劣後順位や優先順位を事前につけておき、CEOの時間を有効に配分可能な状態をつくることが重要だ。

2つ目は、絞りである。M&A当事者視点の企業価値最大化経営は、自社単独の意志に基づく計画を策定し、企業価値最大化の実現を目指していた複数社が経営支配権の異動を伴う提携をし、他社(M&A当事者間)の意志も鑑みた計画を策定し、経営資源の運用とシナジーを享受しながら経営支配権の異動に伴う投資額を上回る企業価値最大化を実現していく「負け」から始まる経営だ。従って、M&A戦略に絞りがなく、自社の実力、真価、アイデンティティに適合しない対象をターゲットにM&Aの実行を試みれば、より勝率を下げることとなる。

3つ目は、評価方法である。M&A戦略を決断し実行するためには、全ディールの勝敗、各ディールの勝敗、M&A担当者の評価に対する体制や基準を事前に構築しておく必要がある。例えば、M&Aに関する高い専門性を持つ社内外の専門家で構成された投融資委員会等の特別委員会等の設置、ディール評価の指標（ROI・IRR・NPV等）、M&A担当者固有の評価基準（M&AはM&A当事者間の合意形成プロセスが必要となり、想定スケジュール通りに成約に至れる保証がない業務特性を持つため）等だ。

CEOはこれら3つのポイントを厳格に検討しM&A戦略を決断すべきだ。

【よくある失敗1】　M&A当事者視点の企業価値最大化経営の本質を理解しておらずおさえるべきポイントが掴めていない

M&A当事者視点の企業価値最大化経営の本質は、企業価値最大化経営を自社単独の意志や経営資源に加え他社の意志や経営資源に基づき実行していけること、経営支配権の異動に伴う投資額を上回る企業価値最大化を実現していかなければならない「負け」から始まる経営であることだ。前者を理解していれば、交渉相手となる他社の都合や意向によりスケジュール通りに物事が進まない可能性に備えるべきこと、自社の実力、真価、アイデンティティと適合するターゲットに絞り投資を実行すべきこと、M&A実行後は新会社や事業が定めた方針への意識行動変容を図るとともに、自律し共創・異結合・相互学習しながら自立・自走する組織づくりに細心の注意を払うべきこと、シナジーを最大限享受すべきこと等の最低限おさえるべきポイントが見えてくる。

また、後者を理解していれば、高値掴みをしてはならないこと、M&Aの本番は投資実行後のPMI(経営統合)・企業価値最大化経営であることが見えてくるだろう。M&A当事者視点の企業価値最大化経営を実行する際は、まずこの本質を理解し最低限おさえるべきポイント、すなわち、絶対に失敗してはならないポイントを頭に入れたうえで実行開始したい。そうはいっても等の例外を許さない姿勢が失敗を避ける分水嶺となるだろう。

【よくある失敗2】 CEOがM&A戦略を決断できておらずM&A戦略に絞りがないため、本来不要な企業や事業への投資や高値掴みをしてしまうリスクが高まる

CEOはM&A戦略を決断していくこととなるが、実際に決断(決めて・断つ)できるCEOはそう多くない。M&A戦略を実行に移すと、M&A市場にて自社のM&A戦略に完全に適合する投資機会と出会える確率は非常に低く、当たらずも遠からずの判断の難しい投資機会と多く出会うこととなる。

そうした案件への評価は、中期経営計画の実行期間1年目・2年目等であれば、M&A戦略に適合しないことを理由に辞退する判断ができるが、実行期間の3年目以降、つまり確実に結果を出していかなければならない時期に差し掛かったタイミングでは、やむを得ず判断が甘くなりが

ちだ。

また、ＣＥＯには事業好きな方や事業経営への強い自信を持つ方も多く、牽制役が存在しない場合、事前に決めたＭ＆Ａ戦略に適合しない投資機会であろうと手を出してしまいがちである。「ＣＥＯがＭ＆Ａ戦略を決断できておらずＭ＆Ａ戦略に絞りがないため、本来不要な企業や事業への投資や高値掴みをしてしまうリスクが高まる」という失敗は、特に、事業領域が多岐にわたりＭ＆Ａを計画のキードライバーとしていることの多い持株会社においてよくある失敗だ。

これは事業ポートフォリオ戦略の決断こそが最も重要度の高い仕事といっても過言ではない持株会社の宿命ともいえる。しかし、ＣＥＯは今一度、そもそもＭ＆Ａ当事者視点の企業価値最大化経営は「負け」から始まる経営であることを認識し、Ｍ＆Ａ戦略を決断することでＭ＆Ａ戦略を絞り、本来不要な企業や事業への投資や高値掴みをしてしまうリスクを軽減すべきだ。

1-3-3　②圧勝を確信しながらディールメイキングをし実行する

【タイミングと期間】　ディールメイキング・実行期間にあたるYear2に～1年程度（優良企業をターゲットにした場合、対象企業の経営環境変化とディール機会を得るために4～5年程度をかける場合あり）

【要諦】　ＣＥＯが圧勝を確信しながら能動的にディールに関与し、目標企業価値の実現確率を上げるディールメイキング、迅速・確実なディール実行を実現する

【主要論点1】　ディールメイキング

ディールメイキング（M&A業界ではソーシングやオリジネーションと呼ばれる）とは、M&A機会を創造するプロセスのことだ。近時、上場企業に対する同意なき買収が増加傾向であり、非上場企業においてもオーナー経営者の高齢化に伴う事業承継ニーズを見据えたM&A仲介企業による手書きレターやテレマーケティング活動の勢いはとどまることを知らない。

こうした市場の活況も後押しし、ディールメイキングプロセスは創意工夫余地の大きいプロセスとして、日々多くの戦略投資家（経営戦略上の目的を達成するために投資を行う投資家。事業会社と呼ばれる）と金融投資家（純然たる経済的リターンを得ることを目的に投資を行う投資家。PEファンド、ヘッジファンド等と呼ばれる）がM&A機会の創造を目指し鎬を削っている。

ディールメイキングは、長ければ4～5年程度にわたり、M&Aターゲットのファインディング、M&Aターゲットの社内承認、タッピング（サウンディング・ドアノックとも呼ばれる）、トップインタビュー、M&A機会のディール化の5つのプロセスにて行われる。

M&Aターゲットのファインディングでは、M&A戦略にてリストアップしたターゲットリストを優先順位（優先順位順にTier1・Tier2・Tier3等とグループ分けしグループ内でも優先順位をつける等）、選定理由（経営者・CEOの質、ポジショニング、財務情報、企業や事業の文化等）、コンタクトルート（自社経由、第三者経由等）、コンタクト相手（氏名・所属・役職・電話番号・メールアドレス等個人レベルで特定）等の情報を加えブラッシュアップしていく。

Ｍ＆Ａターゲットの社内承認では、ＣＥＯや投資委員会等のＭ＆Ａの最終意思決定機関よりリストアップしたターゲットとのＭ＆Ａ機会創造に対する承認を得る。このプロセスを経ずＭ＆Ａ実務担当者だけで物事を進めようとすると、後々最終意思決定機関の意志に基づき突如ディールが破談になる等の痛い目をみる可能性があるため気を付けたい。

タッピングでは、アプローチ目的（売却ニーズの確認・分析、Ｍ＆Ａディールの進め方の調整等）、アプローチ当事者（自社による直接的アプローチと第三者［ファイナンシャル・アドバイザー等］による間接的アプローチ）、アプローチ手法（手書きの手紙・電話・メール等）について最適な方法を検討し受動的ではなく能動的に実行していく。

トップインタビューでは、買手と売手トップの初顔合わせの場として、両社の考え方を摺り合わせ相性を確認していく。トップインタビューは、ディールメイキングにおける最大の山場だ。事前のデスクトップリサーチレベルでは両社の相性はよいものと考えられたが、直接コミュニケーションをとることで得られる様々な追加情報を踏まえ、改めて両社の相性をＣＥＯや投資委員会等のＭ＆Ａの最終意思決定機関が確認することが非常に重要である。その際、買手トップが売り手トップに対し、買手と提携することで売手トップの持つＣＥＯアジェンダの突破を強力に後押しできることを伝え、方向性の共感・同意を得られれば両社にとってベストなディールへと大きく近づくことができるだろう。

これらのプロセスを経てCEOや投資委員会等のM&Aの最終意思決定機関承認のもとM&A機会をディール化していくのだ。

【主要論点2】 ディール実行

ディール実行（M&A業界ではエグゼキューションと呼ばれる）とは、初期交渉、最終交渉、クロージング手続き・取引後のトラブル対応を経てM&A取引を完了させるプロセスのことだ。M&A当事者視点の企業価値最大化経営では、M&A実行前に圧勝（目標企業価値の確実な実現）を確信できていない場合、M&A実行後に効果的なPMIや企業価値最大化経営を実行できず、余程の僥倖に恵まれなければ（事前に予測できない非現実的な外部環境の急激な変化による神風）、目標企業価値を実現することはできない。それ程にM&A当事者視点の企業価値最大化経営においてディール実行段階は重要だ。

ではディール実行のプロセスごとに留意すべきポイントを紹介しよう。

初期交渉では、ディールの基本条件となるM&A当事者（買手・売手・対象企業等）、M&A理由（買手側は目標企業価値の実現、売手側は新ベストオーナーの探索等）、対象資産（株式や事業等）、取引条件（ストラクチャー［会社法上の手続きの組み合わせ］）・価格目線（上限値と下限値等）・契約条件（CEOの進退や従業員の処遇等）、スケジュール（M&A取引完了までの時間軸）についてM&A当事者間で摺り合わせる。特に取引条件については、M&Aディールの鍵となる部分であるため、初期交渉の段階でＭ＆Ａ当事者間の考え方に致命的な齟齬がないか（ターゲットに完全に適合する機会を得られる確率は非常に低い。多少の不適合は存在するものの、時間をかければ適合させうるのであれば許容し、リスクの最小化に努めることが重要）、買手としてデュー・ディリジェンスにて追加的に調査・分析すべき論点は何か等を明らかにすべく十分な対話・分析をすべきだ。

最終交渉では、デュー・ディリジェンスの結果を鑑み、取引条件の最終調整を行い双方合意のもと取引条件を固め契約を締結する。買手の連結財務諸表の規模からみて小規模且つ影響度が低いと判断される場合等を除き、多くの場合、初期交渉で摺り合わせた条件と最終交渉を経て双方合意に至った条件にはギャップが生じることとなる。例えば、買手がデュー・ディリジェンスを通じて得たネガティブインフォメーションに起因し（初期交渉段階では簡易デュー・ディリジェンスを内製していたが、最終交渉段階では事業・財務税務等のデュー・ディリジェンスを外部の専門家を起用し実施したことで追加的なネガティブインフォメーションが判明等）、初期交渉の段階で企図していたシナジーを享受することが難しいと分かった結果、買手のディール実行後の計画が下振れたため提示価格が減額した等である。買手としては初期交渉段階での検証を基礎情報と認識しつつも、改めてゼロベースで検証する姿勢で最終交渉に臨むことが重要だ。

クロージング手続き・取引後のトラブル対応では、法的効力を発生させＭ＆Ａ取引を完了する前提として買手・売手・対象企業として履行しなければならない事項の対応と訴訟案件の対応を行う。この段階ではM&A当事者間の利害は一致しており、関係性も良好であることが一般的であるが、そうでない場合はクロージング手続き・取引後のトラブル対応ともに、多大なコストが発生しうることに注意したい。初期交渉・最終交渉段階から不誠実な交渉は避け、ディール実行のプロセス全体を通してM&A当事者間の良好な関係を築くことが重要だ。

【よくある失敗1】 CEOの関与度が低くM&A実行までの時間的・心理的コストが高い。M&A市場からも信用を失う

M&Aの現場では、しばしばM&Aの最終意思決定者、すなわち、CEO等のM&Aディールへの関与度が低いがために、M&A実行までの時間的・心理的コストが高まり（実務担当者のレベルでは交渉がスムーズに進んでいたが、CEOに話をした途端破談となり数週間～数カ月の時間を無駄にするとともに、実務担当者に心労が溜まる等）、M&A市場からの信用を失ってしまうことがある（以後、優良な投資機会を得づらくなる等）。こうした失敗を避けるためには、CEOをトップとするM&A専任チーム（CEOはチームヘッドとして最終責任は負うもののM&A専任ではない）を組成し、CEOのM&Aへの関与度を一定程度確保しておくことが有効だ。

当該チームは、CEOに加えM&A部門（経営企画部門の責任者が兼務していることも多い）やコーポレートディベロップメント部門の責任者とM&A実務担当者の多くとも10名程度で組織し（外部アドバイザーの起用も要検討）、週一程度の定例ミーティングにて全ディールの進捗管理と各ディールの方向性を決めＭ＆Ａ活動に対しリーダーシップを発揮する。

当該チームの存在と活動方針・実績がＭ＆Ａ市場に周知されることで、Ｍ＆Ａ市場からの信用を得られ、継続的に優良な投資機会を得られるだろう。

【よくある失敗２】　Ｍ＆Ａ実行後の計画の検討が必要な水準で行われず、高値掴みを招き、ＰＭＩと企業価値最大化経営におけるキードライバーやＣＥＯアジェンダが特定されていないため目標企業価値実現の勝算がない

Ｍ＆Ａ実行後の計画の検討において留意すべきポイントは２つだ。２つのポイントは密接に連関しており、前者を実現するためには後者が必要な水準で行われる必要がある。

１つ目は、Ｍ＆Ａ実行後の計画の検討を必要な水準で行い目標企業価値の妥当性を検証し高値掴みを防ぐ、である。Ｍ＆Ａ戦略の見直しにてみてきたようにスプレッドシートの数値とロジックを厳格に確認し、リスク過剰かリスク不足か、楽観的か悲観的か、アップサイドとダウンサイドのレンジはどの程度か、致命的なミスはないか等の視点で照らし検証していく。そして、複数人の視点で多面的・多角的に検証していくとともに、必要に応じじファイナンシャル・アドバイザー（FA：Financial Advisor）等の外部の専門家の視点も借りながら企業価値評価に関する一つひとつの判断を客観的に行うことが重要だ。

２つ目は、目標企業価値を実現するためのＰＭＩと企業価値最大化経営におけるキードライバーとCEOアジェンダを「見える化」する、である。1つ目のポイントと進め方は基本的に同じだが、このプロセスではCEOと現場担当者の積極的な関与が重要となる。それはCEOがキードライバーとCEOアジェンダをM&A実行前に認識しておくことで目標企業価値の実現確率が高まり、現場担当者がキードライバーを現場における実行難易度の観点から評価しておくことで計画の蓋然性や実行時のモチベーションを高められるためである。

この2つのポイントに留意することで、高値掴みを防げ、PMIと企業価値最大化経営におけるキードライバーやCEOアジェンダを特定でき、目標企業価値の実現確率を高めることができる。

1-3-4　③組織をつくり目標企業価値を実現する

【タイミングと期間】計画実行1年目~5年目にあたるYear3~Year7に3~5年

【要諦】目標企業価値の実現確率を上げるためにCEOの時間配分を最適化する。M&A実行後半年程度のキータイムはM&A当事者間(買手・売手等)の意識行動変容・組織づくり10割、その後はCEOアジェンダ突破7割、実行管理・実行支援3割程度が望ましい

【主要論点1】CEOの時間配分とリーダーシップ

M&A当事者視点の企業価値最大化経営においても、目標企業価値を実現するためにはCEOの時間配分とリーダーシップが鍵となることに変わりはない。ただし、M&A当事者視点の企業

価値最大化経営は、自社の意志に加え他社の意志も鑑みた計画を策定し、他社の経営資源も運用しつつシナジーを享受しながら経営支配権の異動に伴う投資額を上回る企業価値最大化を実現していく「負け」から始まる経営だ。従って、配分した時間内でのリーダーシップを高めるため、ＣＥＯにはより一層ステークホルダーに配慮したコミュニケーションが求められる。

特に、Ｍ＆Ａの勝敗を左右するキータイムであるＭ＆Ａ実行後半年程度には、新会社や事業が定めた方針に適合した意識行動変容を図るとともに、自律し共創・異結合・相互学習しながら自立・自走する組織づくりをすべく、社歴や組織構成員の特性を鑑みた最適なコミュニケーションをとることに留意したい。この半年に作られた土台が後の常識となる。

【主要論点2】　実行、実行管理、実行支援

目標企業価値を実現するためには、ＣＥＯの時間配分とリーダーシップに加え「実行、実行管理、実行支援」が鍵となることはＭ＆Ａ当事者視点の企業価値最大化経営においても同様だ。実行、実行管理、実行支援における論点にも大きな違いはない。変わるのは当事者が自社単独ではなく自社と他社となることだ。それに伴い、当然ながら実行、実行管理、実行支援の全プロセスにおける複雑性が増すこととなる。

では、複雑性が増した実行、実行管理、実行支援にどのように対応していくべきか。ＣＥＯがＭ＆Ａ実行後半年程度のキータイムに、Ｍ＆Ａ当事者間（買手・売手等）の意識行動変容・組織づ

くりに10割の時間を配分していくことで複雑性を下げる効果を見込めるが、それ以外に、どのような対応をすべきか紹介しよう。

実行では、企業文化と社名の共有・浸透がより一層重要となる。M&Aを実行している時点で、理論上M&A当事者間が同じ方向に向かい正しく計画の実行を行えば自ずと結果が出るはずだ。しかし、現場では日々様々な摩擦が生じ、計画通りに物事が進むことはごく稀である。そこで重要となるのが企業文化と社名の共有・浸透だ。正論や教科書通りの方法論に価値はなく現場には響かないとする考え方も理解できるが、やはり正攻法こそが最も人間の心を動かす。

実行管理では、PDCAのC（評価）がより一層重要になる。企業経営の世界だけに限らず「評価」ほど、人や組織の価値観（何に価値があり、何に価値がないか）の違いが表れるものはそう多くないだろう。従って、可能な限りM&A当事者間に納得感があり組織実行力を引き出すことにつながる評価基準を設計していく必要がある。

実行支援では、目標企業価値を実現するためのタスクフォースの選抜がより一層重要になる。これはCEOがM&A実行後半年程度のキータイムに、M&A当事者間の意識行動変容・組織づくりに10割の時間を配分していく際のボトムアップ型のアプローチとして非常に有効だ。タスクフォースのメンバー構成はM&A当事者間の混合チームで組織し、ボトムアップでCEOのリーダーシップを強力に支援したい。

【主要論点３】　組織づくり

Ｍ＆Ａ当事者視点の企業価値最大化経営においても目標企業価値を実現するためには組織づくりが必要だ。ただし、Ｍ＆Ａ当事者視点の企業価値最大化経営では、もともと異なる企業文化を持つ企業や事業が新たに組織づくりを行うため、より難易度が高まることが一般的だ。

基本的な組織づくりの方法論に変わりはないが、この本質的な違いを頭に入れたうえでの組織づくり、ステークホルダーとの全てのコミュニケーションを進めたい。

【よくある失敗１】　Ｍ＆Ａ実行後半年程度のキータイムにＭ＆Ａ当事者間の意識行動変容・組織づくりにＣＥＯが中途半端に関与しスタンドアローンバリュー維持やシナジー享受に失敗。「負け」から始まる経営に負けるべくして負ける

くどいようだが、Ｍ＆Ａ当事者視点の企業価値最大化経営の本質は、企業価値最大化経営を自社単独の意志や経営資源に加え他社の意志や経営資源に基づき実行していけること、経営支配権の異動に伴う投資額を上回る企業価値最大化を実現していく「負け」から始まる経営であることだ。従って、ＣＥＯがＭ＆Ａ実行後半年程度のキータイムにＭ＆Ａ当事者間の意識行動変容・組織づくりに中途半端に関与することは絶対に避けるべきだ。

ディール実行前に半年間のキータイムにおける行動計画を立て、ＣＥＯの10割の時間を集中的に配分し、Ｍ＆Ａ当事者間の意識行動変容・組織づくりを確実に実現しなければならない。

【よくある失敗2】 シナジー享受可能と想定していた施策の実行難易度が想定以上に高くシナジー享受が限定的となる

M&A当事者視点の企業価値最大化経営では、投資額を上回る企業価値を生む源泉であるシナジー享受が限定的となることは避けたい。しかし、実務では計画策定時に想定していたシナジーを享受するための施策(クロスセルやアップセル等)を実際に実行に移したが、現場における実行難易度が想定以上に高く、シナジー享受が限定的となることが多い。

なぜ、こうした状況に陥るのか。よくある失敗例としては、計画をCEO・事業部トップ・経営企画スタッフ等のトップダウン型の思考に比重が置かれがちな人材のみで策定しており、現場における実行難易度を考慮せず(CEOや事業部トップもある程度の現場観を持っているはずだが、現役の現場担当者が持つリアルタイム情報はなかなか知りえない)施策を織り込んでしまうことが挙げられる。

当然、最終的に計画を決断・コミットメントするのはCEOではあるが、策定段階では、こうした失敗を避け想定シナジーを享受すべく積極的に現場担当者の声を取り入れたい。そして、CEOは計画の実現確率とCEOアジェンダを解像度高く認識したうえで計画を決断・コミットメントすべきである。

1-3-5　④結果と原因から学ぶ。責任を果たしベストオーナーを決断する

【タイミングと期間】　次期計画実行1年目にあたるＹｅａｒ８の1Ｑに～3カ月
【要諦】　計画と結果・原因を比較し、想定との乖離や経営の流れと未来への教訓を読み解き、企業価値最大化経営に再挑戦する際の課題とベストオーナーを見極める

【主要論点1】　結果の客観的評価と原因分析

3～5年にわたる中期経営計画の実行期間を終えた後、結果と原因を評価・分析し、経営の流れと未来への教訓を読み解き、企業価値最大化経営に再挑戦する際の課題を明らかにする。ただし、Ｍ＆Ａ当事者視点の企業価値最大化経営では、同業他社・ベンチマーク企業との相対比較は主眼とせず、前計画との比較に基づく客観的評価を主眼とする。

結果の評価は、計画においてＣＥＯが決断した目標企業価値の実現率は何％だったか定量的に比較していく。結果を評価する際、あくまで事実に基づき可能な限り同条件で定量的に比較することに努め、そこに感情や恣意性が入り込む余地はない。

原因の分析は、結果の評価で得られた前計画の実現率との彼我の差（原因）を明らかにすべく、外部環境・内部環境を対象とし厳格に行う（外部環境に関する原因分析・内部環境に関する原因分析ともに、ＣＥＯ視点の企業価値最大化経営と分析の方法論に変わりはない）。

そして、Ｎｏ．1を目指し、より高い・より早い・より堅い・より長い企業価値最大化経営に

再挑戦していくのだ。

【主要論点2】 引き継ぎ対象選定とベストオーナーのリストアップ

結果の客観的評価と原因分析を経て企業価値最大化経営に再挑戦する際の課題を明らかにした後、ベストオーナーの引き継ぎ対象となる企業や事業の選定とベストオーナーのリストアップを行う。

引き継ぎ対象となる企業や事業の選定は3つの観点で検討していく。

1つ目は、各企業や事業の前計画への貢献度と未来の企業価値最大化経営における定量的・定性的貢献可能性の確認である。特に、各企業や事業が未来において既存(コア)事業と考えられるかノンコア事業と考えられるかについて慎重な検討が必要だ。

2つ目は、経営資源の再配分方針である。当該企業や事業をベストオーナーへ引き継ぐことで得た人的資本・財務資本等の経営資源を新たにどのように配分していくかを決める。既存(コア)事業とノンコア事業の検討が適切に行われていれば自ずと選択肢は絞られているはずだ。

3つ目は、ステークホルダーへのコミュニケーション方法である。企業を取り巻くステークホルダー全般を対象に検討していくこととなるが、特に引き継ぎ対象となる企業や事業の組織構成員へのコミュニケーション方法を慎重に決める。引き継ぎ対象企業や事業のリーダーとなるキーマンへは個別に、その他組織構成員には全社的に(状況次第では個別の場合もあり)、背景と目的・引き継ぎ後の処遇等を丁寧に伝え、引き継ぎ後の展望を伝えていくのだ。

ベストオーナーのリストアップは、類似企業比較法の考え方を基本に、自社の実力、真価、アイデンティティと結果と原因の評価・分析で得た企業価値最大化経営に再挑戦する際の課題を解決するうえで親和性の高いベストオーナー候補をリストアップしていく。それにより、リストアップ後のベストオーナーへの経営支配権の異動取引を具体的に想定しながら、ベストオーナー候補を絞り込むことが可能だ。

【主要論点3】　ステークホルダー対応の最適化

結果と原因の評価・分析を終えた後、CEOやリーダーシップチームは外部環境に最適化されたステークホルダーへの対応をしていく必要がある。この点もCEO視点の企業価値最大化経営同様だ。ただし、M&A当事者視点の企業価値最大化経営では、当事者が自社単独ではなく自社と他社となるため当然ステークホルダーが増え対応はより複雑となる点に注意が必要だ。

ステークホルダーへの対応は、各ステークホルダーごとに評価・分配・アカウンタビリティの3つの切り口で検討していくことに変わりはない。以降、分配順位を意識し、顧客、従業員、サプライヤー、経済機関、地球環境・人間社会・他生物社会、技術関係機関、経営監督者、経営者・CEO、債権者、公的機関、株主の順に、M&A当事者視点の企業価値最大化経営において注意すべきポイントに絞り紹介しよう。

顧客への対応は、アカウンタビリティの観点にて、新体制の強みやさらなる純顧客価値向上に向けた意志を示すことで、顧客ごとのLTVを最大化する絶好の機会となる。

従業員への対応は、評価・分配・アカウンタビリティの観点にて、企業価値最大化経営の結果と原因並びにその中での個々人の貢献度を鑑みた評価、今後に向けたフィードバック、新体制への移行に伴う新制度をはじめとする変化の説明(M&A実行前はM&A当事者間で制度が異なることが一般的である。通常売手側の組織構成員は制度変更の影響を受ける)を行う。

サプライヤーへの対応も顧客への対応同様に、アカウンタビリティの観点にて、新体制の強みや今後のサプライヤーへの発注方針やニーズ等について意志を示す。

経済機関、地球環境・人間社会・他生物社会、技術関係機関への対応もサプライヤーへの対応同様、アカウンタビリティの観点にて、新体制の強みや、それぞれ今後の経済機関への発注方針やニーズ等、今後のサステナビリティ貢献方針等、今後の経営方針や技術ニーズ等について意志を示す。

経営監督者、経営者・CEOへの対応は、評価の観点では株主総会における株主による議決権行使や株主代表訴訟を通じ、企業価値最大化経営の結果と原因並びにその中での経営監督者、経営者・CEOの貢献度を鑑みた評価、今後の任用有無、今後に向けたフィードバック等をいただく。分配の観点では、通常の給与報酬に加え、結果と原因次第では臨時報酬の支給や株式報酬を検討する。アカウンタビリティの観点では、評価・分配の方針を示す。

債権者への対応は、アカウンタビリティの観点にて、企業価値最大化経営の結果と原因を説明することで感謝の意を伝えるとともに、新体制の強みや今後の返済方針等について意志を示す。

公的機関への対応は、アカウンタビリティの観点にて、企業価値最大化経営の結果と原因を説明することで感謝の意を伝えるとともに、今後の経営方針について意志を示す。

株主への対応は、アカウンタビリティの観点にて、企業価値最大化経営の結果と原因を説明することで感謝の意を伝えるとともに、今後の経営方針、株主還元方針、自己株式取得・処分・消却方針、買収防衛方針等について意志を示す。

こうしたCEOによる外部環境に最適化されたステークホルダー対応が、ステークホルダーからの信用を育み、時に市場やメディアから今後の改善に向けた示唆をいただく機会を生じさせ、企業価値最大化経営の再挑戦に弾みをつけることに変わりはない。

【主要論点4】　CEOの実力向上

結果と原因の評価・分析を終えた後、企業価値最大化経営への再挑戦を開始する半年程度の間に徹底的にCEOの実力向上を図ることが重要であること、CEOが実力向上を図るアプローチはCEO視点の企業価値最大化経営同様だ。

ただし、M&A当事者視点の企業価値最大化経営では、この時点で自社がベストオーナーではないと判断を下している場合がある。その場合、新ベストオーナーへの重要引き継ぎ事項として、前ベストオーナーが考える現状の方法論と要諦のうち変えないことと変えることを共有し、未来の企業価値最大化に貢献していくことを忘れてはならない。

【よくある失敗1】 結果と原因の評価・分析結果を正しく受け入れられず大敗事業からの売却・撤退を決断できない

結果と原因の評価・分析結果は、時に、想定を大幅に下回る結果(大敗)とその結果を生じさせた原因(戦略仮説の大きな誤り)を突きつける。この結果と原因の評価・分析結果を正しく受け入れられる企業では大敗事業の売却・撤退も決断できるが、正しく受け入れられない企業では売却・撤退は視野に入っていたとしても決断ができない。そして、大敗事業、すなわち、企業価値最大化の実現に直結しない事業を保有し続けることで経営資源の分散を招き全社のフルポテンシャルを制限することとなる。では、どうすれば正しく受け入れることができるか。留意すべきポイントは3つだ。

1つ目は、結果と原因の評価・分析結果の質である。いわずもがなであるが、狭く浅い分析や致命的な誤りがあれば、当該評価・分析結果をもとに売却・撤退といった大きな決断を下すのは難しいだろう。

2つ目は、未来の展望である。当該事業の未来における企業価値最大化経営への貢献度を推し量る。当然、次回以降の計画実行期間に引き続き貢献度が低いと判断される場合は売却・撤退も視野に入れるべきだ。

3つ目は、ベストオーナーの「見える化」である。実際に売却・撤退の決断を下した場合、そもそも当該事業を引き継いでいただける買手が存在するのか。存在した場合、どのような取引条件で引き継いでいただくことが可能かを「見える化」する。それにより、売却・撤退の決断がより現実的となるだろう。

【よくある失敗2】ベストオーナーの検討が狭く浅く企業や事業本来の成長ポテンシャルが解放されていない

ベストオーナーをリストアップする際は、類似企業比較法の考え方を基本に、自社の実力、真価、アイデンティティと、結果と原因の評価・分析で得た企業価値最大化経営に再挑戦する際の課題を解決するうえで、親和性の高いベストオーナー候補をリストアップしていくと述べた。

しかし、そのプロセス全般における検討範囲が狭く浅ければ、企業や事業本来の成長ポテンシャルが解放されない。例えば、ある企業の企業価値最大化経営に再挑戦する際の課題が強いソリューション営業部隊の育成・構築を通じた新市場への新製品拡販であった場合、単に強いソリューション営業部隊を持つ企業をベストオーナーと見立てるのではなく、強いソリューション営業部隊を持つことに加え新製品と親和性が高く、規模が大きく、競争も緩やかな市場に精通した企業をベストオーナーと見立てる等、広く深く検討していくのだ。さらに、同条件を満たす企業を1社ではなく3~5社程度ピックアップする等、より広く深く検討していくのである。

1-3-6　⑤新ベストオーナーのもと企業価値最大化経営に再挑戦し続ける

【タイミングと期間】（新ベストオーナーへの経営支配権異動が伴う場合）新ベストオーナーへの経営支配権異動および企業価値最大化経営への再挑戦期間にあたるYear8~Year13に4~6年

【要諦】なぜ自らがベストオーナーなのかを鑑み、新ベストオーナーの意志に基づく野心的な挑戦と信念を伴う企業価値最大化経営に再挑戦し続ける

【主要論点1】　新ベストオーナーへの経営支配権異動

結果と原因の評価・分析結果を正しく受け入れ大敗事業の売却・撤退を決断した後、リストアップしたベストオーナー候補への経営支配権の異動を行う。その際に留意すべきポイントは3つだ。

1つ目は、売却条件である。売却時の契約条件（売却希望価格のレンジ等の譲れない条件は何か等）、売却完了後の引き継ぎ企業や事業の新ベストオーナーの組織図上の位置付け等について検討していく。

2つ目は、交渉方法である。交渉環境と交渉プロセス（相対取引か入札取引か等）、内製で進め

るかファイナンシャル・アドバイザーを起用するか等について検討していく。特に、交渉環境と交渉プロセスについては買手の立場で実行するＭ＆Ａでは設計権がないため出てこない論点である。安易に売却価格や成約確率を高めるために入札取引を選択するのではなく（金融投資家に代表されるように、あくまで売主の投資リターンの最大化を企図し行われる売却取引であれば、売主は入札取引を選択する可能性が高い）、新ベストオーナーのもと企業価値最大化経営に再挑戦していただくために、ベストな交渉環境と交渉プロセスを選択したい。それが結果的に、自社の中長期的なステークホルダーからの信用構築へとつながり、企業価値最大化経営への再挑戦にも弾みをつけるのだ。

３つ目は、売却が難しい場合の対応策である。企業価値最大化経営に直結しない事業として売却・撤退を決断した当該事業に対する対応策として、例えば、独立採算制の導入、追加投資の凍結、人的資本の再配分を通じた事業縮小等も検討していくこととなるだろう。

【主要論点２】　新ベストオーナーの意志や経営資源に基づく企業価値最大化経営

ベストオーナーに経営支配権の異動がなされた後に行う企業価値最大化経営は、Ｍ＆Ａ当事者視点の企業価値最大化経営の本質を理解したうえで、新ベストオーナーの意志や経営資源に基づき行うべきだ。

当然、スタンドアローンバリューを維持するという意味では旧ベストオーナーの方法論と要諦を取り入れる必要はあるが、基本的には新ベストオーナーの意志や経営資源に基づき企業価値最大化経営に挑戦することが最も企業価値最大化の実現確率を上げるだろう。その際はぜひ、本書で紹介した企業価値最大化経営の方法論と要諦を参考にしていただきたい。

【よくある失敗1】 現オーナーが自己満足し現時点の実力に相応しい・時代や世代を超えた企業価値最大化経営への飽くなき挑戦をし続けることを止める

一度目の挑戦で目標企業価値を実現し、未来においても自らが理論上ベストオーナーであると考えられる場合であっても、現オーナーが自己満足し、現時点の実力に相応しい・時代や世代を超えた企業価値最大化経営への飽くなき挑戦をし続ける意志を失っているのであれば、現時点のベストオーナーとはいえない。

ここまでCEO視点およびM&A当事者視点の企業価値最大化経営について述べてきたが、改めて企業価値最大化経営の基本を確認しておこう。

企業価値最大化経営とは「企業価値最大化の実現を目標に定めた企業経営」であり、その目標は「企業価値最大化の実現」、目的は「企業価値最大化」、期間は「ゴーイングコンサーンを前提に3～5年単位で企業価値最大化経営に挑戦し続ける（金融投資家の傘下企業では有期限を前提とする場合あり）」、主体者は「上場企業経営者・CEO、エクイティで資金調達を行った未上場企業経営者・CEO、M&A当事者、取締役会等」、必要能力は「企業価値最大化を実現し続けるために必要な専門的能力全般」だ。従って、企業価値最大化経営では、飽くなき挑戦をし続ける意志を失い未来に得られたであろう複利効果を享受する機会を放棄するオーナーは、現時点のベストオーナーとはいえないのである。

厳しい言葉になるが、自己満足し、現時点の実力に相応しい・時代や世代を超えた企業価値最大化経営への飽くなき挑戦をし続ける意志を失っているオーナー、すなわち、所有する経営資源をより世界の持続・Ｗｅｌｌ‐ｂｅｉｎｇに貢献していく方向性へと有効活用していく意志がないオーナーは、サステナブルな未来のため、地球のため、世のため、人のため、新ベストオーナーへの経営支配権異動を決断すべきだ。

【よくある失敗２】　理論上新ベストオーナーと考えられるものの経営流派の違いにより綻びが生じ理想とする企業価値最大化経営を実現できない

現オーナーとの協議のうえ慎重に検討を進め、満を持して新ベストオーナーの意志や経営資源に基づく企業価値最大化経営を実行に移したとしても、経営流派の違いにより理想とする企業価値最大化経営を実現できない場合がある。

流派とは、芸術・芸能・武道等の分野において語られることの多い言葉であるが、その意味するところは「各分野における方法論や主義等の違いにより生じた系統や集団」のことだ。

流派は企業価値最大化経営の分野にも当然存在し、企業価値最大化経営の様々なプロセスで流派の違いに起因する意見の食い違いや人間関係の綻びが生じうる。従って、新ベストオーナーあるいは新ベストオーナーにより選任されたＣＥＯのＭ＆Ａ実行後半年程度のキータイムにおける時間配分が鍵となる。

Ｍ＆Ａ当事者間の意識行動変容・組織づくりに中途半端に関与することは絶対に避け、ディール実行前に半年間のキータイムにおける行動計画を立て、ＣＥＯの10割の時間を集中的に配分し、Ｍ＆Ａ当事者間の意識行動変容・組織づくりを確実に実現しなければならない。

column

単独経営と共同経営はどちらが優れた企業価値最大化を実現しうるか

単独経営（1人の代表取締役等が代表権を持ち経営）の代表的な事例は日本ではキーエンス、ファーストリテイリング、ソフトバンクグループ等、世界ではアップル、マイクロソフト、アルファベット、エヌビディア、メタ・プラットフォームズ、バークシャー・ハザウェイ、テスラ、イーライリリー・アンド・カンパニー、ウォルマート、ビザ等が代表格である。

そして、共同経営（2人以上の代表取締役等が代表権を持ち共同で経営）の代表的な事例は日本ではトヨタ自動車、ソニーグループ、日本電信電話、東京エレクトロン、信越化学工業、三菱商事等、世界ではサウジアラムコ、ユナイテッド・ヘルスグループ等が代表格である。

では、単独経営と共同経営はどちらが優れた企業価値最大化を実現しうるだろうか。結論から述べると、時間軸（短中長期と超長期）、企業・事業規模（中小企業と世界No.1企業等）、所有と経営の分離（オーナー経営者か非オーナー経営者か）の違いにより解が異なると考える。

例えば、短中長期の中小企業の経営をオーナー経営者として経営していく場合は単独経営が経営のスピード・量・質を生み優れた企業価値最大化を実現しうるが、超長期の世界No.1企業の経営を非オーナー経営者として経営していく場合は共同経営が経営のスピード・量・質や永続性を生み優れた企業価値最大化を実現しうる等だ。

あくまで自社固有の経営環境を見極め、最適な体制は単独経営・共同経営のどちらかと自問自答し、最適解を見いだしていきたい。

column

オーナー経営者と非オーナー経営者はどちらが優れた企業価値最大家か

オーナー経営者（経営している会社の重要事項に対する意思決定権を持つ株主兼経営者）と非オーナー経営者（経営している会社の重要事項に対する意思決定権を持つ株主ではない経営者。雇われ経営者、プロ経営者、職業経営者、サラリーマン経営者等と呼ばれる）は、どちらが優れた企業価値最大家であろうか。

結論から述べると、両属性のなかでも企業価値最大化経営に精通したトップレベルのプレイヤー同士を比較する場合、長期ではオーナー経営者に軍配が上がるだろう。短中期でも基本的にはオーナー経営者のほうが優れた企業価値最大家である可能性が高いが、対象企業がオーナー経営者が得意としていない非オーナー経営者の持つ特殊技術が最大限発揮されうる再生局面等の有事の経営環境下に置かれている場合は、非オーナー経営者に軍配が上がると考える。

なぜ、長期ではオーナー経営者に軍配が上がるか。それは、対象企業が資金繰り悪化や倒産リスクを回避できるといった最低限の財務体質を有していることを前提にした場合、企業価値最大化経営や企業経営には複利効果が働くため、短中期で経営を担う企業が変わる可能性が高く、自身を起用したオーナーの期待を上回るべく短期のパフォーマンス最大化へのプレッシャーに打ち勝ちながら、都度ゼロから企業価値最大化経営に挑戦し、ノウハウ・体制を対象企業に浸透・蓄積していく必要がある非オーナー経営者よりも、長期で対象企業の企業価値最大化経営に携わりノウハウ・体制を対象企業に浸透・蓄積しながら企業価値最大化経営に再挑戦し続けられるオーナー経営者のほうが有利であるためだ。

本邦企業経営界には、オーナー経営者以外に長期で経営を担える機会はほぼ存在しない。2002年から2014年の12年間にわたりミスミグループ本社のCEOを担われた三枝匡氏や、2010年から現在に至る13年超にわたり伊藤忠商事の社長・CEOを担われている岡藤正広氏等限られた事例は存在するものの、10年を超える長期政権を敷く事例は多くない。

では、視野をプロ経営者文化が浸透している米国企業経営界に広げた場合はどうだろうか。1959年から1972年の13年間にわたりITTの社長を担われたハロルド・ジェニーン氏や、1973年から2000年の27年間にわたりエマソン・エレクトリックのCEOを担われ在任期間27年間に売上高16倍（150億ドル超）、43期連続業績成長、44期連続増配といった結果を残したチャールズ・F・ナイト氏等が存在するものの、オーナー経営者であればこうした期間にわたり経営を継続されている事例は枚挙にいとまがない。やはり、長期ではオーナー経営者のほうが優れた企業価値最大家になりやすいといえるだろう。

図表1-12：新規のバイアウト案件タイプ別の社長の就任方法

経営不振の責任を取り社長が退任することの多い事業再生案件のみ全130件中95件（73.1%）と外部招聘が過半数超え

案件タイプ	留任 or 内部昇格		外部招聘		合計
	件数	%	件数	%	件数
子会社・事業部門売却	174	84.9%	31	15.1%	205
事業再生	35	26.9%	95	73.1%	130
事業承継	62	72.9%	23	27.1%	85
資本再構築	41	89.1%	5	10.9%	46
公開企業の非公開化	111	94.1%	7	5.9%	118
第二次バイアウト	34	82.9%	7	17.1%	41

（出所）日本バイアウト研究所のデータをもとに筆者作成

column

戦略投資家と金融投資家はどちらが優れた企業価値最大家か

短中期でも基本的にはオーナー経営者のほうが優れた企業価値最大家である可能性が高いが、対象企業がオーナー経営者が得意としていない非オーナー経営者の持つ特殊技術が最大限発揮されうる再生局面等の有事の経営環境下に置かれている場合はその限りではないと述べた。

図表1−12をご覧いただきたい。本邦バイアウト投資市場における実際のCEO採用市場のデータを鑑みると、事業再生局面におけるCEOの外部招聘が件数・率ともに突出している。これは市場が、対象企業が非オーナー経営者の持つ特殊技術が最大限発揮されうる再生局面等の有事の経営環境下に置かれている場合、オーナー経営者(ここでは内部昇格者も含め論じる)よりも非オーナー経営者のほうが優れた企業価値最大家だと評価している一つの証左である。

なお、右記はオーナー経営者と非オーナー経営者どちらの属性においても、企業価値最大化経営に精通したトップレベルのプレイヤー同士を比較した場合の見解である。従って、両属性のどちらかの経験や研鑽が足りず、企業価値最大化経営を実践し結果を出すために必要とされる実行力や見識が著しく不足している場合、当然この限りではない。

戦略投資家と金融投資家はどちらが優れた企業価値最大家であろうか。まず、戦略投資家と金融投資家の違いをまとめた図表1―13をご覧いただきたい。両者は投資原資の違いにより投資の前提条件が大きく異なる。この点を踏まえ、先の問いに対する結論を述べると、両属性のなかでも企業価値最大化経営に精通したトップレベルのプレイヤー同士を比較する場合、戦略投資家に軍配が上がるだろう。理由は4つだ。

1つ目は、無期限と有期限である。企業価値最大化経営や企業経営には複利効果が働くため、有期限内で保有株式を売却することを前提に都度ゼロから新たな投資先企業にて企業価値最大化経営に挑戦しノウハウ・体制を対象企業に移転・蓄積していく必要がある金融投資家よりも、無期限で長期にわたり対象企業にて企業価値最大化経営に携わりノウハウ・体制を対象企業に浸透・蓄積しながら企業価値最大化経営に再挑戦し続けられる戦略投資家のほうが有利だ。

2つ目は、経営資源の量と質の違いである。例えば、金融投資家のうちバイアウトファンドの場合、投資対象となるのは各業界のNo．1企業ではなく、経済的リターンの源泉である①投資時に実行したLBOファイナンスの借入金返済、②事業改善を通じたEBITDA成長、③保有株式を売却する際(従って、投資先企業の投資時の事業ポートフォリオでは高い評価倍率を見込めない場合、事業ポートフォリオ再編を通じマルチプル・シフトを図る場合もあり)の評価倍率の上昇(マルチプル・エクスパンション)を実現しやすい、「一定規模の事業基盤やニッチトップのポジションを築き毎期安定的にFCFを創出しているとともに、事業改善を通じ多少のEBITDA成長と売却時に評価倍率の上昇を見込める」事業を展開する企業となることが通例である。

つまり、必ずしも各業界でNo．1になることを目指している訳ではなく、経営資源の量と質も各業界のNo．1企業である必要はないのだ。従って、両属性のなかでも企業価値最大化経営に精通したトップレベルのプレイヤー同士を比較する場合、各業界のNo．1企業に代表される戦略投資家とPEファンドに代表される金融投資家では、豊富な経営資源の量と質を適切に企業価値に変換していくことで、戦略投資家のほうがより優れた企業価値最大家となりうる。

3つ目は、シナジーの有無である。一般的に、金融投資家はファンド投資先企業間で経営資源の分配は行わず各投資先企業単独で目標企業価値実現していくこととなる。一方、戦略投資家は、グループの事業ポートフォリオ戦略の影響は受けるものの、シナジー実現を企図したグループ企業間での経営資源分配や傾斜配分が行われ、グループの総合力を結集して企業価値最大化を実現していく。戦略投資家は金融投資家を上回る経営資源の量と質を有しているため、グループ間シナジーを上手く実現することができれば金融投資家を大きく上回る企業価値最大化を実現できるだろう。

4つ目は、リスクの取り方の違いである。両属性のなかでも企業価値最大化経営に精通したトップレベルのプレイヤー同士を比較する場合、この点が彼我の差を決定付ける。戦略投資家は絶対に負けられない既存(コア)事業である個社に財務資本・物的資本・人的資本等の経営資源を傾斜配分することが可能であるのに対し、金融投資家はポートフォリオを組み経営資源を分散することが通例だ。1つ目から3つ目の理由に加え、この点が加われば余程両者間の実力差がない限りこの差を埋めること

図表 1-13：戦略投資家と金融投資家の違い

投資原資の違いにより投資の前提条件が大きく異なる

	戦略投資家	金融投資家
投資原資	自己資金	他人資金
運用期間	無期限	ファンド運用期間７～10年
投資期間	無期限	５～７年
投資目的	事業ビジョン実現、企業価値最大化	投資リターン実現
評価軸	定量（企業価値）+定性。 ※M&A・投資は目標実現の一手段	定量（ROI・IRR等）
コア・コンピタンス	企業経営（シナジー含む）+金融取引	金融取引
取得比率	戦略次第	マジョリティ以上等
投資ストラクチャー	戦略次第	LBO等
投資サイズ	BS・資本構成次第	マイクロ、スモール、ミッド、ラージ
投資先地域	世界中。戦略次第	特定国・エリア
投資セクター	戦略次第	消費財・外食・小売・病院等、安定FCF見込むセクター

は極めて難しいだろう。

なお、右記はあくまで戦略投資家と金融投資家どちらの属性においても企業価値最大化経営に精通したトップレベルのプレイヤー同士を比較した場合の見解である。従って、両属性のどちらかの経験や研鑽が足りず、企業価値最大化経営を実践し結果を出すために必要とされる実行力や見識が著しく不足している場合、当然この限りではない。

2010年代中盤以降、本邦企業経営界ではアクティビストによる上場企業への投資が活発化している。米系ヘッジファンドのバリューアクト・キャピタル・マネジメントは、米国でのマイクロソフトへの投資がシンボリックな案件として取りざたされることが多いが、日本でも2018年のオリンパスへの投資を皮切りに2020年のJSR・任天堂と投資を実行し、オリンパス・JSRでは同社共同CEOのデイビット・ロバート・ヘイル氏が社外取締役に選任され企業価値向上の実現を目指している。2023年には米系ヘッジファンドのフォートレス・インベストメント・グループが傘下のそごう・西武に代表取締役1名含む計3名の取締役を送り込み経営再建を開始した。

こうした事例において、アクティビスト並びにアクティビストから着任した取締役が資本市場と対峙し、どの程度の企業価値向上をどのような手法で実現したか、ボード3・0の真価を注視していくことで、戦略投資家と金融投資家はどちらが優れた企業価値最大家かに対する解がより明瞭となるかも知れない。

第2章

企業価値最大化経営の応用

本章では、過去筆者あるいはＴＳ＆Ｃｏ．が関与した実例を参考に、もし筆者が各社の企業価値最大化経営を担うＣＥＯであったらと仮定し、ＣＥＯアジェンダに絞り考察する。

はじめに全体像をまとめた図表２-１をご覧いただきたい。本章のメッセージを一言で述べれば「成長ステージ・業界環境・資本関係を問わず、基本を前提に特殊解を発見・解決し企業価値最大化を実現し続ける」となる。

以降、各社のＣＥＯアジェンダについて順に紹介していく。

CEOアジェンダ

・企業価値最大化経営の恒常化と第二創業のリーダーシップ
・既存(コア)事業のポジショニングと持続的な利益創出の確立
・企業価値最大化経営に挑戦し続けるための盤石なケイパビリティ確立

・時価総額100億円から1000億円を実現するための事業ポートフォリオ戦略
・時価総額100億円から1000億円を実現するための組織戦略
・時価総額100億円から1000億円を実現するための実行の仕組みとリーダーシップ

・中長期ビジョン
・中長期ビジョンを実現するための経営戦略
・中長期ビジョンを実現するためのリーダーシップ

・オーナー家によるビジョンの構想・決断
・ビジョンを実現するための経営戦略
・オーナー家によるリーダーシップ

・有期限内での新ベストオーナーへのファンド持分譲渡
・有期限内での企業価値最大化経営
・投資実行前の事業計画検証とPMI仮説

・CEOのリーダーシップ
・中長期ビジョンの構想・決断
・中長期ビジョンを実現するための経営戦略

・全社共通企業理念
・全社共通企業理念に最適化された経営戦略
・持株会社CEOのリーダーシップ

・CEOの世界観・人生観に基づく企業文化の構想・体現
・経営戦略
・リーダーシップチームによるリーダーシップ

・次の100年ビジョンの構想と伝承
・超長期・長期の企業価値最大化経営
・中短期の企業価値最大化経営

・再生・再成長のリーダーシップ
・再生(延命と生存)
・再成長

図表2-1：企業価値最大化経営の応用(全体像)

成長ステージ・業界環境・資本関係を問わず、基本を前提に特殊解を発見・解決し企業価値最大化を実現し続ける

	要諦
2-1 企業価値最大化経営の恒常化と第二創業のリーダーシップ ―創業初期企業	企業価値最大化経営の恒常化と第二創業のリーダーシップが鍵。そのために創業3年程度の間に生存可能な状態、基本力とコア・コンピタンスを確立する
2-2 事業ポートフォリオ戦略で勝負あり ―時価総額100億円から1000億円を目指す企業	事業ポートフォリオ戦略が鍵。そして、各事業が競争で勝利すべく組織戦略、実行の仕組みとリーダーシップを最適化し時価総額1000億円を実現する
2-3 中長期ビジョンで新時代へ ―株価低迷・成長鈍化企業	中長期ビジョンが鍵。そして、中長期ビジョンを実現するための経営戦略の策定・実行、リーダーシップを通じ中長期ビジョンを実現する
2-4 オーナー家によるビジョンの構想と決断が全て ―地方同族企業	オーナー家によるビジョンの構想・決断が鍵。そして、各時間軸のビジョンを実現するため、特に事業のスケール(規模)とスコープ(範囲)を慎重に判断しながらコミットメントと一貫性あるリーダーシップを発揮しビジョンを実現する
2-5 有期限内で集中的に結果導出 ―ファンド傘下企業	ファンドと合意したCEOアジェンダの突破が鍵。投資実行前の事業計画検証とPMI仮説、企業価値最大化経営(バリューアップ)、新ベストオーナーへのファンド持分譲渡(エグジット)の全プロセスでリーダーシップを発揮しファンドリターン(ファンド持分の譲渡価額)最大化とステークホルダー満足を実現する
2-6 CEOのリーダーシップで未来を拓く ―業界再編下にある企業	CEOのリーダーシップが鍵。中長期ビジョンを構想・決断し経営戦略ストーリーABCを準備しながら様々な業界再編シナリオに対応していくことで中長期ビジョンを実現する
2-7 全社共通企業理念の上に築く ―コングロマリット企業	全社共通企業理念が鍵。全社共通企業理念に経営戦略や持株会社CEOのリーダーシップ等あらゆる企業活動を最適化し体現・浸透していく
2-8 CEOの世界観・人生観に基づく企業理念に帰結 ―グローバルトップ企業	CEOの世界観・人生観に基づく企業理念の構想・体現が鍵。そして、経営戦略の策定・実行、リーダーシップチームによるリーダーシップを通じ企業理念を体現し続ける
2-9 次の100年ビジョン、新創業のリーダーシップ ―創業100年企業	次の100年ビジョンの構想と伝承が鍵。そして、逆算思考で超長期・長期の企業価値最大化経営と中短期の企業価値最大化経営を構想・実践し次の100年ビジョンを実現する
2-10 基本を確実に ―再生企業	基本の確実な実践が鍵。奇をてらわず当たり前のことを当たり前に行う

2-1　企業価値最大化経営の恒常化と第二創業のリーダーシップ
――創業初期企業

【要諦】企業価値最大化経営の恒常化と第二創業のリーダーシップが鍵。そのために創業3年程度の間に生存可能な状態、基本力とコア・コンピタンスを確立する

【CEOアジェンダ1】企業価値最大化経営の恒常化と第二創業のリーダーシップ

留意すべきポイントは3つだ。

1つ目は、CEOメッセージである。最高経営責任者であるCEOが自社の実力・真価・アイデンティティを鑑み、企業価値最大化経営の恒常化と第二創業に向けさらなる飛躍を目指すことと具体的な計画をシンプルなストーリーとしてまとめる。CEOのストーリーへの確信と信念を貫く力が強烈なリーダーシップを生むのだ。

2つ目は、新経営計画である。特に中期・長期の事業ビジョンと目標企業価値について検討を深めたい。3年程度の経営期間を経て育まれた時代観のもと、CEOが自社の方向性を決断するのだ。経営計画は決断された理想（中期・長期の事業ビジョンと目標企業価値）と現実（現在の事

業状況と企業価値）のギャップを埋める戦略を抽出し、スプレッドシートにて定量的に計画化し管理していく。

３つ目は、ＣＥＯの時間配分である。創業初期の序盤・中盤は、既存（コア）事業のポジショニングと持続的な利益創出の確立、企業価値最大化経営に挑戦し続けるための盤石なケイパビリティの確立に10割の時間を配分すべきだ。創業初期の終盤は、企業価値最大化経営の恒常化と第二創業のリーダーシップ準備に10割の時間を配分する。創業初期企業では、意識的に時間を傾斜配分し変化を能動的に起こし続ける力が求められる。

なお、企業価値最大化経営は3～5年間に目標企業価値を実現できるか否かの真剣勝負であり、ひとたび勝負期間に入ってしまえば目標企業価値の実現に集中しなければならない。従って、プロスポーツ選手同様、オンオフを明確に区切り、休む時は徹底的に休み、勝負期間では徹底的に目標企業価値の実現に集中するメリハリをつけることも重要だ。

【CEOアジェンダ2】　既存（コア）事業のポジショニングと持続的な利益創出の確立

大企業からのカーブアウト案件等の既に事業のポジショニングや利益創出が確立されたうえで新しく創業する場合を除き、大多数の創業初期企業は資本金等として調達した資金をはじめとする経営資源を活用し、新たにゼロから事業のポジショニングや持続的な利益創出の確立を目指す。留意すべきポイントは３つだ。

1つ目は、低コスト体質と撤退基準である。事業を経営した場合の予測BS（貸借対照表）・CF（キャッシュフロー計算書）・PL（損益計算書）の精度が著しく低くアンコントローラブルな科目が多い状態では、無駄な時間的・経済的コストを徹底的にそぎ落とすべきだ。特に、CEOの意志でコントロール可能な固定費を低く抑えることで事業からの利益創出を実現しやすくなる。また、事業は当初想定通りに進捗する保証はない。従って、想定を下振れることを前提とし、どの程度想定を下振れたら事業から撤退するといった撤退基準を設定しておく必要がある。2年で芽が出なければ撤退する等が有効だ。これにより仮に事業に失敗したとしても損失を最小限に抑えることができる。

2つ目は、仮説検証サイクルである。事業のポジショニングと持続的な利益創出を確立することを目指し、有限な経営資源の最適な資源配分を行うべく（判断を誤れば即倒産・撤退につながる）、1年程度の有期限内でCEOが仮説検証サイクルをリードすることが有効だ。例えば、撤退基準で紹介した2年の期限内でも仮説検証サイクルを2周回すことができる。

3つ目は、競争戦略の再現性である。仮説検証サイクルで得た示唆に基づき、オーガニック戦略（ビジネスモデル進化の方向性）、インオーガニック戦略（業務提携・M&A等の方向性）の観点から競争戦略の勝ち筋を見極め、現時点の競争戦略を型化していく。その後は、型化された競争戦略を基本に、外部環境の変遷に応じ、柔軟に戦略を変化させていくことで再現性の高い競争戦略へと進化させ続けるのだ。

【CEOアジェンダ3】　企業価値最大化経営に挑戦し続けるための盤石なケイパビリティ確立

創業初期企業には中長期的に企業価値最大化経営に挑戦し続けるためのケイパビリティは存在しない。従って、ゼロから盤石なケイパビリティを確立していく必要がある。留意すべきポイントは３つだ。

１つ目は、潤沢な現預金の蓄積である。例えば、１年以上売上がゼロでも事業継続に支障をきたさない潤沢な現預金が蓄積されている状態をつくれている場合、ＣＥＯは心理的ストレスやプレッシャーを回避しながら、企業価値最大化経営の恒常化と第二創業のリーダーシップに備えることができる。

なお、創業初期企業の源資は、大きく自己資金・非自己資金（エンジェル投資家やベンチャーキャピタルによる株式への投資資金と銀行融資等）の２つに分かれるが、基本は、発起人による払込資本金と事業を通じ蓄積した利益剰余金で構成される自己資金を原資とすべきだ。自己資金と非自己資金の割合は、オーナーやＣＥＯの目標企業価値や事業ビジョンに応じ選択すべきであり、昨今のスタートアップブームの影響を受け、安易な理由と条件で不可逆な決断である投資家からの株式への投資を通じた非自己資金の調達に走ることは避けたい。

２つ目は、自分流経営の確立である。企業経営は科学ではなく経営者の数だけ流派が存在する正解のない営みだ。しかし、自分の中での正解（最適解）は必要だ。自分流経営として確立することで可変性のある（時々の時流に合わせ最適化）ブレない経営のもと、生存確率や競争の勝率を高めることができる。

3つ目は、オペレーションの確立である。既に様々な仕組みが確立された大企業に勤務する人からすると想像もつかない世界かも知れないが、創業初期企業に確立されたオペレーション（事業のバリューチェーンや組織における年間・四半期・月間・週間・日間の業務サイクル等）は存在しない。ある程度オペレーションが確立されている場合は、そのなかで生産性を高め、より多くの付加価値を創出していくことに集中していけばよい。しかし、オペレーションが確立されていない場合は、目の前の業務一つひとつと組織全体の生産性が必ずしも紐づいておらず、非生産的で本来求める付加価値を創出していない業務（仕事とはいえない業務）が組織に蔓延している可能性がある。従って、早期にオペレーションを確立することが重要だ。

2-2 事業ポートフォリオ戦略で勝負あり
――時価総額100億円から1000億円を目指す企業

【要諦】事業ポートフォリオ戦略が鍵。そして、各事業が競争で勝利すべく組織戦略、実行の仕組みとリーダーシップを最適化し時価総額1000億円を実現する

【CEOアジェンダ1】 時価総額100億円から1000億円を実現するための事業ポートフォリオ戦略

留意すべきポイントは３つだ。

１つ目は、事業ビジョンである。時価総額１００億円から１０００億円を目指す企業においても事業ポートフォリオを組成する際は、全社企業価値最大化だけではなく事業ビジョンの実現も目標とすべきだ。それが結果的に、グループシナジー創出、コングロマリット・プレミアム創出を生み、全社企業価値最大化を実現する事業ポートフォリオを創造する主要な因果となるだろう。

なお、時価総額１００億円から１０００億円を目指す企業においても事業ビジョンの検討プロセスは不変だ。すなわち、過去・現在・未来の時間軸における外部環境（政治、経済、社会、技術等で構成）の変遷を見極め、外部環境の変遷より発見した世界課題（需要）と自社のコア・コンピタンスおよび価値創造ストーリーを鑑み、自社が解決すべき課題と事業展望（課題解決の進め方）、実現可能性を検討していくのである。

２つ目は、既存事業ポートフォリオの評価・方針・優先順位付けである。時価総額１００億円から１０００億円を目指す企業はあくまで目標を企業価値最大化に置いているため、ＦＣＦや利益創出力、成長性等を持つ事業領域であれば事業ビジョンから大きく外れない限り、多角化を許容していく。ＦＣＦや利益創出力、成長性等は企業戦略・競争戦略の観点から戦略を導出し、定量的にスプレッドシートに「見える化」することで判断可能だ。そして、各事業のフルポテンシャルとなる理論企業価値を算定し、各事業の評価、方針(成長投資、維持・自立、リストラクチャリング〔分割・統合等〕、縮小、再生、売却、撤退・清算・新規投資等)、優先順位を決めていくのである。

3つ目は、既存(コア)事業と新規事業の成長戦略である。既存事業ポートフォリオの評価・方針・優先順位付けを経て選抜された既存(コア)事業の成長戦略は、オーガニック戦略、インオーガニック戦略の2つの観点から検討していく。オーガニック戦略の検討は各事業が属する業界の現在・未来の競争環境を競争エリアごとに今一度見極めることが出発点だ。得られた客観的な環境認識のもとFCFや利益(売上向上・コスト削減)、成長性の創出を企図し、各事業の純顧客価値(顧客価値〔製品の機能的価値向上に向けた製品改良等〕－顧客コスト〔価格調整等〕の純価値向上)、バリューチェーン、業務プロセス(オペレーション効率の改善等)を最適化していく。

インオーガニック戦略は業務提携、M&Aの2つの方向性を検討していく。配分可能な投資原資次第ではあるがM&Aは時価総額100億円から1000億円を実現する際の有効策となる。M&Aターゲットは既存市場に対しクロスセル・アップセルが可能な事業、投資対象事業が開拓済みだが既存(コア)事業にとっては新市場となる市場に既存製品・サービスを販売することでFCFや利益、成長性の創出が可能となる事業となる。ただし、M&Aを通じ企業価値最大化を実現し続けるには、高額なのれんや減損リスクを抱えることにもなり慎重な判断が必要だ。

また、経営資源は既存（コア）事業に傾斜配分するほうが投資効率が高いが、外部環境の変遷と内部環境（自社）のコア・コンピタンスや価値創造ストーリーを鑑み新規事業の探索も必要だ。オーガニックに創造する場合は自社の経営資源を活用しゼロから事業を創出していき、インオーガニックに創造する場合はM&A等を活用し自社の経営資源に加え他社の経営資源も活用しながら事業を創出していく。前者は事業企画の質、後者はシナジー実現が勝敗を決める。それぞれの特徴を鑑みたうえで最適な手法を選択したい。

【CEOアジェンダ2】　時価総額100億円から1000億円を実現するための組織戦略

留意すべきポイントは3つだ。

1つ目は、コンセプトと全社組織構造である。時価総額100億円から1000億円を目指す企業の規模と戦略の特殊性を鑑み、組織コンセプトは集権を基本にCEOの強いリーダーシップのもと団結していく「集権と団結」となろう。組織コンセプトを体現する全社組織構造は、事業ポートフォリオ戦略の実行により事業が一定程度分散したとしても、事業持株会社である親会社と傘下の事業子会社で構成された組織構造が最適だ。純粋持株会社体制や複数の持分法適用会社・孫会社で構成された複雑な組織構造のもと、分権化し遠心力を働かせることを企図した組織構造等では組織コンセプトにそぐわないだろう。

なお、全社組織構造を検討する際には各社の企業理念についても検討を進め、全社が団結し時価総額100億円から1000億円の実現を目指すことができているか留意したい。

2つ目は、コーポレートガバナンスである。具体的には、時価総額100億円から1000億円を目指す企業に最適なコーポレートガバナンスをベストオーナー、ターゲットオーナー、機関設計（指名委員会等設置会社へ移行しCEOの選解任や成果連動型の報酬制度を導入する等）、取締役と取締役会、執行役と執行役会の順に検討していく。現体制が本当に最適か否か厳格に評価したい。

3つ目は、現場組織である。全社組織構造で描いた個社ごとに、事業部制組織を基本に独自の組織構造を構想し各部内でのPDCAを仕組化・徹底していくことが重要だ。

【CEOアジェンダ3】 時価総額100億円から1000億円を実現するための実行の仕組みとリーダーシップ

留意すべきポイントは3つだ。

1つ目は、実行・実行管理・実行支援である。実行では、企業理念と社名の共有・浸透がより一層重要となる。時価総額100億円から1000億円を実現するには過去の延長線上にはない業務が必要だ。従って、CEOがなぜ・どのように時価総額100億円から1000億円を実現しようと考えているのか方向性を示し、組織構成員の共感を得なければならない。

実行管理では、PDCAのP（計画）がより一層重要になる。風呂敷を広げたはいいものの、戦略がなく勝算のないままでは得るものは少ない。

実行支援では、課題解決と不測の事態への対応を通じたブレークスルーがより一層重要になる。例えば、時価総額100億円から1000億円を実現しうる事業創出の芽が出始めた際に、迅速且つ大胆に経営資源を調達し傾斜配分する等が考えられる。こうした実行・実行管理・実行支援に関するポイントに留意し組織実行力を最大化したい。

2つ目は、トップアップ型リーダーシップである。トップアップ型リーダーシップとは「CEOやリーダーシップチームによるリーダーシップ」だ。トップアップ型リーダーシップはCEOのコミットメントと一貫性、CEOの時間配分、リーダーシップの分業が鍵となる。CEOのコミットメントと一貫性ではCEOが時価総額100億円から1000億円を実現することにコミットメントし、実行開始時点だけでなく実行期間中においても一貫してコミットメントを示し続けることが重要だ。CEOの時間配分ではCEOアジェンダの構想・実行段階ともに、CEOアジェンダ突破に9割、四半期ごとの数値目標や年度計画の実現に1割が望ましい。

なお、CEOアジェンダ突破に配分した時間では、組織の一体性や意識行動変容を促し、自律し共創・異結合・相互学習しながら自立・自走する組織づくりも行いたい。リーダーシップの分業では、例えば、新規事業開発を強みとする起業家・創業者の現CEOが時価総額100億円から1000億円を実現するためのキーとなる新規事業開発に集中すべく自身は代表取締役会長等の役職者となり、グループ経営に長けた人材に後任CEOを任せる等が想定される。

3つ目は、ミドルアップ型リーダーシップである。ミドルアップ型リーダーシップとは「CE

Oやリーダーシップチームが、ミドルリーダーの意見を積極的に吸い上げ、それをもとに発揮していくリーダーシップ」だ。事業ポートフォリオ戦略の実行により事業が一定程度分散することを前提にした場合、トップアップ型リーダーシップに加えミドルアップ型リーダーシップも必要となる。ミドルリーダーにはミニCEO、事業別CEOとしての役割を期待し、各ミドルリーダーが責任を負う事業ごとに固有の意見を吸い上げ、CEOやリーダーシップチームはそれをもとに全社的なリーダーシップを発揮していくのだ。

2-3 中長期ビジョンで新時代へ

――株価低迷・成長鈍化企業

【要諦】中長期ビジョンが鍵。そして、中長期ビジョンを実現するための経営戦略の策定・実行、リーダーシップを通じ中長期ビジョンを実現する

【CEOアジェンダ1】中長期ビジョン

留意すべきポイントは3つだ。

1つ目は、現在置かれている経営環境と時代の客観的認識である。中長期ビジョンを構想する

出発点は現在置かれている経営環境と時代を客観的に認識することだ。認識が主観的すぎ強い認知バイアスに掛かったものである場合、企業の進むべき道を指し示すビジョンは時代と逆行し不適合な内容となりかねない。経営環境は、外部環境の変遷に対し内部環境（自社）が最適化されているかという視点で分析し、現在自社が置かれている経営環境（外部環境の変遷との適合性、取っているリスク、類似の経営を行っている企業、競合との比較等）を認識していく。

時代は、外部環境・内部環境それぞれの時代を過去・現在・未来の時間軸で認識していく。例えば、現在我々は株価低迷・成長鈍化状態にあるが、現在の状態のみを「点」で認識した場合と外部環境・内部環境の時代の変遷を「線」で認識した場合とでは、現在の状態の捉え方が大きく異なるだろう（点で認識すれば強烈な反省が必要な状態だが、線で認識すれば決して悲観的になる必要のない意図的に創られた希望溢れる状態等）。

2つ目は、事業ビジョンである。株価低迷・成長鈍化状態から再成長へと自社を変革するための羅針盤となる事業ビジョンは、外部環境の変遷、世界課題（需要）と自社のコア・コンピタンスおよび価値創造ストーリー、自社が解決すべき課題と事業展望、実現可能性の順に検討していく。

事業ビジョンを構想するには、まず、過去・現在・未来の時間軸における外部環境（政治、経済、社会、技術等で構成）の変遷を見極める必要がある。そして、外部環境の変遷より発見した世界課題と自社のコア・コンピタンスおよび価値創造ストーリーを鑑み、自社が解決すべき課題と事業展望（課題解決の進め方）、実現可能性を検討していくのだ。

3つ目は、目標企業価値である。目標企業価値の算定は、事業ビジョンとその実現に向けた経営戦略を企業価値という指標に定量化していく作業だ。具体的には、スプレッドシートにて既存(コア)事業と新規事業の成長ポテンシャルを合算し自社企業価値の理論上の最大上振れポテンシャルを算定する。そして、継続企業である自社の企業価値を2つの企業価値評価手法(類似企業比較法、DCF法)で算出した理論値を参考値に、CEOが目標企業価値を決断するのだ。

【CEOアジェンダ2】 中長期ビジョンを実現するための経営戦略

留意すべきポイントは3つだ。

1つ目は、事業ポートフォリオ戦略と組織戦略である。株価低迷・成長鈍化に陥った原因はCEOにあるが、株価低迷・成長鈍化状態にある原因は事業ポートフォリオにある。従って、株価低迷・成長鈍化企業が中長期ビジョンを実現するための経営戦略は、事業ポートフォリオ戦略が中核となる。

事業ポートフォリオ戦略は、既存事業ポートフォリオを事業ビジョンおよび企業価値最大化にどの程度貢献しているかの観点で評価し、各事業領域の方針(成長投資・売却・新規投資等)を定める。そして、各事業領域ごとに成長戦略(例えば、多角化成長を企図し既存市場に既存製品を追加提供していく等。自社のコア・コンピタンスと価値創造ストーリーを活かせる事業以外には絶対に進出しないことで、目標企業価値の実現確率を上げることができる)や売却戦略(事業ビジョンおよび企業価値最大化への貢献度の低い事業は聖域なき売却を断行等）を構想していく。

組織戦略は、強い集権的求心力が働くピラミッド型の組織構造を採用し、企業理念の共有・浸透を図る。そして、必要に応じ、ベストオーナーやベストリーダーシップチームの検討と事業間の健全な競争を促す組織構造を設計する。既存（コア）事業は可能な限り並列とした組織図を描き、事業間の健全な競争を促すことで組織実行力を最大限引き出すことが狙いだ。

2つ目は、成長投資対象事業と新規投資対象事業の競争戦略である。両事業とも特に重要となるのは、オーガニック戦略の観点では、競争エリアと競争業界の厳格な分析・選択、顧客への提供価値と価格、グループ内シナジーの創出の3点、インオーガニック戦略の観点では、M&A戦略の検討だ。成長投資事業へのフォーカス（集中）・アンド・ディープ（深掘り）を基本に、高ROIを見込む戦略を見極め、有限な経営資源を効果的に配分していきたい。

3つ目は、セルフバリュエーションおよびモニタリング体制構築である。株価低迷・成長鈍化状態にある原因は事業ポートフォリオにあるが、事業ポートフォリオを選抜しただけでは中長期ビジョンを実現することはできない。当然、構想・検討した戦略を実行し結果を出すことが必要だ。そして、結果を出すために財務諸表、KGI、KPIを管理し、実行力不全や成長鈍化を防ぐとともに、株価低迷を理論上許さないセルフバリュエーションの仕組みを構築する。

現在の株価が適正に評価されていないと考えられる場合はIR活動やPR活動を通じ、自社が考える理論株価について資本市場・投資家と対話していくことが重要だ。

【CEOアジェンダ3】 中長期ビジョンを実現するためのリーダーシップ

留意すべきポイントは3つだ。

1つ目は、CEOとは何者か、である。株価低迷・成長鈍化に陥った原因はCEOにある。従って、現CEOが悪しき経営の流れを変え、再成長へと自社を導くべくリーダーシップを発揮していくのであれば、自分とは何者か根源的に見つめ直し、自分は本当に未来の自社におけるベストCEOなのか厳格に評価する必要がある。

具体的には、自社の時代の変遷(過去・現在・未来)を評価・構想し、自身の実力・真価・アイデンティティがCEOとして相応しいのか見極めるのだ。結果、CEO続投、あるいは、CEO退任が自社にとって最適解である等の示唆を得ることができる。株価低迷・成長鈍化企業において中長期ビジョンを実現するためのリーダーシップは、CEOとは何者かを検討することが出発点だ。

2つ目は、CEOメッセージである。CEOは中長期ビジョン実現に向けキーとなるメッセージを研ぎ澄まし組織に共有することで、組織を動かしていく。自分の言葉で、現場で直接、組織構成員一人ひとりと対話しながら浸透を図る。

メッセージでは、結果と原因の因果関係を明らかにしながら強烈な反省と未来に活かせる示唆(自社は何者か等)をはじめ、中長期ビジョンと中長期ビジョンを実現するための経営戦略における要諦を示すのだ。

３つ目は、ＣＥＯの時間配分である。ＣＥＯアジェンダの構想段階・実行段階ともに、ＣＥＯとは何者かを鑑み、ＣＥＯアジェンダの突破に時間を傾斜配分していく。ＣＥＯメッセージの共有・対話・浸透、中長期ビジョンの構想はＣＥＯが時間配分すべき典型的な仕事だ。しかし、中長期ビジョンを実現するための経営戦略は、ＣＥＯの適性次第で徹底的に実行に関与する選択と逆に実行には一切関与せず実行管理に徹する選択等を使い分けるべきだろう。

２－４　オーナー家によるビジョンの構想と決断が全て
――地方同族企業

【要諦】　オーナー家によるビジョンの構想・決断が鍵。そして、各時間軸のビジョンを実現するため、特に事業のスケール（規模）とスコープ（範囲）を慎重に判断しながらコミットメントと一貫性あるリーダーシップを発揮しビジョンを実現する

【CEOアジェンダ1】　オーナー家によるビジョンの構想・決断

創業の地のお客様に喜んでいただける価値を持続的に提供していくことを目指す企業と、創業

の地もさることながら日本全国・全世界へと対象とするお客様を広げていくことを目指す企業とでは数年後・数十年後の姿は大きく異なる。従って、まずオーナー家がビジョンを構想・決断することが出発点となる。留意すべきポイントは3つだ。

1つ目は、超長期ビジョンである。超長期ビジョンとは数十年後の自社のあるべき姿だ。数十年後となると時代の変化を正確に予測することは至難ではある。しかし、未来を予測する最良の方法は自ら未来を創ることであり、大きな方向性仮説に基づき経営を進めることで確実に創れる未来を創ることに加え、運も味方につけながら自社を望む未来に導くのだ。

具体的には、創業から現在に至るまでに培ってきた実力・真価・アイデンティティの見極め、超長期の外部環境の変遷予測、コア・コンピタンスと価値創造ストーリーの発見、事業ビジョンの構想、目標企業価値の決断の順に検討していく。超長期ビジョンの内容いかんでは先代・先々代から続く創業の地から商圏を大きく広げることとなる等、超長期ビジョンの決断は、オーナー家にしかできない最重要アジェンダだ。

2つ目は、長期ビジョンである。長期ビジョンとは10年後の自社のあるべき姿だ。そして、超長期ビジョンに至る道のりのマイルストーンとなる。超長期ビジョンにはすぐには至れず、その間には構想段階では想定外であった様々な外部環境の変化が予測されるため長期ビジョンの設定は欠かせない。なお、検討プロセスは超長期ビジョン同様だ。

3つ目は、中期ビジョンである。中期ビジョンとは3～5年後の自社のあるべき姿だ。中期ビジョンもまた超長期ビジョンに至るまでの通過点ではあるが、３～５年と比較的時間軸が短く外部環境・内部環境ともに未来を予測しやすい。検討プロセスは超長期ビジョン・長期ビジョン同様であるが、大きな方向性仮説を持つといった意識ではなく、より現実的で確実性の高いビジョンを構想すべきだ。

【CEOアジェンダ2】　ビジョンを実現するための経営戦略

留意すべきポイントは３つだ。

１つ目は、事業のスケールとスコープである。多くの地方同族企業は創業の地である特定地域でのみ事業を展開しており、複数地域に商圏を広げている企業はそう多くない。そのためビジョンを実現するための経営戦略を構想する際には、立地を含む事業のスケールとスコープがオーナー家の悩みの種となりやすい。選択すべき事業のスケールとスコープは超長期ビジョン、長期ビジョン、中期ビジョンに応じ当然異なるが、検討プロセスは同じだ。すなわち、時々の外部環境の変遷を見極めコア・コンピタンスと価値創造ストーリーを発見し、価値創造ストーリーと適合した事業ポートフォリオ戦略と組織戦略、競争戦略を構想した後、目標企業価値の実現確率が最も高いと推定される事業のスケールとスコープを検討していくのである。

なお、選択した事業のスケールとスコープが従来を大きく上回る場合、組織構造や組織マネジメントは大幅に複雑性が高まり従来の方法論と要諦が通用しなくなるため、オーナー家の実力向上、リスキリングが必須だ。従って、事業のスケールとスコープを検討する際には、オーナー家自身がどの程度の能力開発が可能かについても慎重な判断が必要となる。

2つ目は、ベストオーナーの決断である。超長期ビジョンの実現並びに超長期ビジョン実現後のビジョンを鑑み、これまで通り親族内での事業承継を基本に、2つの事業承継手法(親族内承継と親族外承継)からベストオーナーを検討していく。親族内承継は現CEOの親族に事業承継を実施するため、早いタイミングで後継者を選定し、時間をかけ後継者を育成することが可能であり、ステークホルダーからも反感を買いにくいが、職業選択の多様化や少子化の影響により現在件数が年々減少している手法だ。

そして、親族外承継は社内の役員や従業員への承継やM&Aを通じた社外への承継(近時増加傾向にあるオーナー経営者の高齢化に伴う事業承継型M&A等)等の手法である。重要なのは、超長期ビジョンの実現並びに超長期ビジョン実現後のビジョンを鑑みベストオーナーを決断することだ。

3つ目は、後継者育成である。超長期ビジョンを実現するまでの道のりは数十年にわたる長丁場であるとともに、企業価値最大化経営とはそもそもゴーイングコンサーンを前提としていることから後継者育成は外せない論点だ。候補者は基本的にオーナー家の人材となるだろう。後継者育成はオーナー家、とりわけ、オーナー家を出自とする現CEOの責任のもと確実に進めたい。

具体的には、超長期・長期ビジョンを実現するための課題を特定し、課題を解決するため後継者に期待する役割を明確にする。そして、期待する役割を自立・自走できる状態まで後継者を育成すべく、典型的には、副社長等の責務を任せ企業戦略と事業会社経営の機会と経験を積んでいただくのだ。

なお、完全に経営を継ぐ前に、CEOとして独り立ちするまでの最大2年間の猶予期間を設けたい。その期間は先代に代表取締役会長等の役職で後方支援をいただきながら、代表取締役2名体制で経営を進める。この期間を最終試験と捉え無事に独り立ちできるか評価する。先代流を昇華した後、自分流で勝負できる状態が理想だろう。余談になるが、完全に経営を継ぐ前には先代・先々代から引き継いだ累積損失、政策保有株式（持ち合い解消）、不要なゴルフ会員権や社用車等の負の遺産を解消しておくことも忘れてはならない。

【CEOアジェンダ3】　オーナー家によるリーダーシップ

留意すべきポイントは3つだ。

1つ目は、コミットメントと一貫性である。地方同族企業におけるビジョン実現の鍵はオーナー家によるコミットメントだ。オーナー家によるコミットメントなしにビジョンが実現されることも、ビジョン実現に向け組織が一枚岩になることもない。そして、オーナー家は、ブレない一貫したキーメッセージ（超長期・長期・中期ビジョンと経営戦略等）を折に触れ繰り返し発信し続けることで、社内外のステークホルダーの意識行動変容を促すとともに、自律し共創・異結合・相互学習しながら自立・自走する組織をつくるのだ。その結果、ビジョンが実現されていくのである。

2つ目は、現場との距離である。現場とオーナー家の距離はオーナー家が対象企業の経営支配権の過半数を持つ以上、普段は意識せずとも確実に存在する。そして、その距離は基本的にオーナー家側から縮める努力をしない限り、決して縮まることはない。ビジョンを実現すべくオーナー家としてリーダーシップを発揮していくためにはこの距離を少しでも縮めたい。

距離を縮める方法の基本は、オーナー家による自己開示だ。人格や性格（誠実さ、親しみやすさ、チャーミングさ等）をはじめプライベートの情報まで含め共有することで現場との距離を縮め、相互の信用・信頼関係を育みたい。そのうえで確かな実力、ビジョン実現に日々近づいている実感を示せれば、現場のオーナー家への信用・信頼は揺るがぬものとなるだろう。

3つ目は、リーダーシップの分業である。超長期・長期・中期ビジョンを実現するためにリーダーシップを発揮していくケイパビリティをオーナー家が全て備えているとは限らない。従って、所有（株主）と経営の監督（取締役・取締役会等）に関してはオーナー家の人材だけで構成されていてもよいが、経営の執行（執行役等）に関してはオーナー家の人材に加え非オーナー家の人材を代表・象徴する人材で構成しリーダーシップを分業することが有効だ。

2-5　有期限内で集中的に結果導出
――ファンド傘下企業

【要諦】　ファンドと合意したCEOアジェンダの突破が鍵。投資実行前の事業計画検証とPMI仮説、企業価値最大化経営（バリューアップ）、新ベストオーナーへのファンド持分譲渡（エグジット）の全プロセスでリーダーシップを発揮しファンドリターン（ファンド持分の譲渡価額）最大化とステークホルダー満足を実現する

【CEOアジェンダ1】　有期限内での新ベストオーナーへのファンド持分譲渡

留意すべきポイントは3つだ。

1つ目は、譲渡完了に至るまでの継続的企業価値最大化経営である。目標は、交渉開始時に買手へ共有した事業計画を計画通りに進捗させる（交渉期間中に事業計画が下振れることによる譲渡価額減額やディール自体のブレイクを防ぐ）、計画を上回る事業成長を実現しより高いファンドリターンの実現確率を上げる、事業計画の蓋然性検証・確度向上（ビジネスモデル固有の利益構造、貸借対照表の動き、キードライバー、KPI等を明らかにする）の3つだ。

また、ファンド傘下企業のCEOは3～7年程度の有期限内に、ファンドが設定した目標企業価値を実現させるためにファンドに雇われ、目標企業価値を実現できたか否かに応じ評価や報酬

が変動するため、自身のためにも譲渡完了に至るまで気を緩めることなく企業価値最大化経営に取り組むべきである。

2つ目は、新体制への移行準備である。具体的には、エグジット後の経営準備、ファンドが新ベストオーナーをリストアップする際の示唆出しの2つの観点で準備を行う。エグジット後の経営は、新ベストオーナーの自己責任・自由意志に基づき行われるため新体制への移行準備は不要とも考えられるが、エグジット前に最低限の新体制への移行を見据えた引き継ぎ等を完了しておきたい。それが結果的に、事業計画の蓋然性向上に伴うファンドリターンの上昇やエグジット後の対象企業・ファンド・CEO等のブランド力向上にもつながるのだ。特に、現場の組織構成員一人ひとりへのコミュニケーションにはある程度の時間をかけ、丁寧に新体制への移行準備を進めたい。ファンド持分の譲渡取引を進めるなかで対象企業の経営に必要な情報は体系的に取りまとめられることが通例であり、スムーズな新ベストオーナーへの移行が可能だが、人には心があり、そう簡単に移行がなされる訳ではないことは肝に銘じるべきだ。

ファンドが新ベストオーナーをリストアップする際の示唆出しは、経営実務を担いより深く現場を知るCEOだからこそ視野に入る新ベストオーナー候補を共有する。日々の営業活動や取引先との会話、競争戦略を検討するなかで触れた新規参入者や代替業者の情報が、ファンドが主導する新ベストオーナーのリストアップに重要な示唆を与えるかも知れない。

3つ目は、新ベストオーナーからのインタビュー対応である。新ベストオーナーからの問いへの回答、3～7年程度のCEO在任期間で得た対象企業の経営の要諦、その他重要論点（細かい論点はM&A実務担当者間のQ&Aシート等で対応）に関する意見を新ベストオーナーへ共有する。経営実務を担い、より深く現場を知るCEOだからこそ知り得た暗黙知を新ベストオーナーへ共有することで、ディールの迅速・確実な実行に貢献できるとともに、新ベストオーナーの盲点であった事業計画の上振れ要素や対象企業の類似企業が発見されたことにより、評価倍率が上がり（市況にもよるが、ファンドの経済的リターンの大部分は持分譲渡時の条件に起因するともいわれる）ファンドリターンの上昇に貢献できる可能性がある。

【CEOアジェンダ2】　有期限内での企業価値最大化経営

留意すべきポイントは3つだ。

1つ目は、ファンドと合意したCEOアジェンダの解決・結果導出である。ファンド傘下企業のCEOは、有限なCEOの時間資本を最も効率よく企業価値に変換していくべく最重要課題の解決・結果導出に徹底的に集中すべきだ。

なお、ファンド傘下企業といっても、各ファンドが運用するファンドサイズにより1案件に対する投資可能額は異なり、結果的に投資対象企業も当該投資対象企業の最重要課題も異なる。例えば、スモールからミッドキャップまでのバイアウトファンドが主な投資対象とする企業、典型的には、オーナー経営者の高齢化に伴う事業承継を課題とする企業では、管理部門の脆弱性が共通課題ではあるが、ＣＥＯアジェンダにはなり得ない。従って、ファンド傘下企業のＣＥＯは、プレディール段階より対象企業のキードライバーとＣＥＯが解決すべき最重要課題を見極め、雇い主であるファンドと合意形成を得ておくことが重要だ。

２つ目は、ファンド傘下企業ＣＥＯならではのリーダーシップである。ファンド傘下企業ＣＥＯのリーダーシップと非ファンド傘下企業ＣＥＯのリーダーシップは分けて考えることが必要だ。ファンド傘下企業のＣＥＯは、ファンドの投資からエグジットまでの３～７年程度の間ファンドに時限的に雇われた「３～７年後にいなくなる人材」としてＣＥＯに着任する。対象企業の組織図における最上層に、ある日突然外部から落下傘的に着任することとなるため、新任ＣＥＯは対象企業の企業文化や組織構成員の特徴を把握しておらず、対象企業の組織構成員からしても新任ＣＥＯとは何者か誰も分からない状態から人間関係を構築していくこととなる。また、株主がファンドに変更となったことに伴い、対象企業のビジョン・パーパス・ウェイ等企業文化の根幹が揺らいでいる状態も相まって、ファンド傘下企業ＣＥＯのリーダーシップと非ファンド傘下企業ＣＥＯのリーダーシップは大きく性質が異なる。

ファンド傘下企業ＣＥＯのリーダーシップでは、ＣＥＯの一挙手一投足が３６０度ガラス張りで常に見られていることを前提に、現場の組織構成員一人ひとりに対するＣＥＯとは何者か（実力・真価・アイデンティティ等の深層部分と人格・性格、現場理解、現場への愛等表層部分）に関する自己開示、ビジョン・パーパス・ウェイ等企業文化の根幹へのコミットメントと一貫性、目に見える結果、継続的結果導出を意識することで徐々に影響力を高めていき組織を動かしていくのだ。

3つ目は、実行、実行管理、実行支援である。有期限内での企業価値最大化経営には実行が徹底された組織への変革が必要だ。CEOはリーダーシップに比重を置き、実行、実行管理、実行支援についてはファンド側のハンズオン支援部隊に協力を仰ぐのがよいだろう。有期限内で目標企業価値を実現するためには、CEOの専門性や見識に加えファンドとの協業による企業価値最大化効果の享受も重要となる。

CEOは、実行の観点では、企業文化と社名の共有・浸透、実行管理の観点ではPDCAの徹底、実行支援の観点では課題解決と不測の事態への対応を通じたブレークスルーに集中したい。

【CEOアジェンダ3】　投資実行前の事業計画検証とPMI仮説

留意すべきポイントは3つだ。

1つ目は、投資実行前の事業計画検証である。可能であれば、ファンドが投資実行前に行うデュー・ディリジェンスの段階よりCEO候補者が事業計画検証に関する議論に参加したい。それにより自身がCEOを担い結果を出せるるか、何がキードライバーとなるか、仕事を引き受けるべきか、自身は主にどのような課題の解決・結果導出のためにファンドに雇われるのかを事前に把握でき、投資実行後のPMI・企業価値最大化経営をより効果的・効率的に進めることができる。

2つ目は、最初の100日である。ファンドの投資実行後最初の100日はCEOの正念場だ。ファンド、対象企業の組織構成員、顧客、サプライヤーをはじめ様々なステークホルダーが新任CEOをお手並み拝見の姿勢で観察している。そして、新任CEOが、最初の100日に当初想定していた計画通りの結果を導出するとともに、日々のコミュニケーションを通じステークホルダーから一定水準の信用・信頼を得ることができるか否かが、CEO自身の職務遂行だけでなくディール全体の勝敗をも左右する。最初の100日以降の企業価値最大化経営を円滑に進めるため、確実に計画通りの結果導出とステークホルダーからの信用・信頼を獲得したい。

3つ目は、事業・組織統合である。投資実行後、ファンド傘下企業では、事業面では投資実行前に見立てたバリューアップ施策(営業戦略、オペレーション戦略等)の実行、組織面では有期限内(3~7年程度)での新ベストオーナーへの経営支配権の異動や株主総会・取締役会等を通じたファンド(株主)からの厳格なモニタリングへの対応等、ファンド傘下企業ならではの経営フレーム内での企業価値最大化経営が求められる。

ファンド傘下企業の企業価値最大化経営に不慣れなCEOの場合は適応に時間がとられる可能性がある。この場合、事前にファンドと不慣れな点に時間を割くことを極力避ける旨同意しておき(ファンド側もCEOが早期に企業価値最大化経営に適応し、投資前に想定した計画を遂行してくれることを望んでいるため利害は一致している)、CEO自身はこれまでに培った専門性や見識を活かし企業価値最大化の実現に最も貢献できる業務に集中する等、ＣＥＯの期待機能を最適化すべきだ。

2-6　ＣＥＯのリーダーシップで未来を拓く
――業界再編下にある企業

【要諦】　ＣＥＯのリーダーシップが鍵。中長期ビジョンを構想・決断し経営戦略ストーリーＡＢＣを準備しながら様々な業界再編シナリオに対応していくことで中長期ビジョンを実現する

【CEOアジェンダ1】　CEOのリーダーシップ

留意すべきポイントは3つだ。

1つ目は、時代観の全社共有・浸透である。多くの場合、ＣＥＯの時代観と組織構成員の時代観には大きなギャップがある。中長期ビジョンを実現するためのリーダーシップを発揮するのはＣＥＯやリーダーシップチームであったとしても、経営戦略を実行し目に見える結果を導出していくのは組織構成員である以上、このギャップを埋めない限り中長期ビジョンの実現に向け組織

が一枚岩になることは難しい。従って、CEOやリーダーシップチームは、計画実行開始後100日程度のキータイムにおいて、組織の意識行動変容に十分な時間を配分し確実にギャップを埋めたい。平時とは異なり業界再編下の組織は多少の混乱状態にある可能性が高いため、全社的な戦略計画共有会等を開催し、一貫したメッセージ管理のもと企業文化の体現者であるCEO自らの言葉で、組織構成員に対し我々の進む道(時代観、中長期ビジョン、中長期ビジョンを実現するための経営戦略等)を伝えることが有効だ。

2つ目は、コミットメントと一貫性である。業界再編下にある企業では、CEOの時代観がどうであれ、非業界再編下にある企業よりも対峙する外部環境の変数が多く、CEOが決断した中長期ビジョンと中長期ビジョンを実現するための経営戦略の仮説精度にも限界がある。そうした条件下におけるリーダーシップではコミットメントと一貫性がより一層重要だ。すなわち、キーメッセージを研ぎ澄まし、CEOの覚悟と信念を貫く力を発揮しながら、徹底的・継続的な戦略実行を通じ、コミットメントと一貫性を示すのである。中途半端は厳禁だ。

3つ目は、自律し共創・異結合・相互学習しながら自立・自走する組織づくりである。計画実行後期では、CEOやリーダーシップチームによるトップアップ型リーダーシップに加え、ミドルリーダーやスタッフを主役とするミドルアップ型・ボトムアップ型リーダーシップも取り入れ、中長期ビジョンを実現していきたい。そのために、CEOやリーダーシップチームによる組織構成員に対する外発的動機付け(時代観の全社共有・浸透、コミットメントと一貫性等が該当)を通じ少なからぬ内発的動機付け（意識行動変容等）がなされていることを前提に、自律し共創・異結合・相互学習しながら自立・自走する組織をつくるのだ。

【CEOアジェンダ2】　中長期ビジョンの構想・決断

留意すべきポイントは3つだ。

1つ目は、時代観である。業界再編下にある企業の企業価値最大化経営はCEOの時代観に大きく左右される。ここでいう時代観とは、外部環境の変遷と内部環境（自社）の変遷を鑑み、現在・未来の経営環境を抽象すると、外部環境と内部環境はそれぞれどのような時代と対峙しているか・対峙するかに対する解だ。

例えば、CEOが、業界再編の内容（市場規模の大幅縮小）・時間軸（2年以内）・背景（規制緩和やパンデミックの影響等マクロ環境の変化）等を鑑み、業界再編下にある自社の現在の時代を「大チャンスの時代」と認識していた場合、2年以内の短期決戦で企業文化の変革や同業他社との合併や買収を通じた事業ポートフォリオの強化等を推し進めるだろう。逆に「危機の時代」と認識していた場合、2年以内の短期決戦で新規事業の創造、業界内での競争劣後事業からの撤退や売却を通じた事業ポートフォリオの再編等を推し進めるだろう。業界再編下にある企業の企業価値最大化経営を構想する際は、CEOの時代観が出発点だ。

2つ目は、事業ビジョンである。次にCEOの時代観を事業ビジョンに抽象していく。事業ビジョンの構想プロセスは業界再編下においても不変だ。すなわち、過去・現在・未来の時間軸における外部環境（政治・経済・社会・技術等で構成）の変遷を見極め、外部環境の変遷より発見した世界課題（需要）と自社のコア・コンピタンスおよび価値創造ストーリーを鑑み、自社が解決すべき課題と事業展望（課題解決の進め方）、実現可能性を検討していくのだ。

3つ目は、目標企業価値である。最後にCEOの時代観を目標企業価値に抽象していく。目標企業価値の構想プロセスも事業ビジョン同様不変だが、特に自社のコア・コンピタンスと価値創造ストーリーを鑑みた成り行きではない全社のフルポテンシャル算定に留意したい。業界再編の脅威は過大評価され組織に混乱をもたらしがちだが、脅威とはどんな時間軸で起こりうるか、定量的にどの程度の期待値のことを指すのかを明らかにする（リスクを明らかにする）ことが重要だ。そして、算定された全社のフルポテンシャルを参考値に、CEOが目標企業価値を決断していくのだ。

【CEOアジェンダ3】 中長期ビジョンを実現するための経営戦略

留意すべきポイントは3つだ。

1つ目は、事業ポートフォリオ戦略と組織戦略である。業界再編下にある企業の経営戦略は事業ポートフォリオ戦略と組織戦略が中核だ。そして、事業ポートフォリオ戦略は事業ポートフォリオの選抜、選抜された各事業領域に対する方針、成長投資の方向性が肝となり、組織戦略は組織コンセプト、全社組織構造、コーポレートガバナンスが肝となる。特に、事業ビジョンと目標企業価値をともに実現しうる事業ポートフォリオの選抜、中長期ビジョンを実現するためのベストオーナーの厳格な検討が重要だ。

2つ目は、既存（コア）・新規事業の競争戦略である。業界再編下にある企業の競争戦略も平時にある企業と大きな違いはない。すなわち、既存（コア）事業ではオーガニック戦略としてビジネスモデルの進化とグループシナジー享受を企図し、インオーガニック戦略としてM&A等を企図する。新規事業ではオーガニック・インオーガニックいずれかより参入方法を選択し、既存（コア）事業同様オーガニック戦略・インオーガニック戦略の2つの切り口にてFCF向上策を検討し定量化していくのだ。特に、業界再編下にある企業では、刻一刻と変化する同業他社の動向を鑑み、M&A戦略の柔軟、迅速・果断な決断と実行が重要だ。

3つ目は、経営戦略ストーリーABCである。中長期ビジョンを実現するための経営戦略はあくまで仮説であり、検証（実行）の結果、仮説が大きく外れていた場合に備え次善策を準備すべきだ。そこでリスクの性質がそれぞれ異なる経営戦略ストーリーABCを準備する。例えば、中長期ビジョンは経営戦略ストーリーABCで共通化し、Aは既存（コア）事業の先行者利益を評価し引き続き既存事業を中核とした事業ポートフォリオを運用し業界内のポジションを維持・強化する経営戦略ストーリー、Bは既存（コア）事業は縮小事業と位置付け追加投資をすることなく保有し続け新規事業を次世代の既存（コア）事業へ育成することに注力する経営戦略ストーリー、Cは

ＡＢの折衷案となる経営戦略ストーリー等だ。多くの場合、急進的に業界再編が進行することはないが、業界再編の時間軸・内容がどのような動きをみせたとしても対応できるよう備えたい。

2-7　全社共通企業理念の上に築く
――コングロマリット企業

【要諦】全社共通企業理念が鍵。全社共通企業理念に経営戦略や持株会社ＣＥＯのリーダーシップ等あらゆる企業活動を最適化し体現・浸透していく

【CEOアジェンダ1】　全社共通企業理念

留意すべきポイントは3つだ。

1つ目は、構想メンバーである。全社共通企業理念の構想は、持株会社ＣＥＯ、各事業セグメントトップ、全社戦略担当トップ、一部ミドルリーダー等、背景の異なるグループ各社を理解・尊重し、言葉を紡ぎながらグループの進むべき道を構想できるメンバー、グループの組織構成員の誰もが納得せざるを得ないメンバーで行うべきである。そして、トップアップ型・ミドルアップ型リーダーシップを通じ、全社共通企業理念を体現・浸透していくのだ。

2つ目は、ビジョン・パーパス・ウェイである。コングロマリット企業では事業ポートフォリオと組織構造が複雑化し、全社共通のビジョン・パーパス・ウェイといった企業理念が形骸化している場合が多い。企業理念の浸透がなされぬまま放置すれば、戦略の優先順位付けや本来得られるであろうグループシナジーを十分に享受することはできない。ビジョン・パーパス・ウェイは、外部環境の変遷を見極め、現在のグループの姿に最適化された内容ではなく（例えば、既存［コア］事業の意志が強く反映された企業理念ではなく、あくまで中長期的な外部環境の変遷に最適化された内容とすべきである。必ずしも現在の延長線上にあるものではないことに留意したい）、未来のグループの姿をシンプルに分かりやすく描く。M＆Aを通じ多角化してきたコングロマリット企業では、背景の異なるステークホルダーが複数存在することから、より一層単純明快さが問われるのだ。

なお、企業理念の全社共通化範囲は数ある特殊解のなかでも判断の難しい論点である。事業領域が既存（コア）事業に隣接しており分散化が軽微なコングロマリット企業では、企業理念を全社共通化したほうが戦略の優先順位付けや本来得られるであろうグループシナジーを十分に享受することができる。事業領域が既存（コア）事業以外にも広く多角化したコングロマリット企業では、既存（コア）事業と新規事業間で企業理念を共有し一定の遠心力は働かせつつも、原則、各新規事業の自立を重んじ各事業独自の企業理念を許容する形が望ましいだろう。また、ビジョン・パーパス・ウェイの構想プロセスの型化を通じ可変性を持たせることも忘れてはならない。

3つ目は、ステークホルダーへのコミュニケーションである。新たな企業理念や経営戦略の内容が時流を捉えた質の高い内容であったとしても、それをともに実践していくステークホルダーへのコミュニケーションが稚拙であれば望む結果を得ることは難しい。ステークホルダーへのコミュニケーションは、社内向け・社外向けに分け検討したい。社内向けコミュニケーションでは、オフライン・オンライン空間を活用した新たな企業理念や経営戦略共有会等を開催し、CEOがグループの全組織構成員に対し説明するとともに、対話を通じ理解や浸透を図る。社外向けコミュニケーションでは、PR活動やIR活動を通じ、顧客・サプライヤー・株主等に新たな企業理念や経営戦略を説明するとともに、対話を通じ理解や浸透を図る。

その際、CEOによるメッセージ管理(微妙な言い回しや選ぶ単語の違いまで慎重に管理)のもと、自らの言葉で社内外のステークホルダーへ新たな企業理念や経営戦略を共有することで全社共通企業理念の浸透度が高まる。

【CEOアジェンダ2】 全社共通企業理念に最適化された経営戦略

留意すべきポイントは3つだ。

1つ目は、事業ポートフォリオ戦略と組織戦略である。コングロマリット企業はM&Aを通じ多角化してきた背景から、事業ポートフォリオ戦略の3つの目標である事業ビジョン実現、全社企業価値最大化、リスク分散のうちリスク分散に比重が置かれた事業ポートフォリオが組成されていることが多い（例えば、全社共通ビジョンの実現を目指すのではなく各社・各事業が個別ビジョンの実現を企図しているため、グループシナジーが見込めず経営資源が分散されコングロマリット・ディスカウントが生じている等）。従って、既存事業ポートフォリオをビジョン（事業ビジョンと目標企業価値）を実現するために最適化すべきだ。最適化された事業ポートフォリオに応じ組織戦略も変わる。全社組織構造はいわずもがな、特に各社・各事業のベストオーナー、ベストボード、ベストCxOについて厳格に評価・検討を行い、新ベストオーナーへの経営支配権異動有無や人事方針を定めたい。

2つ目は、各事業の競争戦略である。各社・各事業に「任せて任せず」の姿勢で競争戦略を構想することが重要だ。コングロマリット企業でよくある失敗として、各社・各事業に競争戦略の構想を任せすぎ、持株会社に各事業の競争戦略に精通した人材がいないことがある。そして、グループの中期経営計画を策定するため各事業の競争戦略をまとめ上げる必要が出てきた際に、慌てて各社・各事業にインタビューや作業協力依頼をした結果、本来検討すべき論点を検討し切れていないまま競争戦略としてコミットメント・公表されてしまうのだ。各社・各事業に「任せて任せず」の姿勢で競争戦略を構想することでこうした失敗を避けたい。

なお、各事業の競争戦略は、オーガニック戦略・インオーガニック戦略の2つの観点から検討していくことに変わりはない。

3つ目は、実行、実行管理、実行支援である。経営戦略を実行し、全社共通企業理念を体現・

浸透させるためには全社的な実行、実行管理、実行支援の仕組みが必要だ。実行の観点では会議体運営、実行管理の観点ではPDCAの徹底（ここでいうPDCAの徹底とは、昨今日本企業の問題として指摘されるPdCa［PとCに偏重したPDCA］ではなく、PDCAのことを指す）、実行支援の観点では課題解決と不測の事態への対応を通じたブレークスルーと、必要に応じたハンズオン支援（事業ポートフォリオ戦略と組織戦略を実行していく際にはCEOにしか決断・突破できない課題や論点と対峙すべき場面も多く、ここぞという時にはCEOがハンズオンで実行をリードしなければならない）が鍵となる。

【CEOアジェンダ3】 持株会社CEOのリーダーシップ

留意すべきポイントは3つだ。

1つ目は、自社・自己理解とキーメッセージである。持株会社CEOのリーダーシップの源泉は自社・自己理解とキーメッセージとなる。自社理解では、M&Aを通じ多角化してきたコングロマリット企業ならではの課題を解決すべく、グループ各社の理解（自社とは何者か・どう経営していくか［未来］・どう経営しているか［現在］・どう経営してきたか［過去］）と、当該各社を管理し各社の特徴を包含した自社の理解を深めていく。CEO自身の自己理解についても同様だ。自社・自己理解を経て、持株会社CEOとして発信していくべきキーメッセージを抽象し（何を捨て何を強調するか）、ビジョン・パーパス・ウェイ等の企業理念や経営戦略として発信していくのである。

2つ目は、CEOの時間配分である。CEOアジェンダの構想段階では全社共通企業理念の構想・共有方針、全社共通企業理念に最適化された経営戦略策定・実行方針、リーダーシップ方針の決断に9割、持株会社CEOにしか対応できない会合への参加等に1割。CEOアジェンダの実行段階では全社共通企業理念の共有・体現・浸透に向けたリーダーシップに9割、持株会社CEOにしか対応できない会合への参加等に1割が望ましいと考える。特に、実行段階では、構造上裸の王様になりがちな持株会社CEO自ら積極的に現場に訪問し交流を深め、全社共通企業理念の共有・体現・浸透を図りたい。

3つ目は、自律し共創・異結合・相互学習しながら自立・自走する組織づくりである。コングロマリット企業はM&Aを通じ多角化してきた背景から構造的に一体性のない組織と密接不可分だ。従って、コングロマリット企業には、一体性ある組織として永続的な経営を可能とする、自律し共創・異結合・相互学習しながら自立・自走する組織づくりが必要である。

当該組織は4つのステップでつくる。具体的には、ステップ1として持株会社CEOによる全社共通企業理念や経営戦略の共有を通じた組織構成員の意識行動変容、ステップ2として計画実行初期における自律した組織への変容、ステップ3として計画実行中期における共創・異結合・相互学習する組織への進化、ステップ4として計画実行後期における自立・自走する組織への変革の、4つのステップを経る。こうしてコングロマリット企業は一体性ある組織として永続的な経営に挑戦していくのだ。

2-8　CEOの世界観・人生観に基づく企業理念に帰結

―グローバルトップ企業

【要諦】　CEOの世界観・人生観に基づく企業理念の構想・体現が鍵。そして、経営戦略の策定・実行、リーダーシップチームによるリーダーシップを通じ企業理念を体現し続ける

【CEOアジェンダ1】　CEOの世界観・人生観に基づく企業理念の構想・体現

留意すべきポイントは3つだ。

1つ目は、CEOの世界観・人生観である。グローバルトップ企業（高い海外売上高比率・複数国への拠点展開・世界トップシェア事業の展開を行う企業）と非グローバルトップ企業の本質的な違いは、世界に与える影響力の大きさだ。

グローバルトップ企業は良くも悪くも強大な影響力を持つ（近時のグローバルトップ企業は国家に比肩、場合によっては上回る影響力を持つことから、規制を通じ影響力を軽減させる動きもみられる）。世界中に多角的・多面的なステークホルダーが存在し、ブランド価値や事業活動を

通じた人類課題の解決総量は高まり続け、業界・マーケットリーダーとして世界の持続・Ｗｅｌｌ－ｂｅ・ｉｎｇをリードしていく使命も負う。

ゆえにグローバルトップ企業が対峙するリスクは非グローバルトップ企業の比ではなく、ビジョン・パーパス・ウェイに抽象された自社の企業理念が徳に反するものであれば、たちまち世界からの信用・信頼を失う危うさを内包している。当然、グローバルトップ企業の企業理念がＣＥＯの一存で構想されることも決断されることもないが、グローバルトップ企業といえどもＣＥＯが企業理念の構想・決断に少なからぬ影響を及ぼすことに変わりはない。

ＣＥＯが企業理念を構想する際によりどころとする中核的な思想は世界観・人生観といった哲学（主観的な知識体系）だ。ＣＥＯが前時代的で誤った世界観や徳を軽視した人生観を持つ人物であり、取締役会等の牽制役も機能しない場合、誤った企業理念が構想・決断され世界に負の影響力を発揮していくこととなるため十分に注意したい。

２つ目は、企業理念の構想である。企業理念はＣＥＯの世界観・人生観に基づき構想されるが、その際、現在ではなく未来に焦点を当てて構想すべきだ。例えば、現在の既存（コア）事業に焦点を当てた場合は既存（コア）事業の強みが色濃く反映された企業理念となるが、未来の中核事業に焦点を当てた場合は大きく異なる企業理念となるだろう。なお、企業理念は可変性のあるものとすべきだ。従って、企業理念の構想プロセスを型化し、後任ＣＥＯ等が即時企業理念の「構想」に集中できるよう仕組み化したい。

3つ目は、企業理念の体現である。CEOは企業の顔・象徴として365日世界中のあらゆるステークホルダーから見られ、評価され、影響を与える企業理念の体現者だ。従って、CEOは、常に自らの一挙手一投足が企業理念に矛盾していないか、意図した通りに体現できているかと自問自答し、自らの言動を最適化し続けなければならない。これはグローバルトップ企業CEOの最高難度の仕事だろう。

【CEOアジェンダ2】経営戦略

留意すべきポイントは3つだ。

1つ目は、各時代のコア・コンピタンスと価値創造ストーリーである。グローバルトップ企業のコア・コンピタンスと価値創造ストーリーの堅牢性が高いことは自明だが、外部環境は変化を続けており油断すれば後続に足をすくわれるだろう。従って、グローバルトップ企業においても基本を疎かにせず、各時代で外部環境の変遷を見極め客観的に各時代固有のコア・コンピタンスと価値創造ストーリーを再発見していくことが重要だ。

2つ目は、各時代の企業戦略・競争戦略である。企業戦略・競争戦略は常に各時代の潮流に最適化していくことが重要だ。例えば、2000年当時の消費者と2024年現在の消費者の需要や顧客接点の違いをイメージしていただきたい。恐ろしいほどの違いとともに、時代が違えば取るべき戦略が大きく異なってくることが容易に想像できるだろう。しかし、企業戦略・競争戦略ともに、検討プロセスは不変だ。すなわち、まず企業戦略を事業ポートフォリオ戦略と組織戦略の観点（事業ポートフォリオと全社組織構造はグローバル企業の経営リスクや複雑性を大きく左右するため、とりわけ厳格な検討が必要）で検討し、その後各社・各事業の競争戦略をオーガニック戦略（複数国に跨るグローバル・バリューチェーンの再編等、検討範囲が広く・複雑なテーマが多い）とインオーガニック戦略の観点で検討していくのである。

３つ目は、各時代の実行・実行管理・実行支援である。実行・実行管理・実行支援においても検討プロセスは不変であるが、グローバルトップ企業ならではの留意点、各時代ならではの留意点は存在する。特に、実行の観点では、企業理念の共有・浸透や会議体運営（時差や言語の違いもあり事業ごとに自由に会議体運営を行うことが基本。その他、グループシナジーを享受するために各事業のＣＥＯが一堂に会し、各事業のＣＥＯアジェンダや他事業への連携要望を行える場としてグループＣＥＯ会を設計等）に留意したい。実行管理の観点では、ＰＤＣＡの徹底（複数国に拠点を持ち全社組織構造も複雑化している場合が多く仕組み化難易度は高いが、会議体運営とセットでＰＤＣＡの徹底を可能とする）、実行支援の観点では、ハンズオフ支援（必要な移動距離や時間が多大なためハンズオン支援には限界があり、ハンズオフ支援の方針のもと実行を現場に委ねる。自立・自走する組織構成員一人ひとりがＷｅｌｌ-ｂｅｉｎｇな組織づくりを企図しておくことが重要）に留意が必要だ。

【CEOアジェンダ3】 リーダーシップチームによるリーダーシップ

留意すべきポイントは3つだ。

1つ目は、キーメッセージである。企業経営者に限らず政治リーダーやスポーツチームの監督・キャプテンに至るまで、リーダーにはキーとなるメッセージを単純明快に抽象する力（抽象力）が必要だ。とりわけグローバルトップ企業では、世界中に多角的・多面的に存在するステークホルダーに意図するメッセージを確実に伝えられる抽象力がより一層求められる。

キーメッセージは、自社の実力・真価・アイデンティティ、新たな企業理念、経営戦略および実行方針のなかからキーとなるメッセージを抽象していく。あらゆるステークホルダーに直感的に伝わる単純明快なメッセージに抽象したい。優れたキーメッセージは、求心のコアとなりステークホルダーのロイヤリティを高めるのだ。

2つ目は、リーダーシップの分業である。グローバルトップ企業では、グローバルトップ企業の経営をCEO1人で担うことはできないこと、CEOよりも特定機能において優れた結果を導出しうる人材が必ず存在すること、チームによるリーダーシップを通じより強く・より広く・より早く・より長くリーダーシップを発揮できることから、リーダーシップを分業し企業理念の体現に向けリーダーシップチームとしてリーダーシップを発揮していくことが必要となる。

リーダーシップチームは、グループCEOに加え各地域担当CEOとファンクションヘッド（CFOやCTO等）で構成し、グループCEOが企業理念の構想・体現に集中できる体制とすべきだ。

３つ目は、ＣＥＯの時間配分である。ＣＥＯアジェンダの構想・実行段階ともに、企業理念・経営戦略・リーダーシップ方針の構想７割、企業理念の体現に２割、ＣＥＯにしか対応できない会合への参加等に１割が望ましい。特に、グローバルトップ企業ＣＥＯは企業理念の構想に十分な時間を配分したい。

２－９　次の１００年ビジョン、新創業のリーダーシップ
――創業100年企業

【要諦】　次の１００年ビジョンの構想と伝承が鍵。そして、逆算思考で超長期・長期の企業価値最大化経営と中短期の企業価値最大化経営を構想・実践し次の１００年ビジョンを実現する

【CEOアジェンダ1】　次の100年ビジョンの構想と伝承

留意すべきポイントは３つだ。

１つ目は、我々は何者か、である。創業１００年企業の企業価値最大化経営の鍵は、次の１００年ビジョンの構想と伝承であり、その出発点は次の１００年ビジョン構想のよりどころと

なる我々は何者かを今一度見つめ直すことだ。

具体的には、過去・現在・未来の時間軸における経営評価と経営構想を行い自社の実力・真価・アイデンティティ（100年の歴史で培った創業100年企業らしさ・ならでは。尽きることのない需要と堅牢な参入障壁に恵まれた永続的な既存［コア］事業、安定したCFと健全な財務基盤、未来を拓く成長投資に配分可能な源資、2代目・3代目と経営を継いできた経営伝承力、伝統の技術、信用第一・身の丈経営・謙虚等の価値観等）を抽出する。

そして、未来においても変えないこと、変えてもいいことをゼロベースで厳格に見極めるのだ。その際、CEOの哲学（世界観・人生観等）が構想における中核的な思想であることは不変ではあるものの、CEOの認知バイアスを軽減するため複数の第三者による客観的視点も取り入れ構想を進めたい。結果、自社の真価を発見し、新事業への夢やロマン、新たな役割への希望を見いだせるかも知れない。

2つ目は、次の100年ビジョンの構想である。すなわち、100年後の事業ビジョン、目標企業価値のあるべき姿を構想するのだ。事業ビジョンは、①我々は何者か、②外部環境の変遷、③コア・コンピタンスと価値創造ストーリー（含む事業ビジョン）の順に検討していく。自社のコア・コンピタンスが活かせる事業領域の境界線を見極め、決してその線から外に出ることなく、次の100年においても参入障壁を強化し続けることが重要だ。

目標企業価値は、構想した事業ビジョンを定量ビジョンとして抽象していく。具体的には、①

戦略オプションの優先順位付け（逆算思考によるインカムアプローチ型、マーケットアプローチ型の２つのアプローチを通じ戦略オプションを抽出し、経営資源配分後のリアルな現場やリスクを想像力を働かせイメージしたうえで絞り込むことが重要）、②ＫＧＩ・ＫＰＩの特定、③財務情報への抽象（予測財務諸表等）、④非財務情報への抽象（サステナビリティ貢献指標等）、⑤企業価値評価（継続企業である自社の企業価値を２つの企業価値評価手法［類似企業比較法、ＤＣＦ法］で算出）、⑥シミュレーションと分析（目標企業価値の決断）の順に検討を進めていくのだ。なお、目標企業価値はあるべき姿を構想するとともに、撤退基準の検討、セルフバリエーションおよびモニタリング体制構築、経営戦略ストーリーのＫＳＦ特定、経営戦略ストーリーの要約についても準備しておくことでスムーズに実行段階へと移行できる。

３つ目は、次の１００年ビジョンの伝承である。次の１００年ビジョンは、時間軸的にも内容的にも１人の人間（現ＣＥＯ）が経営を担い一代で実現するのは現実的でない。従って、次の１００年ビジョンは構想と同時に伝承についても検討することが必要だ。具体的には、①構想プロセスの型化、②後継候補者の構想プロセス参加と内発的動機付け（創業者ではないが創業者と同様の意識をもたせる）を通じた後継者育成により伝承していくのである。

【CEOアジェンダ2】　超長期・長期の企業価値最大化経営

留意すべきポイントは３つだ。

1つ目は、可変性と進化である。次の100年ビジョンは可変性を持たせ時代が下るとともに、進化させていくべきものだ。そして、可変性を持つがゆえに、超長期・長期の企業価値最大化経営における経営環境とCEOアジェンダの複数シナリオを準備しておく必要がある。

2つ目は、経営環境のシナリオである。経営環境とは、外部環境の変遷に対し内部環境を最適化していくことで創出される。従って、経営環境のシナリオを検討する際は、外部環境の変遷と内部環境の最適化に関する仮説を複数準備・想定していく。具体的には、市場の周期性や規則性、メガトレンド等、相対的に未来予測精度の高い要素とそれ以外の要素(ランダム性等)に分け、可能な限り外部環境の変遷を解像度高く予測し、内部環境を最適化していくシナリオを複数構想していくのである。

3つ目は、CEOアジェンダのシナリオである。経営環境が変われば当然CEOアジェンダも変わる。従って、経営環境のシナリオが誤っていれば、当然CEOアジェンダも誤った内容となることに注意したい。そして、こうした前提のもと、CEOアジェンダのシナリオ仮説を複数準備・想定しておくことが重要だ。

【CEOアジェンダ3】 中短期の企業価値最大化経営

留意すべきポイントは3つだ。

1つ目は、新創業へのリーダーシップである。100年の歴史は誇るべき素晴らしい偉業であるが、改めて初心に戻り新たに創業するかのごとく組織の意識行動変容を図れるか否かが次の100年ビジョンの実現成否を分ける。特に重要となるのは、CEOが発信する前100年の振り返り、次の100年ビジョン、中短期の経営戦略を単純明快に抽象したキーメッセージだ。この役割はCEOにしかできない。そして、当該キーメッセージへのコミットメントと一貫性を示し、中短期の企業価値最大化経営で定めた目標を実現していくのだ。

2つ目は、既存(コア)事業の深化と新規事業の探索である。創業100年企業の中短期の企業価値最大化経営における事業ポートフォリオ戦略は「既存(コア)事業の深化と新規事業の探索」をコンセプトにした成長投資(言い換えれば伝統と革新。伝統ある既存［コア］事業はより極め、新規事業にも果敢に挑戦していく)が中核だ。事業ポートフォリオ戦略の検討プロセスは創業100年企業においても不変だが、創業100年企業が多角化成長を企図する場合は、100年の歴史で蓄積してきたコア・コンピタンスを最大限活かせるかという視点がより一層重要となる。なお、既存(コア)事業のゲームチェンジ、ディスラプトが起こりうる外部環境変化への迅速・果断な対応も忘れてはならないことを申し添えておきたい。

3つ目は、組織変革である。中短期の企業価値最大化経営は、第二創業として、創業100年企業が次の100年ビジョン実現に向け新たに動き出す転換期にあたる。

転換期は、過去の文脈では非常識な施策を断行し新機軸を打ち立てていく絶好の機会だ。従って、中短期の企業価値最大化経営における組織戦略では、抜擢人事、ベストオーナーへの経営支配権異動、社外人材の積極登用を通じた文明開化、惰性的な会議体・イベント・慣習の完全撤廃等、過去の文脈では非常識な施策を聖域なく検討していきたい。

2-10 基本を確実に
――再生企業

【要諦】 基本の確実な実践が鍵。奇をてらわず当たり前のことを当たり前に行う

【CEOアジェンダ1】 再生・再成長のリーダーシップ

留意すべきポイントは3つだ。

1つ目は、リーダーシップの使い分けである。再生期と再成長期のリーダーシップは、対峙している経営環境の違いから求められるリーダーシップが大きく異なる。前者は延命と生存を目標に最速でマイナスをプラスに転じていくために発揮されるリーダーシップで、1人の人間（CEO等）に権限を集中させトップアップ型リーダーシップのもと短期間で結果を出しにいく。一方、後者は1等プラスの状態から10や100へと再成長を果たすことを目標に発揮されるリーダーシップで、CEO・リーダーシップチームによるトップアップ型リーダーシップに加えミドルアップ型・ボトムアップ型リーダーシップも併用しながら中期的に結果を出しにいくのだ。再生企業では２つのリーダーシップの使い分けが求められる。

２つ目は、再生のリーダーシップである。目標は短期決戦でマイナスをプラスに転じさせ、延命と生存を果たすことだ。そのためにＣＥＯがトップアップ型リーダーシップを発揮していく。その際ＣＥＯは、未来への希望やパーパスあるコミットメントを一貫して示し続け、組織一体となり難局を乗り越えていく状態をつくる。そして、確実に目標を実現していくのだ。

３つ目は、再成長のリーダーシップである。目標は1等プラスの状態から10や１００へと再成長を果たすことだ。そのために、ＣＥＯとリーダーシップチームによるトップアップ型リーダーシップに加えミドルアップ型・ボトムアップ型リーダーシップも発揮していくこととなる。トップアップ型リーダーシップでは、ＣＥＯとリーダーシップチームによるリーダーシップの分業、ＣＥＯによる再成長に向けたコミットメントと一貫性を通じた組織の一体性醸成を目指す。ミドルアップ型・ボトムアップ型リーダーシップでは事業を通じた価値創造・価値最大化の源泉である現場において、事業をリードするミドルリーダーとスタッフからの各事業運営上の課題や市場環境に関する意見を取り入れ、外部環境の変化に自社を最適化していく。そして、目標を実現していくのだ。

【CEOアジェンダ2】　再生（延命と生存）

留意すべきポイントは３つだ。

1つ目は、最速の止血と資金繰りの最適化である。目標は1秒でも1分でも長く延命・生存することだ。そのために最速で止血をし、資金繰り（キャッシュ・イズ・キング。黒字倒産もありえるため利益よりも現金の流れが重要）を最適化していく。具体的には、現在の経費・費用項目を固定費と変動費に分け、特に固定費のうち経営の意志で早期に削減可能なコントローラブルな経費・費用の削減、サプライヤーをはじめとするステークホルダーとの対話を通じ、入金期限や支払期限を調整していただける可能性がある経費・費用の調整を最速で行い資金繰りを最適化する。なお、固定費のうち人件費に手を付けるのは最終手段であり、手を付ける場合もまずは希望退職者を募る等の方法で進めたい。

2つ目は、厳格なセルフデュー・ディリジェンス実施と実抜計画である。目標は生存とその先の再成長に向けた勝機・活路を見いだすことだ。確実に結果を出すことが求められミスは許されない。再生企業にも生存・再成長を果たす突破口となる固有のコア・コンピタンスと価値創造ストーリーが必ず存在するはずだ。従って、当該コア・コンピタンスと価値創造ストーリーを再発見し、それを基点にプライドを捨て、何が何でも生存・再成長を果たすための企業戦略や競争戦略を策定し、実抜計画（実現可能性の高い抜本的経営再建計画）としてまとめ上げることが重要である。なお、中長期的な外部環境の変遷に内部環境（自社）の未来を照らし、自社がベストオーナーか否かについても慎重に判断すべきだ。

3つ目は、目に見える結果（クイックヒット）である。再生状態に陥った企業は負け癖・市場対比での当たり前の基準の低さが常態化している場合が多い。こうした経営の悪しき流れを断ち切るためにも、実抜計画実行開始後100日程度のキータイムにおいて、目に見える結果（クイックヒット）を出すことで組織の意識行動変容を図る。どんなに小さく些細な結果でも、目に見える結果（クイックヒット）が組織にモメンタムや希望を生み、再生状態に陥った企業を延命・生存・再成長へと至らせるのだ。

【CEOアジェンダ3】再成長

留意すべきポイントは3つだ。

1つ目は、我々は何者か、である。再成長を果たすための出発点は「我々は何者か」を明らかにすることだ。再生状態に陥ったことで失われた自信や見失った自社の実力・真価・アイデンティティを、今一度見つめ直すのである。正しく自社の実力・真価・アイデンティティを見極めることで再成長に向けた希望とやるべきことが見えてくるはずだ。そして、我々は何者であるかを基点に中長期の経営を構想していくのだ。

2つ目は、中長期経営計画である。中長期経営計画は、我々は何者かを基点に10年後までの外部環境の変遷を見極め、自社のコア・コンピタンスと価値創造ストーリーを再発見し、事業ポートフォリオ戦略（再生状態に陥る主因はリスクを伴う大胆な投資［事業投資や設備投資等］の失敗であることが多いため非常に重要な論点）と組織戦略、既存（コア）事業の競争戦略、新規事業探索の順に検討していく。新規事業の探索では、新規市場に新規製品を提供していく相対的に事業創出難易度の高い多角化戦略は避け、既存市場への新規製品提供や新規市場への既存製品提供等の既存（コア）事業で培った経営資源を活用しながら事業創出が可能な成長戦略を優先したい。

3つ目は、企業文化と社名の変革である。CEOは再成長を果たすために企業文化と社名の変革も企図すべきだ。すなわち、再生状態に陥り負け癖のついた企業を勝ち癖のついた常勝軍団へと生まれ変わらせること等を目指すのである。変革対象となる企業文化に聖域はなくビジョン・パーパス・ウェイ等企業の根幹となる哲学をはじめ企業全体（再生状態に陥った企業の負け癖が顕著に表れるのはPDCAの徹底度だ。従って、PDCAの各ステップにおいて考え抜き実行し切る。すなわち、実行を徹底する企業文化へと変革していくことを強く推奨したい）に及び、新たな企業文化を鑑み、社名の変更も企図していく。そして、中長期経営計画共有会等を実施し、CEOの声を現場に届けることやCEO自ら現場に足を運び、自らの言葉で新たな企業文化と社名を共有することで再成長の実現確率を高めるのだ。

第3章
企業価値最大化経営の発展

本章では、過去筆者あるいはTS&Co.が関与した実例以外の企業価値最大化経営を実践され、過去10年超にわたり企業価値最大化を実現されている業界・規模・所在地・社歴等の異なる企業を参考に、もし筆者が各社の企業価値最大化経営を担うCEOであったらと仮定し、CEOアジェンダに絞り考察する。

はじめに全体像をまとめた図表3-1をご覧いただきたい。本章のメッセージを一言で述べれば「普遍の基本、特殊な解」となる。以降、各社のCEOアジェンダについて順に紹介していく。

CEOアジェンダ

・次期リーダーによるリーダーシップ
・2050年を見据えた企業文化と社名
・企業文化と社名に相応しい業態と組織戦略

・変革のリーダーシップ
・新ビジョンと新業績目標
・新経営戦略

・創業者・初代島津源蔵氏の企業家精神を鑑みた世界No.1企業を目指すリーダーシップ
・ビジョンの決断・コミットメント
・世界No.1企業になるための競争戦略

・企業変身のリーダーシップ
・長期・超長期ビジョン
・IPビジネス業界世界No.1企業になるための経営戦略

・総合商社業界No.1企業へのリーダーシップ
・長期・超長期経営計画
・次世代グループCEOの育成・選抜

・総合化学メーカー業界世界No.1企業を目指したリーダーシップ
・長期経営計画の策定・公表
・金川経営を受け継ぐ次世代社長の育成・選抜・承継

・代表取締役会長による人類・可動性(モビリティ)業界へのリーダーシップ
・超長期・長期ビジョンと経営戦略
・次世代の代表取締役

・全階層型リーダーシップ
・各時代のビジョンと経営戦略
・各時代のCEO育成

・全階層型リーダーシップ
・長期ビジョンと経営戦略
・後継CEOの育成

・時代を創るリーダーシップ
・長期ビジョンと経営戦略
・新時代の顔となるCEOの育成

図表3-1：企業価値最大化経営の発展(全体像)

普遍の基本、特殊な解

	要諦
3-1 ザ・経営承継 ―ハイデイ日高	現会長神田氏から現社長青野氏をはじめとする次期リーダーへの経営承継が鍵。2050年を見据えた企業文化と社名および企業文化と社名に相応しい業態と組織戦略を構想し、次期リーダーによるリーダーシップのもと実現する
3-2 より野心的に ―ベイカレント・コンサルティング	変革のリーダーシップが鍵。現中期経営計画(2022.2期～2026.2期)の売上高1000億円・EBITDA300億円超を上回る、より野心的な挑戦と信念を伴う新ビジョン・新業績目標と新経営戦略を構想・実行し実現する
3-3 より大きな社会貢献を初代の企業家精神で ―島津製作所	創業者・初代島津源蔵氏の企業家精神を鑑みた世界No.1企業を目指すリーダーシップが鍵。そして、ビジョンの決断・コミットメントと世界No.1企業になるための競争戦略を策定・実行し世界No.1企業へ
3-4 目指すはIPビジネス業界世界No.1 ―バンダイナムコホールディングス	企業変身のリーダーシップが鍵。IPビジネス業界世界No.1企業を目指す長期・超長期ビジョンの構想と経営戦略を策定・実行しIPビジネス業界世界No.1企業へ
3-5 総合商社業界No.1企業へのリーダーシップ ―オリックス	総合商社業界No.1企業へのリーダーシップが鍵。長期・超長期経営計画を策定・実行・実現するとともに、次世代グループCEOを育成・選抜する
3-6 金川経営+αで総合化学メーカー業界世界No.1企業へ ―信越化学工業	総合化学メーカー業界世界No.1企業を目指したリーダーシップが鍵。ステークホルダーが共感・共鳴する長期経営計画を策定・公表するとともに、金川経営を受け継ぐ次世代社長を育成・選抜・承継
3-7 世界を代表するWell-beingカンパニー ―トヨタ自動車	代表取締役会長による人類・可動性(モビリティ)業界へのリーダーシップが鍵。そして、超長期・長期ビジョンと経営戦略を策定・公表・実行するとともに、次世代の代表取締役を育成・選抜しビジョンを実現する
3-8 食の力を解放し全ての人々の生活の質を高め続ける ―ネスレ	全階層型リーダーシップが鍵。そして、各時代のビジョンと経営戦略を策定・実行・実現するとともに、各時代のCEOを育成し続けることで永続性ある経営を実現する
3-9 よりよい世界を築き続ける伝統的小売企業 ―ウォルマート	全階層型リーダーシップが鍵。リーダーシップの源泉であり未来の方向性を示す長期ビジョンと経営戦略の策定・実行・実現。同時に後継CEOの育成を進め経営の永続性を実現する
3-10 時代を創る ―アップル	時代を創るリーダーシップが鍵。そして、リーダーシップの源泉である長期ビジョンと経営戦略を構想・実行し長期ビジョンを実現するとともに、15年間で新時代の顔となるCEOを育成する

3－1　ザ・経営承継
――ハイデイ日高

【要諦】　現会長神田氏から現社長青野氏をはじめとする次期リーダーへの経営承継が鍵。2050年を見据えた企業文化と社名および企業文化と社名に相応しい業態と組織戦略を構想し、次期リーダーによるリーダーシップのもと実現する

【CEOアジェンダ1】　次期リーダーによるリーダーシップ

同社は1973年2月に創業者で筆頭株主である現会長により中華料理「来々軒」をさいたま市大宮区宮町に創業以降、1978年3月に有限会社日高商事を設立、1983年10月に有限会社から株式会社へ改組、2002年12月に総店舗数100店舗達成、2008年7月に同200店舗達成、2012年2月に同300店舗達成。一都六県を中心に主力業態の「日高屋」をはじめとする複数業態を展開し、15年超にわたり連続増収増益を続けてきた。

2021年2月期以降もコロナ禍からの回復を競合を上回る早さで実現し（対幸楽苑ホールディングス等）、現中期経営計画では2026年2月期に総店舗数500店舗を目標とされてい

る。

過去の結果の主因は、既存業態の首都圏集中・駅前繁華街出店戦略に基づく総店舗数増加、新業態の定期的な開発・育成の2つであり、現経営体制下における経営は既に確立されているといっても過言ではない。しかし、現取締役会は現会長をはじめ高齢者が多く、現中期経営計画期間のその先の持続的経営を可能とすべく経営承継を図る必要がある。

そのために避けては通れないのが、現経営体制ではなく次期リーダーがリーダーシップを発揮し企業変革・目標企業価値を実現することだ。神田氏や現経営体制から青野氏をはじめとする次期リーダーへの経営承継はこの実現にて完了する。留意すべきポイントは3つだ。

1つ目は、現社長の時間配分である。上場企業として株主への責任を果たすべく四半期ごとの数値目標や年度計画の実現を目指す短期（1年）の経営に4割、「Hiday500」の実現を目指す中期（3～5年）の経営に3割、2050年を見据えた超長期（数十年等）の経営に3割が望ましいと考える。長期（10年）の経営は、超長期の経営で決断した方向性と中期の経営の結果とのギャップを都度分析し検討していく方法が好ましいため、今は時間を割く必要はないだろう。こうした時間配分にてリーダーシップを発揮していくことで、短中期のステークホルダーの期待に応えつつCEOアジェンダを突破できる。

2つ目は、次期リーダー候補で構成されたタスクフォースの組成と実行リードである。最も重要なのは、現会長や現社長のイメージする2050年までの外部環境の変遷と選抜された業態の特色を鑑み、最適なタスクフォースメンバーを選抜することだ。決して、現在の延長線上の人事ではない。タスクフォースは現社長をオーナーにメンバー数名で編成する。メンバーは2050年を見据えた大きな方向性が定まるまではタスクフォース選任とし、その後は構想した方向性が現実化していくことに伴い、次期リーダーがそれぞれ要職に就いていく形が望ましい。なお、実行はあくまでメンバーに主導いただくことで育成効果も期待したい。

3つ目は、現会長や現経営体制による次期リーダーへの経営承継完了の確信である。3つのCEOアジェンダを実行した結果を現会長や現経営体制にて厳格に評価し、次期リーダーへの経営承継が完了したことを「確信」することが重要だ。次期リーダーのパフォーマンスを受け確信に至れば安心して未来を託すことができる。

【CEOアジェンダ2】2050年を見据えた企業文化と社名

2050年とはすなわち、現中期経営計画(2023年3月〜2026年2月)「Hiday500」の8計画先の計画終了時にあたる2050年2月期を指す。経営の未来を構想する際の4つの時間軸(短期・中期・長期・超長期)のうち、同社の経営環境を鑑みれば超長期こそが重要だ。従って、2050年を見据えた企業文化と社名の構想は、創業者で筆頭株主である現会長(満82歳)から現社長(満49歳)をはじめとする次期リーダーへ経営を承継するための重要事項となる。留意すべきポイントは3つだ。

1つ目は、外部環境の変遷を見極めコア・コンピタンスと価値創造ストーリーを発見である。2050年までの顧客や競合等の動向、当該競争環境下における自社のコア・コンピタンスの特定、コア・コンピタンスを鑑みた価値創造ストーリーの発見の順に検討を進めたい。特に重要となるのは、2050年までの顧客動向における検討範囲であろう。既存業態の商圏である日本の一都六県に加えそれ以外の日本市場、さらには他国市場における2050年までの顧客動向も検討範囲に含めるべきかも知れない。この点は次期リーダーの意志を強く反映させたい。

2つ目は、現会長の意志と次期リーダーの意志の融合である。現会長が1973年から今日に至るまで蓄積してきた人生観とハイデイ日高流経営の方法論と要諦に次期リーダーの意志を乗せ、企業文化と社名を決断していく。2050年の自社をリードできるのは次期リーダーであり、あくまで最終的な方向性は次期リーダーが決断すべきだ。現会長の人生観とハイデイ日高流経営の方法論と要諦を次期リーダーが深く理解し、自分流に昇華したうえで、企業文化と社名へと抽象していくことが理想となる。

3つ目は、企業文化と社名の統一・非統一である。現時点では、ハイデイ日高にちなんだ業態名であり美味・廉価を極めた「日高屋」、中華料理の「中華一番」「中華食堂真心」、中華そばの「神寄」、焼鳥の「焼鳥日高」、居酒屋の「大衆酒場日高」、おつまみと定食メニューの「大衆食堂日高」、台湾屋台料理の「屋台料理台南」を株式会社ハイデイ日高一社にて展開しているため検討する必要のない論点だ。しかし、2050年までには、業態の多様化や新業態の成長により、必ずしも日高ブランド・ハイデイ日高一社への統一が最適とはいえない状態となることも想定される。例えば、イタリア料理等の欧州系料理を展開する新業態への進出を考えた場合、日高ブランドへの統一は顧客の理解を得られないかも知れない。従って、企業文化と社名の統一・非統一について現会長とともに、方向性を決めておきたい。

【CEOアジェンダ3】企業文化と社名に相応しい業態と組織戦略

留意すべきポイントは3つだ。

1つ目は、既存(コア)業態の深化と新業態の探索である。既存(コア)業態の深化は、オーガニック戦略・インオーガニック戦略の両視点で検討したい。例えば、オーガニック戦略では、既に有効性が実証された首都圏集中・駅前繁華街出店戦略に基づく総店舗数増加に加え、商圏拡大を企図したロードサイド型出店強化、首都圏でも比較的乗降客の少ない駅への新規出店、プライシング調整、キャンペーンによる販促活動等が考えられる。インオーガニック戦略では、同社の持つ首都圏・繁華街を中心とした高い認知度・顧客接点を活かし、販売数量増加を見込める中華料理系事業者のM&A等が考えられる。新業態の探索は、既存市場に対し中華調理技術を活かした高価格帯料理を提供する新業態や首都圏・繁華街を中心とした高い認知度・顧客接点を活かし多種の新料理を展開していく新業態の開発等が考えられる。

2つ目は、組織コンセプトである。すなわち、選抜された業態をどのようなコンセプトのもと組織化していくべきかを検討していく。土台となるのは社員の物心両面の幸せのため、同社を犠牲にして欲しいとする現会長の「社員を大切にする」哲学だろう。そこに２０５０年までの外部環境の変遷と選抜された業態の特色を鑑み、最適な組織コンセプトへと昇華していくのだ。

３つ目は、コーポレート・ガバナンスである。所有の観点では２０５０年までの外部環境の変遷と選抜された業態の特色を鑑みベストオーナーをリストアップし、２０２３年２月28日時点で同社株式の14・63％を保有する現会長の持分や自己株式17万１３５２株の譲渡可能性等を検討しておきたい。経営の観点では大株主ではない立場で経営執行を担うことが予想される次期リーダーがリードする経営の監督に最適な機関（現監査等委員会設置会社以外かも知れない）、取締役・執行役の選任等の検討が必要だ。

３－２　より野心的に
―ベイカレント・コンサルティング

【要諦】変革のリーダーシップが鍵。現中期経営計画（２０２２・２期～２０２６・２期）の売上高１０００億円・ＥＢＩＴＤＡ３００億円超を上回る、より野心的な挑戦と信念を伴う新ビジョン・新業績目標と新経営戦略を構想・実行し実現する

【CEOアジェンダ1】変革のリーダーシップ

同社は現中期経営計画（2022・2期～2026・2期）が対象とする5年間を「国内最大級の総合コンサルティングファームとして実績を積み上げる」期間と位置付け、高付加価値化のさらなる推進、DXコンサルティングの進化、優秀な人材の採用・育成に取り組み、売上高1000億円・EBITDA300億円超を目指すと公表している。しかし、より野心的な挑戦と信念を伴う業績目標への刷新、そして、現ビジョン「あらゆる業界のリーディングカンパニーの成長に最も貢献している」「付加価値を誰よりも追求している」「未来を担う人材が集結している」についても刷新可能な経営環境下にあると考えられる。

同社は1998年3月に創業者で主要株主の江口新氏により神奈川県藤沢市に設立された有限会社ピーシーワークスを前身とし、2000年6月に株式会社化、同12月に株式会社ベイカレント・コンサルティングへ商号変更、2014年6月に株式会社ベイカレント・コンサルティング全株式をバイロン・ホールディングス株式会社（ファンドによる出資受け入れの受け皿会社）に譲渡、同10月にバイロン・ホールディングス株式会社が株式会社ベイカレント・コンサルティングを吸収合併し、同日株式会社ベイカレント・コンサルティングへ商号変更、2016年9月に東証マザーズに株式上場、2018年12月に東証第一部に市場変更、2022年4月に東証プライム市場へ移行と変遷を辿ってきた。

２０１５年２月期以降、高水準の業績成長を続け、売上高は２０１５年２月期55億円から２０２３年２月期７６０億円へと13倍超に、当期純利益率は同６・７％から同28・８％と22・１ポイントも改善した。２０２４年２月期第２四半期においても売上高・利益・利益率ともに、成長・改善基調は継続し自己資本比率は80・０％と安全性も際立っている。

２０２０年初より世界的に拡大したパンデミックの影響もあり、同社が得意とするＤＸコンサルティング需要は引き続き堅調で短中期的な日本企業のＤＸ需要を取り込むことでさらなる成長を見込めるだろう。

かかる経営環境を鑑み、より野心的な挑戦に向けた変革のリーダーシップがＣＥＯアジェンダと考える。ビジョン・戦略の刷新は組織構成員に痛みを伴うパラダイムシフトを求めることとなるが、かかる変革を成功させるにはＣＥＯによる変革のリーダーシップが鍵となる。留意すべきポイントは３つだ。

１つ目は、ＣＥＯの覚悟と信念を貫く力である。変革の成功と失敗を左右するのはＣＥＯの覚悟と信念を貫く力だ。覚悟とは変革成功を予測し責任を負うと決め心構えすることであり、信念を貫く力とは何が何でも変革を成功させようとする意志力である。ＣＥＯの覚悟と信念を貫く力を前提にしてはじめて変革のリーダーシップが成り立つのだ。なお、変革のリーダーシップの源泉は新ビジョンと新業績目標、新経営戦略にあることはいうまでもない。

２つ目は、ＣＥＯの時間配分である。同社の経営環境を鑑みれば、ＣＥＯアジェンダ突破に8

割、上場企業として責任を果たすため時間配分すべき実行管理・実行支援およびその他業務に2割の配分が望ましい。CEO自ら組織構成員に新ビジョンと新業績目標、新経営戦略をその背景と目的とともに力説し、質疑応答を経て意識行動変容を促すことで、自律し共創・異結合・相互学習しながら自立・自走する組織をつくりたい。

3つ目は、意思決定構造とインセンティブの最適化である。意思決定構造は、例えば、既存のコンサルティング事業に新規事業としてAI等先端技術開発・コンサルティング事業を事業ポートフォリオに加え、独立系国産DXコンサルティング専業ファームからの脱却を目指し、持株会社体制への移行（全社的な視点での既存［コア］事業の深化と新規事業の探索が主な役割）を図るのであれば再考が必要だ（2024年1月12日に同社より「持株会社体制への移行準備開始および分割準備会社設立に関するお知らせ」が公表されており、2024年5月開催予定の同社定時株主総会において関連議案の承認と必要に応じて関係官公庁の許認可等が得られることを前提に持株会社体制へ移行される見込み）。具体的には、取締役や取締役会の運営方法、執行役の人選も一部変更が必要となるだろう。インセンティブは2023年7月13日を処分期日とされていた取締役（社外取締役および監査等委員である取締役を除く）3名と幹部社員25名への譲渡制限付株式報酬の付与を基本に、変革を進めるキーマンであるが、同譲渡制限付株式報酬を付与されていない人材がいれば、改めてインセンティブ設計を検討したい。

【CEOアジェンダ2】新ビジョンと新業績目標

留意すべきポイントは3つだ。

1つ目は、パーパスの再解釈である。パーパスとは目的・存在意義・大義名分・錦の御旗等のことであり、ビジョンを何のために実現するかの解だ。

同社は経営指針としてパーパスをビジョンよりも上位概念と位置付け「Beyond the Edge変化の一番先に立ち、次への扉をともに開く。」と定義している。つまり、変化の一番先に立ち、次への扉をともに開くために同社は存在しているのだ。

そのための手段として、定性ビジョン「あらゆる業界のリーディングカンパニーの成長に最も貢献している」「付加価値を誰よりも追求している」「未来を担う人材が集結している」を設計しコンサルティング事業を展開している。しかし、果たして、変化の一番先に立ち、次への扉をともに開くための手段はコンサルティング事業だけであろうか。例えば、直近でいえば、AI等先端技術開発・コンサルティング事業のM&Aや、コロナ禍に代表されるシステマティック・リスク(市場リスク)への対応を支援するクラウド型の業務効率改善SaaS等のプロダクト開発を行い、コンサルティングサービスと組み合わせ既存顧客にクロスセルしていく等も考えられる。現経営環境を鑑みれば、コンサルティング事業への集中は高業績・高ROIを実現する最適解であることは間違いないが、高い自己資本比率と利益成長を見込み潤沢な投資余力を持つこともまた事実である。パーパスの再解釈を通じた新規事業の探索も同時に進め、より野心的な挑戦と信念を伴うビジョンへと昇華していきたい。

2つ目は、新ビジョンである。現中期経営計画の時間軸を踏襲し2026・2期までの外部環境の変遷、同期間におけるコア・コンピタンス、新ビジョンの順に検討したい。外部環境の変遷で注視すべきはやはり日本企業のDX需要だろう。そして、コア・コンピタンスは「短中期的な日本企業のDX需要（機会）を迅速・果断に捉えうるDXコンサルティングの実行力と独立系国産DXコンサルティング専業ファームとしてのポジショニング」「高い自己資本比率と利益成長を見込む潤沢な投資余力」だ。競合する外資系大手総合・戦略コンサルティングファーム、大手IT企業系日系コンサルティングファーム、総合商社系コンサルティングファームと比較した場合、集中度が際立ち、十分な競争優位性を得られている。最後に、外部環境の変遷およびコア・コンピタンスを鑑みた新ビジョンは「あらゆる業界のリーディングカンパニーの成長に最も貢献している独立系国産IT変革企業」となる。

3つ目は、新業績目標である。現中期経営計画では最終年度2026・2期に売上高1000億円・EBITDA300億円超を目標としている。この数値は2021・2期売上高428億円以降、2026・2期に至るまで年率20%を目安に成長し続けるとの予測に基づく。すなわち、2022・2期は2021・2期売上高428億円×1・2=513億円、2023・2期は2022・2期売上高513億円×1・2=616億円、2024・2期は2023・2期売上高616億円×1・2=739億円、2025・2期は2024・2期売上高739億円×

1・2＝887億円、2026・2期は2025・2期売上高887億円×1・2＝1065億円となる。

年率20％成長を実現するキードライバーは強気の需要予測を前提に、高付加価値化のさらなる推進に伴う単価増と社員4000名体制の構築に伴う案件数増の2つだろう。つまり、あくまで高ROIを見込める既存（コア）事業であるコンサルティング事業への成長投資により年率20％成長を実現する方針だ。短中期的にはコンサルティング事業を上回る収益を生み出す新規事業を創造することは容易ではないが、長期的にはそうとも限らない。従って、現経営環境下だからこそ新規事業の成長ポテンシャルについても計画値に織り込むべきだ。

具体的には、2026・2期に新規事業の成長ポテンシャルとして、保守的に「売上高100億円・EBITDA20億円」を計画値に織り込む。従って、新業績目標とは2026・2期売上高1100億円・EBITDA320億円超となる。

【CEOアジェンダ3】新経営戦略

新ビジョンの構想に伴い最適な経営戦略は変わる。そのため改めてゼロベースで検討したい。留意すべきポイントは3つだ。

1つ目は、企業戦略である。日本企業のDX需要の変化予測、需要減退後の新たなコア・コンピタンスの発見、新時代の事業ポートフォリオ戦略と組織戦略の順に検討を進めたい。日本企業のDX需要は既にピークを迎えており、2020年代中盤から後半にかけピークアウトに向かう。従って、DX需要減退後には「あらゆる業界のリーディングカンパニーの成長に最も貢献している独立系国産IT変革企業としてのポジショニング」が新たなコア・コンピタンスとなるだろう。そして、コンサルティング事業に加え新規事業としてAI等先端技術開発・コンサルティング事業を事業ポートフォリオに組み込み、独立系国産DXコンサルティング専業ファームからの脱却を目指し持株会社体制への移行を図る。そして、未来を担う人材が活躍できる機会を増やし、未来を担う人材が集結している状態を加速させることが事業ポートフォリオ戦略と組織戦略となる。

短期ではコンサルティング事業への集中が高業績・高ROI・コア・コンピタンスの源泉であることは間違いないが、2020年代中盤以降の中長期を見据えた場合、総合コンサルティングファームを目指しあくまでコンサルティング事業に集中するか、コア・コンピタンスを見極め、自らをIT変革企業と位置付けコンサルティング事業以外にも事業ポートフォリオを拡張していくかは同社の明暗を分けるだろう。

2つ目は、コンサルティング事業の競争戦略である。年率20%成長を実現する2つのキードライバー「高付加価値化のさらなる推進に伴う単価増」「社員4000名体制の構築に伴う案件数増」が中核となる。加えてオーガニック戦略として、既存顧客当たりLTV最大化、商圏拡大や日本企業の時々の需要を満たす新ソリューションの開発を通じた新規顧客開拓等の施策が考えられる。

インオーガニック戦略は、アクハイアリングや商圏拡大を企図し実行されるコンサルティング業界間でのM&Aが想定される。しかし、現在の主戦場である日本市場では同社単独で採用市場より人材を調達でき、商圏拡大を企図したM&Aも当面は優先度が低い。また、アクセンチュアが近年進める従来のコンサルティングサービスとは異なるソリューション拡張を企図したM&A（広告・PR支援領域等）も同社の立場では高業績・高ROI・コア・コンピタンスの観点からDX・ITコンサルティング領域の集中に劣後する。さらに、同社の企業文化との適合性が高い企業をM&A市場で発見できる確率も高くないと考えられることから、オーガニック成長に劣後するだろう。

3つ目は、新規事業開発戦略である。パーパス、新ビジョンと新業績目標、コア・コンピタンス等を鑑みた同社の新規事業開発戦略を優先順に並べると、①日系AI開発・コンサルティング事業・企業のM&A、②インドや中国等のアジア系AI開発・コンサルティング事業・企業のM&A、だ。①②ともに、候補となる対象企業は存在する。この戦略は、同社にとって大きな挑戦となるが、2020年代中盤以降の外部環境の変遷と内部環境（同社の状況）を鑑みれば、まさにCEOアジェンダといえよう。

3-3 より大きな社会貢献を初代の企業家精神で
——島津製作所

【要諦】創業者・初代島津源蔵氏の企業家精神を鑑みた世界No.1企業を目指すリーダーシップが鍵。そして、ビジョンの決断・コミットメントと世界No.1企業になるための競争戦略を策定・実行し世界No.1企業へ

【CEOアジェンダ1】創業者・初代島津源蔵氏の企業家精神を鑑みた世界No.1企業を目指すリーダーシップ

同社は現2023年度-2025年度中期経営計画が対象とする3年間を「事業拡大と事業部の垣根をこえて（製品別から顧客別へ体制移行）トータルソリューションを提供する企業へ変革」する期間と位置付けている。そして、社是（科学技術で社会に貢献する）、経営理念（「人と地球の健康」への願いを実現する）、島津グループサステナビリティ憲章を礎に、3つのミッションの中で同社グループとして展開したい事業領域を①人の命と健康への貢献（ヘルスケア領域：ライフサイエンス分野［計測］、メドテック分野［計測・医用］）、マテリアル領域［計測・産業］）、

②地球の健康への貢献（グリーン［GX］領域：計測、産業）、インダストリー領域［計測、産業、航空］）、③産業の発展と安心・安全な社会の実現への貢献（マテリアル領域［計測・産業］、インダストリー領域［計測、産業、航空］）と定義し、プラネタリーヘルス（人と地球の健康）を追求していくことを目指す姿としている。

基本方針として、コンセプトを「世界のパートナーとともに、社会課題を解決するイノベーティブカンパニーへ～技術開発力と社会実装力の両輪強化により持続的成長を果たす～」に、2025年度業績目標を売上高5500億円・営業利益800億円に設定。

その実現に向けた5つの事業戦略として、①重点事業強化（LC／MS・GC・試験機・TMP）、②メドテック事業の強化、③海外事業の拡大（北米強化）、④リカーリングビジネスの強化・拡大、⑤新事業・将来事業の創出を設定。7つの経営基盤強化として、①ガバナンスの強化、②開発スピード強化、③国際標準化・規制対応力の強化、④グローバル製造の拡大、⑤DX推進、⑥人財戦略（島津人の育成）、⑦財務戦略（攻めの財務へ）を設定している。

しかし、同社は、より野心的な挑戦と信念を伴う世界No．1企業を目指す経営計画に挑戦可能な経営環境下にある。同社は1875年に創業者・初代島津源蔵氏が京都市に個人経営にて教育用理化学器械製造業を開始されて以降、1897年蓄電池の製造開始、1909年日本初の医療用X線装置を完成、1917年蓄電池部門を分離独立・同9月には資本金200万円で株式会社島津製作所設立、1919年産業機器の製造開始、1938年京都証券取引所に株式上場、

1949年東京証券取引所に株式上場、1956年航空機器部門新設、1968年西独（現ドイツ）にシマヅ オイローパ ゲーエムベーハー設立、1989年英国クレイトス グループ ピーエルシー買収、2003年田中耕一記念質量分析研究所開設、2022年東京証券取引所の市場第一部からプライム市場に移行、2023年Shimadzu Tokyo Innovation Plaza開設・同Shimadzu Logistics Center Kyoto開設と変遷を辿ってきた。

過去10年超にわたり高水準の株価・業績成長を続け、株価は2013年4月1日時点の終値640円から2023年3月31日時点の終値4140円に、売上高は2014年3月期3075億円から2023年3月期4822億円に、包括利益は同162億円から同570億円へと成長した。2024年3月期第1四半期においても、売上高・四半期包括利益ともに成長基調は継続し、自己資本比率は71・3%と安全性も高い。

尽きることのないプラネタリーヘルス領域の社会課題の解決に向け、2002年に「生体高分子の質量分析法のための穏和な脱着イオン化法の開発」でノーベル化学賞を受賞した田中耕一氏の功績や2020年4月に発売したPCR検査の試薬キットを通じた社会課題の解決実績にて、益々実証された技術開発力・社会実装力の両軸強化により持続的成長を見込めるだろう。

かかる経営環境を鑑み、創業者・初代島津源蔵氏の企業家精神を鑑みた世界No.1企業を目指すリーダーシップがCEOアジェンダと考える。世界No.1企業へ変革するためには組織構成員の意識行動変容とエンパワーメントが不可欠であるが、かかる変革を成功させるには会長・

ＣＥＯによる変革のリーダーシップが鍵となる。留意すべきポイントは３つだ。

１つ目は、会長・ＣＥＯの時間配分である。同社の経営環境を鑑みれば、ＣＥＯアジェンダの構想・実行段階ともに、ＣＥＯアジェンダ突破に８割、上場企業として責任を果たすため時間配分すべき実行管理・実行支援およびその他業務に２割の配分が望ましい。ＣＥＯ自ら組織構成員に世界Ｎｏ．１企業を目指すビジョン・目的・経営戦略を力説し、質疑応答を経て意識行動変容を促すことで、自律し共創・異結合・相互学習しながら自立・自走する組織を目指したい。

また、世界Ｎｏ．１企業になるための競争戦略実行には、判断の難しい難題を迅速・果断に決断し突破できるようＣＥＯがハンズオンで戦略実行に関与するとともに、会長がハンズオフにて戦略実行を監督することでＣＥＯとともに、迅速・果断な決断を実現したい。

２つ目は、組織構成員のエンパワーメントと団結・熱狂集団である。インセンティブ・権限・やりがいの提供や飴と鞭の２つの顔を持ち合わせながら組織構成員を鼓舞し、承認・共感を通じ一人ひとりに自信を与え、組織構成員の本来持っている力を引き出す。そして、世界Ｎｏ．１企業になるために団結・熱狂した集団となるのだ。

３つ目は、タスクフォースの選抜・課題解決リードである。世界Ｎｏ．１企業になるために会長・ＣＥＯは、ＣＥＯアジェンダ突破に８割、上場企業として責任を果たすため時間配分すべき実行管理・実行支援およびその他業務に２割の時間を配分することが望ましいと述べた。しかし、会長・ＣＥＯは時間配分しないが、世界Ｎｏ．１企業になるためには全社的視座・視野・視点からみて解決すべき課題は多岐にわたる（変革に向けた実行開始100日以内の目に見える変化・成果創出、実行管理体制構築等）。そのため、会長・CEOを助けるため、変革を実現するためのタスクフォースを選抜し課題解決リードを期待したい。

なお、タスクフォースの年齢構成（若手・ミドル等）は企業の年齢ピラミッドを鑑み組織実行力を最大限引き出しうる編成とすべきである。

【CEOアジェンダ2】ビジョンの決断・コミットメント

留意すべきポイントは3つだ。

1つ目は、世界No．1企業の具体化である。世界No．1企業とは同社売上高・営業利益の過半を創出する計測機器セグメントの主力製品である液体クロマトグラフ質量分析計（LC／MS）で競合する米ダナハー（時価総額22兆5268億円・売上高4兆7055億円・営業利益1兆2990億円。時価総額は2023年10月23日時点、売上高・営業利益は2022年12月期実績）、米アジレント・テクノロジー（時価総額4兆7834億円・売上高1兆2339億円・営業利益2419億円。時価総額は2023年10月23日時点、売上高・営業利益は2022年10月期実績）、米ウォーターズ（時価総額2兆2593億円・売上高4442億円・営業利益1305億円。時価総額は2023年10月23日時点、売上高・営業利益は2022年12月期実績）のパフォーマンスを上回る企業のことだ。

同社の現在（時価総額1兆8122億円・売上高4822億円・営業利益682億円。時価総額は2023年10月23日時点、売上高・営業利益は2023年3月期実績）の状況と過去の結果（2010年に米大手企業が寡占する市場に最後発で参入し世界シェア約10％へ）と原因を鑑みれば、巨人の背中を視野に入れてしかるべきだろう。

なお、世界No.1企業をビジョンに設定した場合でも、同社の社是・経営理念・島津グループサステナビリティ憲章・3つのミッションといった企業文化は原則不変だ。

2つ目は、世界No.1企業に至るまでの時間軸である。言い換えれば、同社が現在の企業・事業規模の10倍超に至るまで、世界No.1企業像を完成させるまでにどのような時間軸を経るのかを検討する。おおよその時間軸（長期・超長期）はイメージできるが、具体的な検討は後述する世界No.1企業になるための競争戦略とセットで検討したい。

3つ目は、CEOによる決断・コミットメントである。世界No.1企業になるには過去の延長線上にない変革が必要となる。変革を断行し実現することをCEOが決断し、ステークホルダーへコミットメントすることで責任を享受するとともに、意識を世界No.1企業になることに集中したい。

【CEOアジェンダ3】世界No.1企業になるための競争戦略

留意すべきポイントは3つだ。

1つ目は、事業ポートフォリオ戦略と組織戦略である。現中期経営計画では、製品別から顧客別へ組織体制を移行することで新市場開拓戦略を進めているが、加えて、3つのミッション（①人の命と健康への貢献、②地球の健康への貢献、③産業の発展と安心・安全な社会の実現への貢献）に貢献しうる多角化も可能な十分な経営資源を同社は有している。

当該領域への投資は成功確率が高いとはいえないが、同社を世界No．1企業へ変身させるキードライバーとなりうる論点であり、同社の現組織図でいえば社長・会長や経営戦略室が慎重に検討すべきテーマだ。

2つ目は、液体クロマトグラフ質量分析計（LC／MS）事業と海外事業の競争戦略である。現中期経営計画では、液体クロマトグラフ質量分析計（LC／MS）事業の競争戦略をOnly1のトータルソリューション提供をコンセプトに、コア・コンピタンスと価値創造ストーリーである「技術開発力・社会実装力の両軸強化による持続的成長」を前提とし、製品面は基本性能強化・自動化・AI活用によるOnly1ソリューションの提供、アプリケーション面は製薬・フードテック向けトータルソリューション提案強化、中長期戦略は北米R＆Dセンターを開設し先端顧客とのハード・ソフト・アプリの共同開発を進めるとしている。

上振れ余地は、例えば、FY2022-FY2025のCAGR（年平均成長率）8％以上と北米の10％に次ぎ高く、競合である米国企業3社のマザーマーケットではない中国市場・欧州市場・インド市場を優先順位付けし、北米R＆Dセンター開設と同時並行で中国市場・欧州市場・

インド市場にR&Dセンターを開設していき、現地の先端顧客とハード・ソフト・アプリに関する共同研究・開発を推進し社会実装力を高めていくことで、参入市場内での数量増加と販売単価引き上げを図る売上向上策等が考えられる。

海外事業の競争戦略は、液体クロマトグラフ質量分析計（LC／MS）事業の競争戦略で述べたR&Dセンター開設の中国市場・欧州市場・インド市場に対する優先順位付けが重要論点だ。規模的な魅力度と既存参入事業を鑑みれば、①中国市場、②欧州市場、③インド市場の順と考えられるが、欧州市場・インド市場との規制連携強化に伴う中長期的な業績インパクトも厳格に評価したい。

３つ目は、新事業・将来事業の競争戦略である。現中期経営計画では、新事業の創出として「Ｏｎｌｙ１技術、Ｎｏ．１ソリューションをパートナーとともに開発」をコンセプトに、注力分野（先端計測、ＡＩ、革新製造、革新バイオ、脳・五感）に該当する感性計測システム、自律型実験システム、がん治療支援、銅加工技術、臨床検査プラットフォームの開発を企図している。また、将来事業の創出として、「長期視点での社会課題解決による成長とサステナブルな社会を実現する」をコンセプトに、次世代ガス分析、材料開発支援、量子赤外分光、青色レーザー加工、光格子時計、生体模擬デバイス技術、脳磁気計測、デジタルヘルスケア、光免疫治療の実現を企図している。重要なのは、挙げられている新事業・将来事業候補を、コア・コンピタンスと価値創造ストーリー（技術開発力・社会実装力の両軸強化による持続的成長）に加え、液体クロマトグラフ質量分析計（LC／MS）事業の競争戦略・海外事業の競争戦略に照らすことだ。

そして、適合性の観点から劣後順位・優先順位付けすることで世界No．1企業になるための競争戦略に織り込んだうえで、新事業・将来事業創出に向け行動を開始するのだ。

3-4 目指すはIPビジネス業界世界No．1
――バンダイナムコホールディングス

【要諦】企業変身へのリーダーシップが鍵。IPビジネス業界世界No．1企業を目指す長期・超長期ビジョンの構想と経営戦略を策定・実行しIPビジネス業界世界No．1企業へ

【CEOアジェンダ1】企業変身のリーダーシップ

同社は経営における最上位概念であるパーパス（Fun for All into the Future もっと広く。もっと深く。「夢・遊び・感動」を。うれしい。たのしい。泣ける。勇気をもらう。誰かに伝えたくなる。誰かに会いたくなる。エンターテインメントが生み出す心の豊かさで、人と人、人と社会、人と世界がつながる。そんな未来を、バンダイナムコは世界中のすべての人とともに創り

ます。）のもと、ＩＰファン・パートナー・従業員・世界・社会が取り囲み強くつながりあっている状態、常にファンと向き合いファンと広く・深く・複雑につながっているＯｎｌｙ１の存在を目指す姿としている。

ファンと同社が、そして、ファン同士がつながるにあたり、最も重視するのはどのようにつながるかというつながり方の質であり、つながり方の質を重視した様々な戦略や取り組みを推進していく方針だ。

２０２２年4月開始の3カ年中期計画（２０２２年4月～２０２５年3月）では、中期ビジョンを「Connect with Fans」、すなわち、パーパスのもと目指す姿に向け世界中のＩＰファン、あらゆるパートナー、グループ社員、そして、社会と常に向き合い、広く、深く、複雑につながる存在を目指すとしている。

その実現に向けた重点戦略・投資計画として、①ＩＰ（知的財産）軸戦略（グループの強みであるＩＰ軸戦略が中期計画の核。世界中のファンとより広く、深く、複雑につながるための新たな取り組み、ＩＰ軸戦略の進化、世界の各地域でALL BANDAI NAMCOで一体となり、事業構築に取り組むことで持続的な成長を目指す。IP×Fan［ＩＰでファンとつながる］「IP×Value［ＩＰの価値を磨く］」、IP×World［ＩＰで世界とつながる］の切り口によるＩＰ軸戦略の進化に向けた投資として計４００億円［新規ＩＰ創出・グループ横断ＩＰプロジェクト・オープンイノベーション等を通じたＩＰ価値最大化に向けた戦略投資２５０億円、ＩＰメタバース開発に向けた投資150億円」を計画)、②人材戦略(多様な人材の育成。パーパスのもと様々な才能・個性・価値観を持つ企業や社員が生き生きと活躍することができる「同魂異才」の集団を企図し、様々な分野における多様な人材の育成によりバランスがとれた人材構成を目指す)、③サステナビリティ対応(IP軸戦略のもとファンとともに同社が向き合うべき社会的課題に対応したサステナブル活動を推進)、④脱炭素化に向けた中長期目標と行動計画の策定、を掲げている。

計数目標・株主還元施策は、2025年3月期連結売上高1兆1000億円・連結営業利益1250億円・ROE12%以上、DOE2%をベースに総還元性向50%以上の株主還元を行う方針だ。

同社の既存(コア)事業であるエンターテインメントユニットでは、エンターテインメントにおけるIP(キャラクターや楽曲等「知的財産権」が認められているコンテンツ)を活用し、IPを所有する企業がこれらの作品自体を販売し利益を得る(ライセンシー)だけでなく、自社IPを他社に貸与し、さらに利益を得ようとする(ライセンサー)ビジネス、いわゆるIPビジネスを展開している。

なお、IPビジネス業界における現世界No.1企業はミッキーマウス、くまのプーさん、スター・ウォーズ、ディズニープリンセス等のIPを活用し、IPビジネスを展開しているウォルト・ディズニー・カンパニー(時価総額21兆9262億円・売上高12兆4248億円・営業利益7938億円。地域別では、売上高はAmericas 81・5%、Europe, Middle East & Africa 10・

4%、Asia & Pacific 8・2%、営業利益はAmericas 91・6%、Europe, Middle East & Africa 4・8%、Asia & Pacific 3・6%。時価総額は2023年10月26日時点、売上高・営業利益はFY2022実績)だ。同社エンターテインメントユニットのうちトイホビーセグメント(玩具等)に限定し考えた場合の現世界No.1企業はレゴグループ(時価総額は非上場のため情報なし・売上高1兆3744億円・営業利益3810億円。地域別売上高はAmericas 44・0%、Europe, Middle East & Africa 39・6%、Asia & Pacific 16・4%。売上高・営業利益はFY2022実績)である。

日本企業ではポケモンやスーパーマリオ等のIPを活用しIPビジネスを展開している任天堂(時価総額8兆414億円・売上高1兆6016億円・営業利益5043億円。地域別売上高は日本22・8%、米大陸43・8%、欧州24・7%、その他8・8%。時価総額は2023年10月26日時点、売上高・営業利益は2023年3月期実績)が競合にあたる。

同社は2005年に株式会社バンダイ(1950年に源流企業株式会社萬代屋を設立しセルロイド製玩具等の販売開始。1986年に株式会社バンダイに商号変更・東証二部に株式上場、1988年に東証一部に指定替え)と株式会社ナムコ(現バンダイナムコエンターテインメント。1953年に源流企業株式会社中村製作所を設立し、百貨店等における遊園施設の経営開始。1988年に株式会社ナムコに商号変更・東証二部に株式上場、1991年に東証一部に指定替え)が経営統合を実施し株式移転により統合持株会社として設立された。同年東証一部に株式上場後、2006年に北米・日本・欧州地域におけるグループ再編実施、2007年に欧州地域、2008年に日本地域、2016年にアジア地域、2017年に欧州・中国地域、2018年に日本地域、2021年に欧州地域、2022年に北米・欧州・日本地域のグループ再編実施、同年東京証券取引所の市場第一部からプライム市場に移行と変遷を辿ってきた。結果、過去10年超にわたり高水準の株価・業績成長を続け、株価は2013年4月1日時点の終値1580円から2023年3月29日時点(株式3分割前)の終値8637円に、売上高は2014年3月期5076億円から2023年3月期9900億円に、包括利益は同326億円から同1160億円へと成長した。2024年3月期第1四半期は社会情勢の変化、原材料価格や燃料価格の上昇、為替の変動等による影響で利益は減少するも成長基調は継続し自己資本比率は72・9%と安全性も高い。今後も世界的IP人気による需要の高まりを受けたIP(ガンダム・ドラゴンボール・ワンピース等)の展開強化、家庭用ゲーム大型新作の投入加速、円安の恩恵等により持続的成長を見込めるだろう。

かかる経営環境を鑑み、企業変身のリーダーシップがCEOアジェンダと考える。留意すべきポイントは3つだ。

1つ目は、トップの時間配分である。同社の経営環境を鑑みれば、CEOアジェンダの構想段階ではIPビジネス業界世界No.1企業を目指す長期・超長期ビジョンと経営戦略の構想、企業変身のリーダーシップ方針構想の「長期・超長期」の経営に8割、上場企業として株主への責任を果たすべく四半期ごとの数値目標や年度計画の実現を目指す「短期」の経営に2割。CEOアジェンダの実行段階では、経営戦略の仮説検証・修正に8割、四半期ごとの数値目標や年度計画の実現に2割が望ましいと考える。

特に、IPビジネス業界世界No．1企業になるための鍵となるWhere（競争エリアと競争業界から構成される競争環境。ここでは主に競争エリアを指す）戦略・How（業務の流れ・仕組み。ここでは主にチャネル選択と販売促進を指す）戦略の仮説精度を高めるためには、現場から上がってくるレポートに目を通すだけでなく、トップ自ら現場に足を運び市場・顧客の生の声を聞きに行く時間や技術の最新動向を収集する時間が必要だ。そうした時間が重要な投資判断を下すうえでのよりどころとなるだろう。

2つ目は、意思決定構造とインセンティブの最適化である。IPビジネス業界世界No．1企業になるための経営戦略は既存のコア・コンピタンスを活かした過去の延長線上にない戦略であり、その執行・監督にも過去の延長線上にないケイパビリティが求められる。

特に、執行・監督を機能させるうえで重要な意思決定構造とインセンティブをIPビジネス業界世界No．1企業になるために最適化することが必要だ。意思決定構造とは取締役・執行役の人員構成と取締役会・執行役会等の会議体設計の最適化のことを指し、IPビジネス業界世界No．1企業になるための経営戦略ではデジタル戦略と海外戦略の見識が求められることから、人員構成と会議体設計を工夫したい。

インセンティブとは主に取締役や執行役に対する業績報酬・株式報酬等の中長期の業績・企業価値連動報酬のことを指し、IPビジネス業界世界No．1企業になる、すなわち、現在の企業・事業規模の10倍超を実現することで取締役や執行役はどのような業績報酬・株式報酬を得られるかを検討していく。

多くの日本企業がそうであるように同社もまた創業オーナーが所有と経営から離れており、今なおオーナー経営者が所有と経営を両立しながら強烈なリーダーシップを発揮するオーナー企業と比較し、ややもすると経営の意志が弱くなりがちだ。従って、適切なインセンティブを設計し企業変身のリーダーシップを高めIPビジネス業界世界No．1企業となる確率を上げたい。

3つ目は、タスクフォースの選抜と実行リードである。IPビジネス業界世界No．1企業になるための経営戦略には、過去の延長線上にないケイパビリティが求められる。従って、自社内の人材に加え自社にない機能については外部のアドバイザーを起用しながらタスクフォースを選抜し、実行をリードしていくことでトップを助けたい。

なお、タスクフォースの年齢構成は企業の年齢ピラミッドを鑑み組織実行力を最大限引き出しうる編成とするとともに、メンバーはIPビジネス業界世界No．1企業になった後の経営も見据え次世代リーダー育成も企図し選抜すべきだ。

【CEOアジェンダ2】長期・超長期ビジョン

留意すべきポイントは３つだ。

１つ目は、ＩＰビジネス業界世界Ｎｏ．１企業の具体化である。結論から述べると、ＩＰビジネス業界世界Ｎｏ．１企業とはウォルト・ディズニー・カンパニーのパフォーマンスを上回る企業のことだ。そして、その過程では先行するレゴグループや任天堂のパフォーマンスをも上回っていく。

重要なのはＩＰビジネス業界世界Ｎｏ．１企業の創り方、すなわち、どのような外部環境の変遷を見極めコア・コンピタンスと価値創造ストーリーを発見し、どのような事業ポートフォリオ戦略と組織戦略を採用するのか、各事業はどのような競争戦略を採用し競争に勝利し続けるのか等に関し鮮明なイメージを持つことだ。例えば、現ＩＰビジネス業界世界Ｎｏ．１企業ウォルト・ディズニー・カンパニーは、「動画配信事業（ＣＡＴＶ有料会員・広告・コンテンツ販売・Disney+・Disney+Hotstar・ESPN+、Hulu等のプラットフォームを通じた動画配信事業を展開）」「映画配給事業（ウォルト・ディズニー・ピクチャーズ、21世紀フォックススタジオ、Marvel Entertainment、Lucasfilm、Pixar等のスタジオで制作した映画配給事業を展開）」等を展開するDisney Media and Entertainment Distribution（ＤＭＥＤ）セグメントと、世界のディズニーランドやディズニーシーで発生する入園料・園内飲食・ディズニーキャラクターグッズ販売・テーマパークのフランチャイズ収入を主な収益源とする事業を展開するDisney Parks, Experiences and Products（ＤＰＥＰ）の２つのセグメントに分け事業を展開している。

DMEDは2006年にPixar、2009年にMarvel Entertainment、2011年にLucasfilm、2017年に21世紀フォックス、2019年にHuluの完全子会社化とM&Aを積極的に活用しており、過去5期連続の増収を続けている。DPEPはコロナ禍の影響で一時的に減収減益もFY2022実績値では連結営業利益の65%超を稼ぐ事業である。またFY2022実績値では連結売上高の81・5%・連結営業利益の91・6%をAmericas地域で稼ぐ。同社の観点では、こうしたファクトよりデジタル事業のさらなる成長機会と海外展開に関する示唆を得られる。統合持株会社設立以降複数回にわたり実施してきたグループ内再編を経て、同社の2023年3月期実績値では、連結売上高の10・1%がアメリカ、9・6%がヨーロッパ、9・0%がアジアと日本以外の海外展開は定量的には今のところほぼ横並びとなっているが、ウォルト・ディズニー・カンパニーをはじめとする競合との競争に勝利するために海外投資には傾斜配分が求められるだろう。

なお、IPビジネス業界世界No．1企業を長期・超長期ビジョンに設定した場合でも、同社の経営における最上位概念であるパーパス、目指す姿、つながり方の質を重視した様々な戦略や取り組みを推進していく方針は原則不変だ。

2つ目は、IPビジネス業界世界No．1企業に至るまでの時間軸である。言い換えれば、同社が現在の企業・事業規模の10倍超に至るまで、IPビジネス業界世界No．1企業像を完成させるまでにどのような時間軸を経るのかを検討する。言い換えることで、おおよその時間軸（長期・超長期）がイメージでき、ＩＰビジネス業界世界Ｎｏ．１企業となることは決して夢物語ではないことをご理解いただけるだろう。なお、時間軸の検討は後述するＩＰビジネス業界世界Ｎｏ．１企業になるための経営戦略とセットで検討することが望ましい。

３つ目は、トップによる決断とコミットメントである。ＩＰビジネス業界世界Ｎｏ．１企業を目指す長期・超長期経営計画を実行し実現するためには、やはりトップによる決断とコミットメントが鍵となる。つまり、トップがＩＰビジネス業界世界Ｎｏ．１企業を目指す長期・超長期経営計画の責任を享受することを決断し、ステークホルダーに計画の実現を公約するのだ。それによりトップのブレない信念のもと、全社的にＩＰビジネス業界世界Ｎｏ．１企業への道を突き進むことができる。

【CEOアジェンダ3】ＩＰビジネス業界世界Ｎｏ．１企業になるための経営戦略

留意すべきポイントは３つだ。

１つ目は、外部環境の変遷を見極めコア・コンピタンスと価値創造ストーリーを再発見する、である。経営戦略を検討する際の出発点はＩＰビジネス業界世界Ｎｏ．１企業を目指す企業であれ、中小企業であれ違いはない。すなわち、過去・現在・未来の時間軸における政治・経済・社会・技術の動向から外部環境の変遷（世界の変遷）を見極め、内部環境（自社）のケイパビリティとポジショニングを外部環境の変遷に照らすことでコア・コンピタンスを発見し、コア・コンピタ

ンスを活かした価値創造プロセスを、ストーリー性を持たせ明文化・図式化することで企業戦略・競争戦略の方向性に関し示唆を得るのだ。

同社は強みをIP軸戦略(幅広い商品・サービスの出口、フィジカル[施設等]とデジタル[ゲームやメタバース等]の双方で連携できる強みを生かし、IPファンやIPそのものにとって最適なIP軸戦略とは何かの再定義を行い、IP軸戦略の進化を目指す)と考えているが、この点についてはは先行するウォルト・ディズニー・カンパニー、レゴグループ、任天堂ともに、それぞれ得意とする領域を特定し競争に参加しているため強みとはいえず、さらに一歩検討を深め得意とする領域を特定したい。

同社のIP(ガンダム・ドラゴンボール・ワンピース等)の収益創出力は総収益の世界ランキングにおいていずれも世界トップ20に入り、3つのキャラクターがトップ20入りしている企業としてはウォルト・ディズニー・カンパニー(グループとして8つのキャラクターがランクイン)に次ぐ2番手に位置する。従って、What(ポジショニングと純顧客価値[顧客価値－顧客コスト])の観点における純顧客価値(キャラクター価値)は申し分なく、今後の勝敗の明暗を分けるのはWhere(競争エリアと競争業界から構成される競争環境。ここでは主に競争エリアを指す)、How(業務の流れ・仕組み。ここでは主にチャネル選択と販売促進を指す)の選択と投資配分が鍵となるだろう。

例えば、モバイルゲームチャネルを通じた販売促進をコア・コンピタンスと位置付け、アメリカ・ヨーロッパ・アジア市場においてＩＰ（ガンダム・ドラゴンボール・ワンピース等）のゲームタイトルを徹底的に拡販していくことを価値創造プロセスの中核に据えた価値創造ストーリー等、複数の選択肢が考えられる。総花的でない絞りあるコア・コンピタンスと価値創造ストーリーの再発見が重要だ。

２つ目は、Ｗｈｅｒｅ（競争エリア）である。現時点における同社並びに競合の地域別連結売上高は、同社（日本71・３％・アメリカ10・１％・ヨーロッパ９・６％・アジア９・０％）、ウォルト・ディズニー・カンパニー（Americas 81・５％・Europe, Middle East & Africa 10・４％・Asia & Pacific ８・２％）、レゴグループ（Americas 44・０％、Europe, Middle East & Africa 39・６％、Asia & Pacific 16・４％）、任天堂（日本22・８％、米大陸43・８％、欧州24・７％、その他８・８％）だ。

このファクトを鑑み想定される今後の同社のＷｈｅｒｅ（競争エリア）戦略は、①アジア集中型、②アメリカ攻略型、③ヨーロッパ攻略型、④全方位攻略型の４つだ。①は連結売上高の80・３％を占める日本・アジア市場での高収益力と日本企業ならではのアジアにおけるブランド価値を活かし、競合の参入が遅れているアジア市場の独占を企図、②は競争は激しいもののＩＰビジネス業界世界Ｎｏ．１企業になるには避けては通れない最大市場であるアメリカ市場に集中的に投資を行い、市場内での一定シェア獲得を企図、③は②同様ヨーロッパ市場に集中的に投資を行い、市場内での一定シェア獲得を企図、④は競争に勝利するための主因をＷｈｅｒｅではなくＨｏｗ

に委ね、日本を中核にアメリカ・ヨーロッパ・アジアの全市場における一定シェア獲得を企図した戦略だ。仮にモバイルゲームチャネルを通じた販売促進をコア・コンピタンスと位置付け、アメリカ・ヨーロッパ・アジア市場においてIP（ガンダム・ドラゴンボール・ワンピース等）のゲームタイトルを徹底的に拡販していくことを価値創造プロセスの中核に据えた価値創造ストーリーを発見していたのであれば④が有力となろう。

3つ目は、How（チャネル選択と販売促進）である。一般的にIPビジネスで収益を得るために活用されるチャネルや販売促進策は、グッズ販売・ゲーム（ビデオやカード）・漫画・アニメ・有料テレビ・動画配信・音楽・ミュージアム・広告・映画や舞台・テーマパーク・ホテル等であるが、同社のIP（ガンダム・ドラゴンボール・ワンピース）の収益創出実績を鑑みると、ガンダムはグッズ販売、ドラゴンボールはグッズ販売・ゲーム、ワンピースはグッズ販売で収益を得ている。

やはり、アニメ領域を中核にゲームや動画配信へとチャネルや販売促進策を広げていく戦略が有力だろう。例えば、2025年3月期に45周年を迎えるガンダムでは「機動戦士ガンダム 水星の魔女」（Season1：2022・10・2〜、Season2：2023・4・9〜）等の新アニメを通じ若い世代を含むファン層の広がりやガンプラ人気が高まる北米・アジアでのさらなるファン開拓を見込め、Netflix向け実写映画（公開時期未定）やファンとつながる新しい仕組みであるガンダムメタバース（仮想空間）においてもさらなるファン開拓が見込まれる。

3−5　総合商社業界No．1企業へのリーダーシップ
――オリックス

【要諦】総合商社業界No．1企業へのリーダーシップが鍵。長期・超長期経営計画を策定・実行・実現するとともに、次世代グループCEOを育成・選抜する

【CEOアジェンダ1】総合商社業界No．1企業へのリーダーシップ

同社はORIX Group Purpose & Culture（Purpose存在意義：変化に挑み、柔軟な発想と知の融合で、未来をひらくインパクトを。Culture価値観：多様性を力に変える。挑戦をおもしろがる。変化にチャンスを見出す。）のもと、強みである「常に新領域を開拓し持続的成長を実現する力」とその根幹であるリスクを見極め価値向上・価値創造を図るバリューアップモデル（キャピタルリサイクリング［買収・新設・売却］を通じた中長期的な成長）を活かし、新しい価値の創造とサステナブルな社会の実現のため様々な社会課題解決に貢献する事業を展開している。

企業戦略として、金融（与信審査+ファイナンス能力）×モノを取り扱う専門性を高めながら「隣へ、そのまた隣へと」多角化・国際化する方針のもと①法人営業・メンテナンスリース（セグメン

ト利益の45%、セグメント資産の13%)、②不動産セグメント(同6%、同8%)、③事業投資・コンセッション(同▲2%、同3%)、④環境エネルギー(同1%、同6%)、⑤保険(同10%、同17%)、⑥銀行・クレジット(同8%、同22%)、⑦輸送機器(同0%、同6%)、⑧ORIX USA(同14%、同11%)、⑨ORIX Europe(同9%、同3%)、⑩アジア・豪州(同10%、同11%)の10セグメントに分けた事業ポートフォリオ戦略を取っている。

各事業の競争戦略はリスクを見極め価値向上・価値創造を図るバリューアップモデルを根幹に、機会・リスク・強みを抽出し成長戦略を掲げている。業績目標は2025年3月期連結当期純利益4400億円・同ROE11・7%、財務健全性はA格に相応しい財務基盤維持、株主還元は配当性向33%または2022年3月期配当金額85・6円の高いほうとし機動的に自社株買いを実施する(2023年3月期は500億円実行済み)方針だ。そして、未達成のESG目標として、①2030年3月期までに取締役会の女性取締役の比率を30%以上とする、②2030年3月期までに同社グループの女性管理職比率を30%以上とする、③2030年3月期までに同社グループのGHG(CO_2)排出量を2020年度比実質的に50%削減する、④2050年3月期までに同社グループのGHG(CO_2)排出量を実質的にゼロとする、⑤2030年3月期までにGHG(CO_2)排出産業(一部の海外現地法人における化石燃料採掘業やパーム油プランテーション・林業)に対する投融資残高を2020年度比50%削減する、⑥2040年3月期までにGHG(CO_2)排出産業に対する投融資残高をゼロとするの6つの目標を掲げている。

同社は1964年に日綿実業株式会社（現双日株式会社）、日商株式会社（現双日株式会社）、岩井産業株式会社（現双日株式会社）の三商社および株式会社三和銀行（現株式会社三菱UFJ銀行）、東洋信託銀行株式会社（現三菱UFJ信託銀行株式会社）、株式会社日本勧業銀行（現株式会社みずほ銀行）、株式会社神戸銀行（現株式会社三井住友銀行）、株式会社日本興業銀行（現株式会社みずほ銀行）の五銀行を株主に、その目的を、①各種動産、不動産の賃貸借および売買、②前号に関連する一切の事業、③前各号に関連する事業に出資し、その事業を営む他会社の株式を保有しおよびその発起人となることとして、大阪市にオリエント・リース株式会社を設立後、1970年に大証第二部に株式上場、1971年に東証第二部に株式上場、香港にOrient Leasing(Hong Kong)Ltd.（現ORIX Asia Limited）設立、1973年に東証・大証第一部に株式上場、オリエント・オート・リース株式会社（現オリックス自動車株式会社）設立、マレーシアにUnited Orient Leasing Company Bhd.（現ORIX Leasing Malaysia Berhad）設立、1975年にインドネシアにP.T.Orient Bina Usaha Leasing（現PT.ORIX Indonesia Finance）設立、1981年に米国にOrient Leasing Containers,Inc.（現ORIX Corporation USA）設立、1986年に豪州にBudget Orient Leasing Limited（現ORIX Australia Corporation Limited）設立、1989年に商号をオリックス株式会社に変更、1991年に台湾のSun Credit & Trading Corporation/Sun Leasing Corporation（現ORIX Taiwan Corporation）に資本参加、アイルランドにORIX Aviation Systems Limited設立、オリックス・オマハ生命保険株式会社（現オリックス生命保険株式会社）設立、

1998年に山一信託銀行株式会社（現オリックス銀行株式会社）買収、執行役員制度導入、ニューヨーク証券取引所に株式上場、2003年に委員会等設置会社（現指名委員会等設置会社）へ移行、2006年に米系投資銀行Houlihan Lokey Howard & Zukin（現Houlihan Lokey,Inc.）買収（2019年7月全株式売却）、2009年にオリックス・クレジット株式会社の株式51％を株式会社三井住友銀行に譲渡、中国（大連）に中国本社、欧力士（中国）投資有限公司設立、2010年に米国のファンド運営会社Mariner Investment Group LLCを買収（2020年7月全株式売却）、2013年にオランダの資産運用会社Robeco Groep N.V.（現ORIX Corporation Europe N.V.）を買収（2016年10月株式を追加取得し完全子会社化）、2015年に関西国際空港および大阪国際空港の運営会社関西エアポート株式会社をフランスの空港運営会社 VINCI Airports S.A.S.と設立、2018年にアイルランドの航空機リース会社Avolon Holdings Limitedの株式30％を取得、2019年に株式会社大京の普通株式への公開買付により完全子会社化、2021年にスペインの再生可能エネルギー事業会社Elawan Energy S.L.を買収（2023年2月株式を追加取得し完全子会社化）、2022年に東証プライム市場に移行と変遷を辿ってきた。

結果、過去10年超にわたり高水準の株価・業績成長を続け、株価は2013年4月1日時点の終値1152円から2023年3月31日時点の終値2176円に、営業収益は2014年3月期1兆3416億円から2023年3月期2兆6663億円に、当期純利益は同1939億円から同2796億円へと成長した。2024年3月期第2四半期も金融収益や生命保険料収入および運用益・サービス収入増加も商品および不動産売上高減少、支払利息や販売費および一般管理費増加も商品および不動産売上原価減少、持分法投資損益増加、子会社・関連会社株式売却益および清算損減に伴い、営業収益は微減も四半期純利益は増益となり成長基調を継続し、D／Eレシオ(短長期借入債務÷株主資本合計)は1・60倍と昨年度の四半期実績より安全性も改善している。

今後も、リオープンの加速(訪日客の急回復を受け空港コンセッションと不動産運営がいずれもコロナ以降で最高の四半期利益。航空機もコロナから回復基調)やキャピタルリサイクリング(円安・低金利もあり国内資産のExitを後押しするマクロ経済環境。不動産やPE投資を中心にした推進)を通じた新しい価値の創造とサステナブルな社会の実現のため様々な社会課題解決に貢献する事業を展開していくことで、持続的成長を見込めるだろう。かかる経営環境を鑑み、総合商社業界No．1企業へのリーダーシップがCEOアジェンダと考える。

留意すべきポイントは3つだ。

1つ目は、キーメッセージである。総合商社業界No．1企業へのリーダーシップの源泉は、CEOが削ぎ落とし抽象したキーメッセージだ。具体的には、新ビジョン・総合商社業界No．1企業になるための経営戦略・ORIX Group Purpose ＆ Culture等の未来の方向性、未来の方向性実現に向けた現在の活動、未来の方向性を描いた背景となる過去の業績結果と社史より、キーとなるメッセージを抽象していく。

CEOが新ビジョン実現期間にて、一貫したキーメッセージを発信していきステークホルダーに未来を見せ続けることができれば、新ビジョンの実現確率は高まるはずだ。

2つ目は、グループCEOの時間配分である。同社の経営環境を鑑みれば、CEOアジェンダの構想段階では総合商社業界No.1企業を目指す長期・超長期経営計画の策定、変革のリーダーシップ方針構想、次世代CEO育成方針構想の「長期・超長期」の経営に8割、上場企業として株主への責任を果たすべく四半期ごとの数値目標や年度計画の実現を目指す「短期」の経営に2割。CEOアジェンダの実行段階では経営戦略の仮説検証・修正に8割、四半期ごとの数値目標や年度計画の実現に2割が望ましい。

特に、総合商社業界No.1企業になるための鍵となる7セグメントの深化と金融×モノを取り扱う専門性を活かせる機会の探索を通じた事業ポートフォリオおよびコア・コンピタンスの強化に向けた仮説精度を高めるため、トップ自ら現場に足を運び市場・顧客の生の声を聞きに行く時間が必要だ。そうした時間が重要な投資判断を下すうえでのよりどころとなるだろう。

3つ目は、意思決定構造とインセンティブの最適化である。総合商社業界No.1企業になるための経営戦略は既存のコア・コンピタンスを活かした過去の延長線上にない戦略であるため、その執行・監督、特に意思決定構造とインセンティブを総合商社業界No.1企業になるために最適化することが必要だ。

意思決定構造では、後述する総合商社業界No.1企業になるための経営戦略では7セグメントを本社の事業本部として並列に位置付けることを想定していることから、取締役・執行役の人員構成と取締役会・執行役会等の人員構成と会議体設計を最適化する。インセンティブでは総合商社業界Ｎｏ．１企業になるための適切なインセンティブを設計し、変革のリーダーシップを高め総合商社業界Ｎｏ．１企業となる確率を上げたい。

【CEOアジェンダ2】長期・超長期経営計画

留意すべきポイントは３つだ。

１つ目は、新ビジョン（総合商社業界Ｎｏ．１企業）の具体化である。結論から述べると、総合商社業界Ｎｏ．１企業とは三菱商事のパフォーマンスを上回る企業のことだ。

同社は１９６４年に設立以降、強みである「常に新領域を開拓し持続的成長を実現する力」とその根幹であるリスクを見極め価値向上・価値創造を図るバリューアップモデルを活かし、新しい価値の創造とサステナブルな社会の実現のため、様々な社会課題解決に貢献する事業を創造してきた。結果、現在では祖業であるリース事業を含む法人営業・メンテナンスリースセグメントを中核に10セグメントにわたる多様でファイナンスサービスにとどまらない事業ポートフォリオを組み、自ら投資や事業経営を行う企業グループとなった。世界的な社会課題は増加の一途を辿り、今後のいかなる時代においても社会課題は尽きることはないだろう。つまり、同社の強みとその根幹であるリスクを見極め価値向上・価値創造を図るバリューアップモデルを活かす機会も尽きることはないのだ。
しかし、同社は、リース会社や資産運用会社ほどそれらの事業に集中しておらず、通信会社のようにAI・5G等の技術を保有している訳でもなく、純然たる金融機関でもない。こうしたユニークネスは総合商社と類似する。従って、未来において事業活動を通じより社会に貢献していくため、より事業規模が大きく、より事業範囲が広い総合商社をベンチマークとした、新ビジョン（総合商社業界No．1企業）を設定することは正論だろう。同社の経営資源の量と質は、知的資本以外の人的資本や財務資本においても総合商社に引けを取らず、十分に勝算はある。また、さらにその先に待つ総合商社との類似点が多いバークシャー・ハザウェイも視野に入れておきたい。

２つ目は、総合商社業界No．1企業になるための経営戦略である。①外部環境の変遷を見極めコア・コンピタンスと価値創造ストーリーを再発見する、②勝てる事業ポートフォリオ戦略と組織戦略を構想する、③勝てる競争戦略を構想する、④戦略実行の時間軸と定量インパクトを見極める、の４つのプロセスで検討を進めたい。

①について。外部環境の変遷として今後のいかなる時代においても、同社の強みとその根幹であるリスクを見極め価値向上・価値創造を図るバリューアップモデルを活かす機会は尽きることがないと考えられるが、当該機会は競合する総合商社各社も捉えることができる。従って、同社ならではのコア・コンピタンスを活かした価値創造ストーリーを構想し当該機会を捉えていかな

ければ過当競争に巻き込まれることとなる。同社ならではのコア・コンピタンスは、金融（与信審査＋ファイナンス能力）×モノを取り扱う専門性を高めながら「隣へ、そのまた隣へと」多角化・国際化してきた、相対的に高利益率で金融×モノを取り扱う専門性を持つがゆえに運用できる「事業ポートフォリオと当該領域における事業開発能力」だ。従って、同社の価値創造ストーリーは「金融×モノを取り扱う専門性を活かせる機会を発見し事業ポートフォリオに迎え入れ、コア・コンピタンスを強化し続けることで企業価値最大化を実現していく」となる。

②について。事業ポートフォリオ戦略は、企業価値最大化を目標に、既存（コア・ノンコア）事業、企業価値創造・破壊事業、コングロマリット・ディスカウント（プレミアム）創出事業をあぶり出し、各事業領域に対する方針（成長投資、維持・自立、リストラクチャリング、縮小、再生、売却、撤退・清算、新規投資等）を固め、強みとその根幹であるリスクを見極め価値向上・価値創造を図るバリューアップモデルを活かし事業を開発していく。すなわち、7セグメント（①法人営業・メンテナンスリース、②不動産、③事業投資・コンセッション＋ORIX USA＋ORIX Europe＋アジア・豪州、④環境エネルギー、⑤保険、⑥銀行・クレジット、⑦輸送機器）の深化と金融×モノを取り扱う専門性を活かせる機会の探索を通じ、事業ポートフォリオとコア・コンピタンスを強化していくのだ。組織戦略は、本社による集権的グループ経営戦略策定と事業会社による分権的経営戦略策定・実行をコンセプトに、7セグメントを本社の事業本部として並列に位置付け（2023年7月1日時点の組織図では法人営業本部・輸送機器事業本部・環境エネル

ギー本部・事業投資本部のみ）、セグメント単位での自主自立経営を義務付ける。そして、グループＣＥＯのリーダーシップのもと、我々は総合商社であり総合商社業界Ｎｏ．１企業を目指すとする新ビジョン等の共有・浸透を図る。また、事業本部の新設に伴う新任本部長の抜擢人事をはじめ、新たなポストが発生することに伴う人事にも注意が必要だ。

③について。基本はバリューアップモデル（キャピタルリサイクリング〔買収・新設・売却〕を通じた中長期的な成長）を活かしたインオーガニック戦略を、総合商社各社を上回る水準で早く・確実に実行していくことだ。そのうえで、各事業におけるオーガニック戦略、特に顧客創造と顧客貢献に拘りを持ち、この点についても総合商社各社を上回る水準で早く・確実に実行していくことが重要となる。

④について。勝てる事業ポートフォリオ戦略と組織戦略、勝てる競争戦略は短期的に実行し結果を得られるものではなく、早くとも年単位、総合商社業界Ｎｏ．１企業となるには10年超の時間が必要だ。定量インパクトは、各投資案件の発生タイミングと期待値を精査し、最後にそれらを統合することで、全投資案件の発生タイミングと期待値を把握できるだろう。

３つ目は、グループＣＥＯによる決断とコミットメントである。同社は過去様々な場で総合商社と比較されてきたが、同社自ら我々は総合商社であり総合商社業界Ｎｏ．１企業を目指すと公表している情報は見つけられなかった。従って、総合商社業界Ｎｏ．１企業を目指すことはステークホルダーに大きなインパクトを与えるだろう。その影響をマネジメントし総合商社業界Ｎ o．1企業への変革を実現する鍵は、やはりグループCEOのリーダーシップとなる。

そして、グループCEOによる決断とコミットメントがその出発点だ。コミットメントするからには当然責任が伴うため、本当に総合商社業界No．1企業を目指すのか、実現できなかった場合どのように責任を取るのか等を熟慮し決断したい。

【CEOアジェンダ3】次世代グループCEOの育成・選抜

留意すべきポイントは3つだ。

1つ目は、グループCEOオフィスと事業会社CEO経験である。次世代CEOの育成方法として有効なのは、30代前半前後の若手有望株・中堅社員のなかから5名程度を選抜し、初めの3～5年間(中期経営計画の1サイクル期間)でグループCEOオフィスにてグループ経営の見識を深めさせ、次の3～5年間で事業会社CEOとして事業現場(戦場)で後のグループ経営に活かせる利益創出・競争勝利の難しさや競争の勝ち方を体験させる。事業現場を体感しなければリアリティある事業ビジョンの構想や目標企業価値の決断はできないのだ。そして、当該最大10年の期間を通じ見極めた候補者個々の適性に応じ、グループCEO、事業会社CEO、グループCEOオフィス長へ配置するのである。

2つ目は、候補者を絞り込む際の最重要評価指標である。選抜された5名程度の候補者の誰もがグループCEOになりたいと考えているはずだが、当然ながらその椅子は1つしかない。仮に、第一候補者が2期4年で退任する場合や不祥事を起こし退任させざるを得なくなった場合も椅子は2つが限界だろう。

5名中1(2)名へ候補者を絞り込む際は、実際にCEO職を担う事業会社CEO在任時の業績を最重要評価指標とすべきだ。当然、配置された事業会社に応じ対峙している経営環境は異なり、配置時点で不公平感が少なからず生じることは否めないため、業績が全てとはいわない。しかし、グループCEOとはいかなる理由があろうとも業績が悪ければ責任を問われる立場であり、不公平感を自責にできない人材は不適格といえよう。

3つ目は、猶予期間である。選ばれし1名の候補者(次世代グループCEO)には、最大10年の期間を経て、次に最大2年間のグループCEOとして独り立ちするまでの猶予期間を設けたい。その期間は先代に代表取締役会長等の役職で後方支援いただきながら代表取締役2名体制でグループ経営を進める。そして、この期間を最終試験と捉え、無事に独り立ちできるか評価する。先代流を昇華した後、自分流で勝負できる状態が理想だ。

3-6 金川経営+αで総合化学メーカー業界世界No.1企業へ
——信越化学工業

【要諦】総合化学メーカー業界世界No．1企業を目指したリーダーシップが鍵。ステークホルダーが共感・共鳴する長期経営計画を策定・公表するとともに、金川経営を受け継ぐ次世代社長を育成・選抜・承継

【CEOアジェンダ1】総合化学メーカー業界世界No．1企業を目指したリーダーシップ

同社は地球の未来への貢献と多面的な世界一による高収益の実現を目指している。そして、独自の使命（社会課題の解決に資する製品の提供）のもと、主要製品（生活環境基盤材料事業、電子材料事業、機能材料事業、加工・商事・技術サービス事業）に基づく4つのセグメントで事業を展開することで、企業規範（遵法に徹して公正に企業活動を行い素材と技術によって他が追随できない価値を社会と産業のために生み出す）やShin-Etsu Everywhere（世界の人々の暮らしと産業を支えるエッセンシャルサプライヤーとして、グループの製品や技術が用いられれば用いられるほど持続可能な社会の実現への貢献になる）を体現し続けた結果、過去10年超にわたり高水準の株価・業績成長を続けてきた。株価は2013年4月1日時点の終値5990円から2023年3月29日時点（株式分割前）の終値2万1030円に、売上高は2014年3月期1兆1658億円から2023年3月期2兆8088億円に、包括利益は同2414億円から同1兆9億円へと成長してきた。

同社の歴史は、地球の未来への貢献と多面的な世界一による高収益の実現を目指した使命と企

業規範の体現の歴史だ。同社は1926年に信濃電気株式会社と日本窒素肥料株式会社との共同出資により信越窒素肥料株式会社として発足されて以降、1927年に新潟県中頸城郡(現上越市)に直江津工場を建設、石灰窒素の製造開始、1938年に群馬県安中市に磯部工場を建設、金属マンガンの製造開始、1940年に商号を信越化学工業株式会社に変更、1945年に大同化学工業株式会社を吸収合併し福井県武生市(現越前市)の同社工場を武生工場として石灰窒素等の製造開始、1949年に東証に株式上場、1953年に磯部工場において珪素樹脂(シリコーン)の製造開始、1957年に直江津工場にてアセチレン法による塩化ビニル、か性ソーダの製造開始、1959年に直江津工場にて天然ガス塩素化製品の製造開始、1960年に合成樹脂の加工事業の信越ポリマー株式会社設立、1962年に土木、建設、運輸業等の信越協同建設株式会社(現信越アステック株式会社)設立、1967年に半導体シリコン製造事業の信越半導体株式会社を設立、同メタノール等製造事業の信越石油化学工業株式会社を吸収合併、同武生工場にてイットリウム等高純度レア・アースの製造開始、1970年に茨城県鹿島郡(現神栖市)に鹿島工場を建設、エチレン法による塩化ビニルの製造開始、1973年に塩化ビニル製造事業のシンテックINC.を米国に設立、同信越半導体株式会社の子会社として半導体シリコンの加工事業のS.E.H.マレーシアSDN.BHD.をマレーシアに設立、1976年に武生工場にてレア・アースマグネットの製造開始、1979年に信越半導体株式会社の子会社としてシンエツハンドウタイアメリカInc.(半導体シリコンの製造)を米国に設立、1984年に信越半導体株式会社の白河工場完成、1995年に信越半導体株式会社の子会社として半導体シリコン加工事業の台湾信越半導体股份有限公司を台湾に設立、1998年にフォトレジストを事業化、2001年にアジアシリコーンズモノマーLtd.(シリコーンモノマーの製造)をタイに設立、シンエツシリコーンズタイランドLtd.(シリコーンの製造)をタイに設立、鹿島工場および光ファイバープリフォーム工場完成、2003年にシンエツインターナショナルヨーロッパB.V.がドイツのセルロース事業会社クラリアントタイローズGmbH & Co. KG(現・SE タイローズ GmbH & Co. KG)を買収、2020年にシンテックINC.においてエチレンの製造開始と変遷を辿り、使命と企業規範を体現してきた。

2024年3月期第1四半期は、中国における建設や住宅投資の弱さから輸出圧力が収まらず市況の改善が期待通りに進まなかった結果、塩化ビニルおよびか性ソーダの販売減少等が生じ売上高・四半期包括利益ともに減収減益も成長基調に陰りはなく、自己資本比率は82・8%と安全性はさらに改善している。今後も、「素材と技術によって他が追随できない価値を社会と産業のために生み出す力」を活かし、持続的成長が見込めるだろう。かかる経営環境を鑑み、総合化学メーカー業界世界No.1企業を目指したリーダーシップがCEOアジェンダと考える。

留意すべきポイントは3つだ。

1つ目は、総合化学メーカー業界世界No.1企業を目指す意義と勝算である。同社の新時代では、さらに多くの地球の未来への貢献と多面的な世界一を実現するため、同社の真価を鑑みた、より野心的な挑戦と信念を伴うビジョン（総合化学メーカー業界世界No．1企業）の実現を目指すべきだ。

総合化学メーカー業界世界No．1企業を目指す意義は、同社個社のためだけにとどまらない。同社のさらなる挑戦は、バブル崩壊後の1990年代初頭から現在までの期間「失われた30年」を刻んできたといわれ、長期低迷・横ばいを続ける日本経済復活の狼煙を上げる突破口となりうる。すなわち、日本および日本経済に対するリーダーシップを発揮していくのだ。勝算は十分にある。総合化学メーカー業界世界No．1企業になるための経営戦略は後述するが、同社の実力や真価を鑑みれば総合化学メーカー業界世界No．1企業を目指すことは決して荒唐無稽な奇論ではない。

2つ目は、新たな企業文化の共有・浸透である。総合化学メーカー業界世界No．1企業を目指すことは企業文化を変えることを意味する。では、何を変え、何を変えないのか。変えるのは目指す姿、すなわち、これまでの「地球の未来への貢献と多面的な世界一による高収益の実現」を「地球の未来への貢献と多面的な世界一の実現を通じ総合化学メーカー業界世界No．1企業になる」に変えるだけだ。それ以外の既存の企業文化は変えず必要に応じた最適化にとどめる。

そして、組織に対し、同社の真価、総合化学メーカー業界世界No．1企業になる意義と勝算、企業文化のうち目指す姿のみの変更である点を添え、新たな企業文化として共有・浸透を図るのだ。

３つ目は、代表取締役社長の時間配分である。同社の経営環境を鑑みれば、ＣＥＯアジェンダの構想段階では総合化学メーカー業界世界Ｎｏ．１企業を目指したリーダーシップ方針決断、長期経営計画の構想、金川経営を受け継ぐ次世代社長の育成方針構想の「長期」の経営に８割、上場企業として株主への責任を果たすべく四半期ごとの数値目標や年度計画の実現を目指す「短期」の経営に２割。ＣＥＯアジェンダの実行段階では経営戦略の仮説検証・修正に８割、四半期ごとの数値目標や年度計画の実現に２割が望ましい。

特に、総合化学メーカー業界世界Ｎｏ．１企業を目指す方向性に対しステークホルダーに共感・共鳴していただくため、代表取締役社長自ら現場に足を運び企業文化の共有・浸透を図る時間が必要だ。

【CEOアジェンダ2】長期経営計画の策定・公表

留意すべきポイントは３つだ。

１つ目は、新ビジョン（総合化学メーカー業界世界Ｎｏ．１企業）の具体化である。結論から述べると、総合化学メーカー業界世界Ｎｏ．１企業とはアイルランドのリンデの時価総額を上回る企業のことだ。売上高ではドイツのＢＡＳＦが未だ世界Ｎｏ．１企業だがＦＹ２０２０・ＦＹ２０２２と当期純利益が赤字に転じた影響もあり、市場からの評価は振るわない。

またインドのリライアンス・インダストリーズはデジタルサービス事業や小売事業等、化学関連事業以外に事業ポートフォリオが多角化しており、純粋な化学メーカーとはいえない。従って、持続的な利益創出を実現しつつ資本市場から高評価を受けているリンデの時価総額を上回る企業を総合化学メーカー業界世界No．1企業と定義した。リンデと同社のパフォーマンスを比較すると時価総額はリンデ28兆5990億円（2023年11月7日時点）に対し同社9兆8040億円（同）と約2・9倍、売上高はリンデ5兆73億円（FY2022実績をもとに2023年11月7日時点のドル円レートで計算）に対し同社2兆8088億円（2023年3月期実績）と約1・7倍、営業利益はリンデ8058億円（売上高同様）に対し同社9982億円（売上高同様）、営業利益率はリンデ16・0％（売上高同様）に対し同社35・5％（売上高同様）、親会社株主に帰属する当期純利益はリンデ6224億円（売上高同様）に対し同社7082億円（売上高同様）、PERはリンデ45・9倍（売上高同様）に対し同社13・8倍（売上高同様）、時価総額／営業利益倍率はリンデ35・4倍（売上高同様）に対し同社9・8倍（売上高同様）、PSRはリンデ5・7倍（売上高同様）に対し同社3・4倍（売上高同様）と、既に売上高と資本市場からの評価以外はリンデを上回っていることが分かる。

では、売上高と資本市場からの評価の差はなぜ生じており、今後どのような戦略を実行していくべきだろうか。売上高の差は市場規模と市場シェア（単価×数量）に分け考えると、事業領域の違いによる市場規模の差、単価の差、海外展開の違いによる数量の差によるものだろう。リンデは相対的に市場規模が大きく高単価で低利益率な産業ガス事業が中核事業である一方、同社は相対的に市場規模が小さく低単価ではあるが高利益率な塩化ビニル樹脂や半導体シリコン事業を中核事業としている。また、リンデは１００カ国以上に海外展開している一方、同社は22カ国となっているため相対的に商圏が狭く販売数量が少なくなっている可能性がある。なお、地域別売上高の観点では、同社の日本市場における競争優位性は見受けられるも、両社に大きな違いはない（他地域で際立った市場シェアを獲得し競争優位性を確立している等）。

資本市場からの評価の差は、グローバル資本市場における認知度・プレゼンスの違いによるものだろう。同社の過去10年間にわたる成長実績を鑑みれば時間の経過とともに、この差は埋まってくるものと考えられるが、事業面での海外展開加速とともに、グローバル資本市場における認知度・プレゼンス向上にも能動的に取り組むことで、より早くこの差が埋まるのではないか。

２つ目は、リンデに勝つための経営戦略である。リンデと同社間にある売上高と資本市場からの評価の差とその原因仮説を鑑み、リンデに勝つための経営戦略を、①外部環境の変遷を見極めコア・コンピタンスと価値創造ストーリーを再発見する、②事業ポートフォリオ戦略、③競争戦略の順に論じたい。

①について。時代が下っても事業ポートフォリオ（世界トップシェアを誇る製品群）、社員、金川経営（同社中興の祖といわれる小田切元会長・社長時代より脈々と受け継がれる研究開発・製造・販売・調達・財務等の経営に関するあらゆる要素に目配りし、市場の伸びをとらえる「合理的な経営」。基本は少数精鋭主義。競合企業に勝てるか否かは総コストを世界最低にできるかど

うか次第。その他、実績で人物を評価する実力主義と終身雇用・定年延長の両立、基本の徹底［お客様の声を聞くこと。お客様の動きに目を凝らし市場で何が起きているのかを察知すること。お客様のニーズを知り適切な製品をいち早く供給すること。うわべの派手さより地道に本質を追求すること］、利益に対する執念と事業に対する熱意、本質を考え抜く知恵と知力により効率よく賢く働くある分野・領域のエキスパートになるとともに、幅広い仕事をするT字型人間である社員というソフトこそが財産とする経営）、金川経営が可能とした財務の安全性（自己資本比率はリンデ51・9％［FY2022実績］に対し同社81・8％［2023年3月期］、現金および預金はリンデ8158億円［同］に対し同社1兆4496億円［同］）をコア・コンピタンスに新たな価値を創造していくこととなるだろう。特に、潤沢な資金の投資先選定（研究開発投資・設備投資・M&A投資等）とタイミングが鍵だ。

②について。事業ポートフォリオ戦略は、既存参入済み市場における既存製品群のさらなるシェア向上、新規市場に対する既存製品群の販売を通じた新たな市場シェア獲得の2つだ。具体的には、前者においては営業・開発・製造が三位一体となった研究開発体制のさらなる強化を企図した研究開発投資や工場新設投資を行い、後者においては未開拓の海外市場に参入するための新拠点開設投資やM&A投資を行う。例えば、リンデが強みとする日本以外の海外市場に対する産業ガス製品群の販売事業に参入していく等コア・コンピタンスを活かせない新事業への参入は避けたい。組織戦略は、海外市場への新拠点開設に伴い現場組織を都度調整していく必要がある

が、原則コア・コンピタンスの源泉である既存組織を変えるべきではないだろう。

③について。競争戦略はコア・コンピタンスが事業活動として体現された３つの成長基盤（販売先行と素早い投資でお客様とともに成長を目指す「強い営業」、お客様と社会のニーズに真摯に耳を傾けて新製品や新サービスを創造する「強い研究開発」、安全を最優先に品質の高い製品を安定的に送り出す「強い製造」）と塩ビ事業を中心に有する生産能力とコスト競争力が鍵だ。引き続き、コア・コンピタンス（事業ポートフォリオ・社員・金川経営・金川経営が可能とした財務の安全性）と価値創造ストーリー、３つの成長基盤、生産能力とコスト競争力の適合性を維持し、他の追随を許さない水準へと徹底的に磨き上げたい。

３つ目は、長期経営計画の公表である。リンデとの資本市場からの評価の差を埋めるには検討した長期経営計画を公表することが有効だが、公表すべき理由はそれだけではない。同社の目指す姿であるさらなる地球の未来への貢献と多面的な世界一による高収益の実現には、経営の透明性を高め、より多くのステークホルダーからの共感・共鳴を獲得していく必要があるのだ。

なお、中期経営計画未公表の同社がなぜ今再公表するかについては、ステークホルダーとの丁寧な対話が求められる。特に中期経営計画の公表はムダであるとし未公表の方針を定めたのは前会長の金川氏であり、これは金川経営の否定ではなく進化である旨の説明が不可欠だ。

【CEOアジェンダ3】金川経営を受け継ぐ次世代社長の育成・選抜・承継

留意すべきポイントは3つだ。

1つ目は、社長室と海外事業会社社長経験である。30代中盤前後の若手有望株・中堅社員のなかから5名程度を選抜し、初めの3~5年間に社長室にて金川経営・グループ経営・事業ポートフォリオ戦略の見識を深めさせ、次の3~5年間で海外事業会社社長としてグローバル競争下にある事業現場で後のグループ経営に活かせるグローバル事業経営・利益創出・競争勝利の難しさや競争の勝ち方を体験させる。

2023年3月期時点でも海外売上高比率81%超、グローバルでは22カ国に拠点を持つ同社のグループ経営を担うにはグローバル競争下にある事業現場を体感しなければリアリティある事業ビジョンの構想や目標企業価値、経営戦略の決断はできない。前会長の金川氏、現代表取締役社長の斉藤氏も米シンテック社の経営経験者だ。そして、当該最大10年の期間を通じ見極めた候補者個々の適性に応じ、本社社長、海外事業会社社長、本社社長室長へ配置するのである。

2つ目は、候補者を絞り込む際の最重要評価指標である。1つ2つが限界となる本社社長の椅子に座る候補者を絞り込む際には、海外事業会社社長在任時の業績を最重要評価指標とすべきだ。当然カントリーリスクをはじめ海外事業会社ごとに対峙している経営環境が異なる以上、業績が全てとはなりえない。しかし、社長職は業績が悪ければ責任を問われる立場であり、やはり業績を最重要評価指標とすべきことに変わりはない。また、実績で人を評価するのは同社の企業文化とも矛盾しない。なお、企業文化への深い偏愛を持っていることは大前提だ。

3つ目は、猶予期間である。選ばれし1名の候補者(次世代社長)には、最大10年の期間を経て、次に最大2年間の本社社長として独り立ちするまでの猶予期間を設ける。その期間は、先代に代表取締役会長・取締役会議長等の役職で後方支援いただきながら2名体制でグループ経営を進める。この期間を最終試験と捉え無事に独り立ちできるか評価し、金川経営を受け継ぐ次世代社長として正式に経営を継ぐ。やはり金川経営を昇華した後に、自分流で勝負できる状態が理想だ。

3-7　世界を代表するWell-beingカンパニー

――トヨタ自動車

【要諦】代表取締役会長による人類・可動性(モビリティ)業界へのリーダーシップが鍵。そして、超長期・長期ビジョンと経営戦略を策定・公表・実行するとともに、次世代の代表取締役を育成・選抜しビジョンを実現する

【CEOアジェンダ1】代表取締役会長による人類・可動性(モビリティ)業界へのリーダーシップ

同社はトヨタグループの創始者である豊田佐吉氏が亡くなってから5年後の1935年、従業員が1万人を超え自動車事業の本格化に伴い多くの人が新たに入社してきたタイミングで、佐吉

氏の意志を体して励むべきことを機会あるごとに確認する必要があり「豊田綱領」を制定した。また、豊田喜一郎氏からタスキを受けた経営陣は、トヨタとは何かという原点を忘れないために、トヨタが大事にすべきこと、やるべきこと、自分達の強みをまとめていた。現在、かつて織機メーカーから自動車メーカーへ転換したように、モビリティカンパニーに生まれ変わろうとする同社が未来へ歩んでいく道標としてトヨタフィロソフィーコーンをつくった。

トヨタフィロソフィーコーンとは、DNA（豊田綱領。創業以来今日まで同社の経営の「核」「原理原則」として貫かれてきた。一、上下一致、至誠業務に服し、産業報国の実を挙ぐべし。一、研究と創造に心を致し、常に時流に先んずべし。一、華美を戒め、質実剛健たるべし。一、温情友愛の精神を発揮し、家庭的美風を作興すべし。一、神仏を尊崇し、報恩感謝の生活を為すべし。）、Ｖａｌｕｅ（トヨタウェイ。トヨタが約束できる価値。ソフトとハードを融合しパートナーとともにトヨタウェイという唯一無二の価値を生み出す）、Ｍｉｓｓｉｏｎ（幸せを量産する。トヨタが創業以来、果たすべき使命）、Ｖｉｓｉｏｎ（可動性「モビリティ」を社会の可能性に変える。これからのトヨタが実現したい未来）で構成される。また、トヨタらしさの象徴たるトヨタ生産方式（ＴＰＳ）と原価低減という伝統の技は益々磨きが掛かっている。

同社はトヨタフィロソフィーコーンと伝統の技のもと、自動車事業、金融事業、その他事業（住宅・マリン・アグリバイオ・ウェルウォーク事業）の３つのセグメントで事業を展開し、お客様へ価値を提供し続けた結果、過去10年超にわたり高水準の株価・業績成長を続け、株価は

2011年9月29日時点の終値2702円から2021年9月28日時点（株式分割前）の終値1万385円に、売上高は2014年3月期25兆6919億円から2023年3月期37兆1542億円（2020年3月期よりIFRS移行）に、当期利益は同1兆8231億円から同2兆4929億円（2020年3月期よりIFRS移行）へと成長してきた。

同社は1933年に株式会社豊田自動織機製作所（現株式会社豊田自動織機）内で自動車の研究を開始して以降、1935年にトラックの販売開始、1936年に乗用車の販売開始、1937年に株式会社豊田自動織機製作所（現株式会社豊田自動織機）よりトヨタ自動車工業株式会社として分離独立（会社創立）、1940年に豊田製鋼株式会社（現愛知製鋼株式会社）設立、1941年に豊田工機株式会社（現株式会社ジェイテクト）を設立し精密工作機械の製造事業を移管、1945年にトヨタ車体工業株式会社（現トヨタ車体株式会社）を設立し自動車車体の製造事業を移管、1948年に日新通商株式会社（現豊田通商株式会社）設立、1949年に東京・名古屋・大阪の各証券取引所に株式上場（現在は東京・名古屋・ニューヨーク・ロンドンの各証券取引所に株式上場）、同年愛知工業株式会社（現株式会社アイシン）設立、同年名古屋ゴム株式会社（現豊田合成株式会社）設立、同年日本電装株式会社（現株式会社デンソー）を設立し自動車用電装品の製造事業を移管、1950年にトヨタ自動車販売株式会社を設立し販売業務を移管、同年民成紡績株式会社（現トヨタ紡織株式会社）を設立し紡績事業を移管、1953年に東和不動産株式会社（現トヨタ不動産株式会社）設立、1957年に米国トヨタ自動車販売株式会社設立、1966年に日野自動車工業株式会社・日野自動車販売株式会社（現日野自動車株式会社）と業務提携、1967年にダイハツ工業株式会社と業務提携、1980年にティース トヨタ株式会社（現トヨタ モーター コーポレーション オーストラリア株式会社）を子会社化、1982年にトヨタ自動車販売株式会社と合併し社名をトヨタ自動車株式会社に変更、同年トヨタ モーター クレジット株式会社設立、1984年にGM（当時）との間で合弁会社ニュー ユナイテッド モーター マニュファクチャリング株式会社を設立、1986年にトヨタ モーター マニュファクチャリング U.S.A.株式会社（現トヨタ モーター マニュファクチャリング ケンタッキー株式会社）およびトヨタ モーター マニュファクチャリング カナダ株式会社を設立、1989年にトヨタ モーター マニュファクチャリング（UK）株式会社設立、1996年に北米における製造統括会社トヨタ モーター マニュファクチャリング ノースアメリカ株式会社（現在のトヨタ モーター エンジニアリング アンド マニュファクチャリング ノースアメリカ株式会社）を設立、1998年にダイハツ工業株式会社を子会社化、同年欧州における製造統括会社トヨタ モーター ヨーロッパ マニュファクチャリング株式会社（現同地域の販売統括会社、持株会社と合併）を設立、2000年に金融統括会社トヨタファイナンシャルサービス株式会社を設立、2001年に日野自動車株式会社を子会社化、2002年にプジョー シトロエン オートモービルズSAとの間で合弁会社トヨタ プジョーシトロエン オートモービル チェコ有限会社を設立（現在は子会社化し社名をトヨタ モーターマニュファクチャリング チェコ有限会社に変更）、同年欧州における持株会社トヨタ

モーター ヨーロッパ株式会社（現同地域の販売統括会社、製造統括会社と合併）を設立、同年中国第一汽車集団有限公司と中国での自動車事業における協力関係構築に基本合意、2004年に広州汽車集団股份有限公司との間で合弁会社広州トヨタ自動車有限会社（現広汽トヨタ自動車有限会社）設立、2005年に欧州における販売統括会社トヨタ モーター マーケティング ヨーロッパ株式会社を同地域の製造統括会社、持株会社と合併（合併後社名 トヨタ モーター ヨーロッパ株式会社）、2006年に富士重工業株式会社（現株式会社SUBARU）と業務提携、2012年に関東自動車工業株式会社がセントラル自動車株式会社およびトヨタ自動車東北株式会社と合併し社名をトヨタ自動車東日本株式会社に変更、2017年にスズキ株式会社と業務提携に向けた覚書を締結（2019年8月資本提携）、同年マツダ株式会社と業務資本提携、2018年にマツダ株式会社との間で合弁会社マツダトヨタマニュファクチャリングUSA Inc.を設立、2019年に株式会社SUBARUと業務資本提携拡大、2020年にパナソニック株式会社との間で街づくり事業に関する合弁契約に基づきプライム ライフテクノロジーズ株式会社を設立し両社の住宅事業を統合、同年パナソニック株式会社との間で車載用角形電池事業に関する事業統合契約および合弁契約に基づきプライム プラネット エナジー&ソリューションズ株式会社を設立、2021年にいすゞ自動車株式会社・スズキ株式会社・日野自動車株式会社・ダイハツ工業株式会社と商用事業における協業に関する共同企画契約を締結と変遷を辿ってきた。

2024年3月期第2四半期も売上高・営業利益・親会社の所有者に帰属する四半期利益が全

て増収増益と成長基調に陰りはなく、自己資本比率は82・8％と安全性はさらに改善している。

今後も自動車事業における営業面の努力やトヨタ生産方式に基づく原価改善努力を中核に、トヨタフィロソフィーコーンのもと持続的成長が見込めるだろう。かかる経営環境を鑑み、代表取締役会長による人類・可動性（モビリティ）業界へのリーダーシップがCEOアジェンダと考える。留意すべきポイントは3つだ。

1つ目は、キーメッセージである。同社の経営は国籍・年齢・立場等の異なる多角的・多面的なステークホルダーからの共感・共鳴を得られなければ成り立たない。従って、可能な限り全てのステークホルダーに同社の意志を齟齬なく伝えるため、キーとなるメッセージを研ぎ澄まし、繰り返し繰り返し伝えていくことが重要だ。

超長期・長期ビジョン実現を目指し、代表取締役会長が発信すべきキーメッセージは、「我々は超長期ビジョンとして、世界を代表するWell-beingカンパニーとして各時代の世界No．1企業となる。そして、長期ビジョンとして、2030年までに自動車・可動性（モビリティ）事業を中核としたWell-beingカンパニーとなる。そのために長期経営戦略として2030年までのコア・コンピタンス（自動車業界へのLOVE、モノづくりへのLOVE、トヨタ生産方式、トヨタ流経営、世界No．1シェアを誇る自動車事業と金融事業で培った世界中の人々に愛されるブランド力と顧客接点・基盤、強固な財務基盤）を活かせる可動性（モビリティ）領域への事業拡大と、金融に次ぐ第三セグメントとなる事業の創造を通じ、Well-be ｉｎｇという価値を顧客・社会に提供していく。そして、超長期戦略として、過去のコア・コンピタンスに新たに創造された事業領域で培ったＬＯＶＥ、ブランド力と顧客接点・基盤等を加え強化されたコア・コンピタンスを活かせるさらなる既存（コア）事業領域の拡大と新規事業領域開拓を通じ、Ｗｅｌｌ‐ｂｅｉｎｇという価値を顧客・社会に提供していく。何を・なぜ・どのように実現したいと考えているのか。単純明快に伝えたい。それはこの超長期・長期ビジョンと経営戦略が、我々の真価（人類を幸せにする力・未来を拓く力・株式会社の究極形を追求できるポジション）とアイデンティティ（自動車業界へのＬＯＶＥ・モノづくりへのＬＯＶＥ・トヨタ生産方式・受け継がれるトヨタ流経営・全方位戦略・世界Ｎｏ．１シェアを誇る自動車事業と金融事業で培った世界中の人々に愛されるブランド力と顧客接点および基盤）を最も活かせる方向性と考えたためだ」となる。

２つ目は、代表取締役との分業・連携である。同社の規模、事業の複雑性、公器としての使命、上場企業としての責任等を鑑みれば、既存の代表取締役３名体制を踏襲し、短期の経営（代表取締役社長が責任を負う）、中期の経営（代表取締役副会長が責任を負う）、長期・超長期の経営（代表取締役会長が責任を負う）に分業し密に連携しながら、短中期のステークホルダーからの期待に応えつつ、超長期・長期ビジョンを実現していく形が望ましい。

３つ目は、代表取締役会長の時間配分である。代表取締役との分業・連携を進めることを前提に、ＣＥＯアジェンダの構想段階では、超長期・長期ビジョンおよび経営戦略の計画化、人類・

可動性（モビリティ）業界へのリーダーシップ方針決断、次世代の代表取締役育成・選抜・承継方針の決断に9割、代表取締役会長にしか対応できない会合への参加等に1割。

CEOアジェンダの実行段階では、経営戦略の仮説検証・修正およびキーメッセージの発信に9割、代表取締役会長にしか対応できない会合への参加等に1割が望ましい。特に、同社の未来について何を・なぜ・どのように実現したいと考えているのか、キーメッセージを繰り返し自ら現場に足を運びながら丁寧に伝えていく時間が必要だ。

【CEOアジェンダ2】超長期・長期ビジョンと経営戦略

留意すべきポイントは3つだ。

1つ目は、超長期・長期ビジョンである。結論から述べると、同社の超長期ビジョンは「自動車・可動性（モビリティ）事業を中核としたWell-beingカンパニーとして各時代の世界No.1企業となる」に、長期ビジョンは「2030年までに自動車・可動性（モビリティ）事業を中核としたWell-beingカンパニーとなる」にすべきだ。構想は、同社の真価、アイデンティティ、事業ビジョン、目標企業価値の順に検討した。同社の真価は、人類を幸せにする力、未来を拓く力、株式会社の究極形を追求できるポジションだ。これは統合報告書2022の社長メッセージからも読み取れる。そして、アイデンティティは、自動車業界へのLOVE、モノづくりへのLOVE、トヨタ生産方式、何代にもわたり受け継がれるトヨタ流経営、全方位戦略、世界No.1自動車事業と金融事業で培った世界中の人々に愛されるブランド力と顧客接点・基盤だ。

そして、真価とアイデンティティを鑑み、事業ビジョンを「自動車・可動性（モビリティ）事業を中核としたWell-beingカンパニー」に、目標企業価値を「各時代の世界No.1」とし、時間軸を加味し抽象した結果が、冒頭の超長期・長期ビジョンだ。

統合報告書2022の社長メッセージにおけるキーメッセージは「クルマ屋にしかつくれない、モビリティの未来がある」である。それに対し筆者が示したビジョンでは、同社を「幸せ量産屋」と定義し、「幸せ量産屋にしかつくれない、人類幸福の未来がある」という思想を前提にしている点に違いがある。

2つ目は、超長期・長期ビジョンを実現するための経営戦略である。超長期ビジョンの実現には一足飛びには至れないため、①長期ビジョンを実現するための経営戦略、②超長期ビジョンを実現するための経営戦略の順に検討を進めたい。

①について。2030年までの外部環境の変遷を見極めコア・コンピタンスと価値創造ストーリーを再発見することが鍵だ。2030年までの同社のコア・コンピタンスは、自動車業界へのLOVE、モノづくりへのLOVE、トヨタ生産方式、トヨタ流経営、世界No.1シェアを誇る自動車事業と金融事業で培った世界中の人々に愛されるブランド力と顧客接点・基盤、強固な財務基盤だろう。そして、当該コア・コンピタンスを活かせるモビリティ領域への事業拡大と金

融に次ぐ第三セグメントとなる事業の創造を通じ、Ｗｅｌｌ‐ｂｅｉｎｇという価値を顧客・社会に提供していくことが価値創造ストーリーとなる。企業戦略は、事業ポートフォリオ戦略として既存（コア）事業である自動車事業のモビリティ事業への再定義に伴う事業領域拡大（現時点では営業利益の90％超を日本・アジアで創出している状況のため、日本・アジア市場に新規製品を販売していくほうが北米、欧州、中南米・オセアニア・アフリカ・中東市場でさらなる事業開発を進めるよりもＲＯＩが高い可能性あり）、金融事業の事業領域拡大を図るとともに、新規事業としてコア・コンピタンスを活かせる金融に次ぐ第三セグメントとなる事業（顧客接点の多いｔｏＣ向け事業が有力。既存事業では市場規模の大きいｔｏＣ向け事業として動・住・金融サービスを提供しているため通信・衣・医領域等が考えられる）を創造する。組織戦略として、原則、既存のグループ組織構造を維持しつつ新規事業領域の拡大に伴い、各地域の統括会社傘下に新規事業群を置く。競争戦略はブランド力の維持・強化、顧客接点・基盤への最適なマーケティング活動、トヨタ生産方式をはじめとするオペレーションエクセレンスの徹底が鍵だ。

②について。超長期においても、やはり外部環境の変遷を見極めコア・コンピタンスと価値創造ストーリーを再発見することが鍵だ。コア・コンピタンスは、過去のコア・コンピタンスに新たに創造された事業領域で培ったＬＯＶＥ、ブランド力と顧客接点・基盤等が加わり、さらに強化されるだろう。そして、当該コア・コンピタンスを活かせるさらなる既存（コア）事業領域の拡大と新規事業領域開拓を通じ、Ｗｅｌｌ‐ｂｅｉｎｇという価値を顧客・社会に提供していくこ

とが価値創造ストーリーとなる。企業戦略は、事業ポートフォリオ戦略として、既存(コア)事業であるモビリティ事業の事業領域拡大、金融事業の事業領域拡大、長期ビジョン実現時に創造した新規事業の事業領域拡大を図るとともに、さらなる新規事業創造としてコア・コンピタンスを活かせる第四セグメントとなる事業を創造する。組織戦略は、長期ビジョン実現時同様だ。競争戦略も、ブランド力の維持・強化、顧客接点・基盤への最適なマーケティング活動、トヨタ生産方式をはじめとするオペレーションエクセレンスの徹底が鍵となることは不変であろう。

3つ目は、決断とコミットメントである。筆者が示した超長期・長期ビジョン、超長期・長期ビジョンを実現するための経営戦略は、既存の延長線上にはない未来像だ。従って、既存の延長線上にはない未来に向けて進む決断が必要となる。そして、経営者として守らなければならない仕事と命。すなわち、雇用を守り人々の暮らしを守り誰一人取り残さないために、決断した内容にコミットメントしなければならない。そして、必ず実現することが使命だ。

【CEOアジェンダ3】次世代の代表取締役

留意すべきポイントは3つだ。

1つ目は、次世代の代表取締役に求められる役割である。次世代の代表取締役に求められる役割は、短期の経営、中期の経営、長期・超長期の経営の3つだ。現体制では、この3つの役割を代表取締役社長・代表取締役副会長・代表取締役会長の3名で分業されているものと推察されるが、次世代体制においても同様に3名体制が想定される。

短期の経営は1年後の未来に責任を負う。上場企業として株主への責任を果たすべく四半期ごとの数値目標や年度計画を実現させることが主な仕事だ。中期の経営は3～5年後の未来に責任を負う。中期経営計画を策定・実行し実現させることが主な仕事だ。長期・超長期の経営は10年後や100年後等の未来に責任を負う。長期・超長期ビジョンと経営戦略を策定・実行し実現させることが主な仕事だ。それぞれの経営の特性に合わせ最適な人材を育成・選抜したい。

2つ目は、代表取締役の育成・選抜方法である。育成方法は社長室と海外事業会社社長経験が鍵だ。30代中盤前後の若手有望株・中堅社員のなかから5名程度を選抜し、初めの5年間に社長室にてトヨタ流経営、グループ経営、事業ポートフォリオ戦略の見識を深めさせ、次の5年間で海外事業会社社長としてグローバル競争下にある事業現場で後のグループ経営に活かせるグローバル事業経営・利益創出・競争勝利の難しさや競争の勝ち方を体験させる。そして、当該最大10年の期間を通じ、短期の経営、中期の経営、長期・超長期の経営のいずれに適性があるか候補者を評価するのだ。

選抜方法は、短期の経営、中期の経営、長期・超長期の経営問わず、海外事業会社社長在任時の業績を最重要評価指標とし選抜すべきだ。代表取締役は業績が悪ければ責任を問われる立場であり、やはり業績を最重要評価指標とすべきことに変わりはない。

3つ目は、猶予期間である。選ばれし3名の候補者(次世代の代表取締役)には、最大10年の期間を経て、次に最大5年間の本社代表取締役として独り立ちするまでの猶予期間を設ける。その期間は、先代の代表取締役会長等に代表取締役・取締役会議長等の役職で後方支援をいただきながら3名＋αの体制でグループ経営を進める。この期間を最終試験と捉え無事に独り立ちできるか評価し、トヨタ流経営を受け継ぐ次世代の代表取締役として正式に経営を継ぐ。いうまでもなく、トヨタ流経営を昇華した後に自分達流で勝負できる状態が理想だ。

3-8　食の力を解放し全ての人々の生活の質を高め続ける
――ネスレ

【要諦】全階層型リーダーシップが鍵。そして、各時代のビジョンと経営戦略を策定・実行・実現するとともに、各時代のCEOを育成し続けることで永続性ある経営を実現する

【CEOアジェンダ1】全階層型リーダーシップ

同社は企業哲学として、パーパス（Unlock the power of food to enhance quality of life for everyone, today and for generations to come.［食の持つ力で、現在そしてこれからの世代のすべての人々の生活の質を高めていきます］）と価値観（Respect for ourselves.［自分自身に対する

敬意］、Respect for others.［他者に対する敬意］、Respect for diversity.［多様性に対する敬意］、Respect for the future.［未来に対する敬意］）、パーパスを達成するための手段である共通価値の創造（A climate-centered approach［気候変動対策を中心とするアプローチ］、Advancing regenerative food systems at scale［再生可能型の食料システムを大規模に推進］、Transforming food and agriculture for a sustainable future［持続可能な未来に向けた食と農の変革］、Benefitting people, nature and the climate［人、自然や気候に恩恵をもたらす］）、事業指針（Consumers［Nutrition, health and wellness, Quality assurance and product safety, Consumer communication］、Our People［Human rights, Diversity and inclusion, Safety and health at work］、Value Chain［Responsible sourcing, Customers and business partners, Environmental sustainability］、Business integrity［Ethics and integrity, Privacy and ethical data management, Transparent interaction and communication, Internal interaction and communication, Engagement and advocacy］、Compliance）、行動規範（Compliance with laws, rules and regulations、Conflicts of Interest、Outside directorships and other outside activities、Families and Relatives、Corporate opportunities、Insider trading、Antitrust and fair dealing、Confidential information、Fraud, protection of company assets, accounting、Bribery and corruption、Gifts, meals, entertainment、Discrimination and harassment、Failure to comply、Reporting illegal or non-compliant conduct）、品質と安全（Commitment to consumers、Quality

Policy、Quality Management System、Consumer services）を掲げている。

そして、価値創造の3つの柱である①継続的なイノベーションを通じた成長、②効率的なオペレーション、③資源分配の規律と優先順位（含む買収・売却）を強みに事業成長を図り、共有価値（社会価値と企業価値の両方）の創造に取り組んでいる。

同社は企業哲学と価値創造の3つの柱のもと、Zone North America（NA）、Zone Europe（EUR）、Zone Asia, Oceania & Africa（AOA）、Zone Latin America（LATAM）、Zone Greater China（GC）、Nespresso、Nestle' Health Scienceの7つのセグメント等で、Powdered & Liquid Beverages、Water、Milk products & Ice cream、Nutrition & health Science、Prepared dishes & cooking aids、Confectionery、PetCareの7つのプロダクトカテゴリーを展開し、世界196カ国中188カ国（FY2022実績）のお客様へ価値を提供し続けた結果、過去10年超にわたり高水準の株価・業績成長を続け、株価は2013年1月2日時点の終値$66・53から2022年12月29日時点の終値$116・95に、売上高はFY2013 $8万2020mからFY2022 $9万8772mに、当期純利益は同$8913mから同$9697mへと成長してきた。

同社は1866年に創業した後、ネスレグループの礎を築いた「1866-1904年：開拓の時代」、現在のグローバルカンパニーとしての礎を築いた「1905-1913年：美しき時代」、第一次世界大戦禍の「1914-1918年：戦争への適応の時代」、戦後の経営環境に適応しながらネスカフェコーヒー等の新製品を開発した「1919-1938年：危機と機会の時代」、戦争禍の経営環境に適応しながらマギースープ等の新製品を開発した「1939-1947年：嵐を乗り越えた時代」、戦後のネスレグループの成長に向けた礎を築きネスクイック等の新製品を開発した「1948-1959年：お客様の利便創造の時代」、M&Aを通じ冷凍食品領域等への参入を進めた「1960-1980年：冷凍食品・医薬品領域への参入の時代」、健康意識の高いお客様向けの健康食品・栄養食品領域等への参入を進めた「1981-1999年：健康食品・栄養食品領域への参入の時代」、事業を通じた共創価値の創造に積極的に取り組んだ「2000-2016年：共創価値創造の時代」、地球の食品事業者のリーダーとしてM&Aを通じた新たなヘルスケア事業の開拓やサステナビリティ（ネットゼロ・エミッションへの取り組み等）活動を進める「2017-現在：よりよい明日・今日を創造する時代」と変遷を辿ってきた。

FY2023の半期決算は売上高・当期純利益ともに、増収増益と成長基調に陰りはないものの、自己資本比率は28・0％と安全性はやや改善が必要な状況にある。今後も同社の企業哲学、価値創造の3つの柱、競争優位なポジションにあるブランド群のもと持続的成長が見込めるだろう。かかる経営環境を鑑み、全階層型リーダーシップがCEOアジェンダと考える。留意すべきポイントは3つだ。

1つ目は、キーメッセージである。リーダーシップの源泉は、CEOをはじめとするリーダーが発信し社内の共通言語として様々な場面で使用されるキーメッセージだ。キーメッセージは、同社の真価とアイデンティティ、各時代のビジョンと経営戦略、企業哲学（パーパスと価値観・パーパスを達成するための手段である共通価値の創造・事業指針・行動指針・品質と安全）を抽象し、フォーカスとシンプルさのあるメッセージとしたい。

2つ目は、全階層型リーダーシップの発揮である。世界196カ国中188カ国（FY2022実績）のお客様に価値を提供し続け組織が多様化・複雑化した同社には、トップ層だけでなく全階層にてリーダーシップが発揮される状態が必要不可欠だ。

トップアップ型リーダーシップでは、全社CEO+各セグメントCEO+全社機能責任者（CFO・CTO・CHRO・CCO等）を通じリーダーシップの分業・連携を図る現体制を基本に、ブランドポートフォリオの拡張に応じ都度体制の見直しを図る。そして、リーダーシップチームとの分業・連携を進めることを前提に、全社CEOの時間をCEOアジェンダの構想段階では各時代のビジョンと経営戦略の構想、全階層型リーダーシップの方針決断に9割、CEOにしか対応できない業務に1割。CEOアジェンダの実行段階では経営戦略の仮説検証・修正およびキーメッセージ発信に9割、CEOにしか対応できない業務に1割配分していく。特に、自ら現場に足を運びながらキーメッセージを繰り返し丁寧に伝えていく時間が必要だ。

ミドルアップ型リーダーシップでは、各ミドルリーダーが責任を負う事業・機能ごとに固有の意見を吸い上げ、CEOやリーダーシップチームはそれをもとに全社的なリーダーシップを発揮していく。

ボトムアップ型リーダーシップでは、現場スタッフが各売り場の最前線で顧客と接し得た顧客動向や売り場運営等の改善点を対話を通じ吸い上げ、CEOやリーダーシップチームはそれをもとに全社的なリーダーシップを発揮していくのだ。

3つ目は、自律し共創・異結合・相互学習しながら自立・自走する組織づくりである。全階層型リーダーシップを高め、ビジョンを実現していくためには、いかに組織構成員の意識行動変容を促せるかが鍵だ。そのためにリーダーシップチームは実績を積み上げるとともに、折に触れて、不変の真価とアイデンティティは何か、各時代のビジョンと経営戦略は何か、企業哲学は何か等についてコミットメントと一貫性を示し続けることで、組織構成員の意識行動変容を動的に促し続けたい。

そして、食の力の可能性を解放し現在・未来世代の全ての人々の生活の質を高め続けていこうとする企業文化、自律し共創・異結合・相互学習しながら自立・自走する組織をつくるのだ。

【CEOアジェンダ2】各時代のビジョンと経営戦略

留意すべきポイントは3つだ。

1つ目は、各時代のビジョンである。各時代のビジョンは、①ネスレとは何者か、②各時代における外部環境の変遷を見極めコア・コンピタンスと価値創造ストーリーを再発見する、③各時代における事業ビジョンと目標企業価値の順に検討していく。

①について。同社とは何者か、すなわち、同社の真価とアイデンティティは何かを明らかにする。真価はパーパス「Unlock the power of food to enhance quality of life for everyone, today and for generations to come.［食の持つ力で、現在そしてこれからの世代のすべての人々の生活の質を高めていきます］」にも定められた、食の力の可能性を解放し現在・未来世代の全ての人々の生活の質を高め続けていこうとする組織と企業文化、研究開発・イノベーション創出力、効率的なオペレーション力、世界１９６カ国中１８８カ国（ＦＹ２０２２実績）のお客様に価値を提供し続ける食品飲料業界世界Ｎｏ．１企業としての競争ポジション、既存ブランドポートフォリオと食周辺領域に広がる広大なブランド拡張余地だ。そして、真価はそのままアイデンティティでもある。この先いかなる時代の同社の経営においても、まずネスレとは何者か（真価とアイデンティティは何か）からビジョンを構想していくことが出発点だ。

②について。食品飲料業界世界Ｎｏ．１企業である同社の真価とアイデンティティはコア・コンピタンスともなり相応の競争力を持つが、時代とともに、外部環境は変化する。記憶に新しいパンデミックの脅威、ロシアによるウクライナ侵攻に代表される地政学リスク、サプライチェーンの分断をはじめ、お客様のニーズやタッチポイントも目まぐるしく変化している。従って、常に危機感を抱き違和感を見逃さず、既存の真価とアイデンティティ、コア・コンピタンスを前提に各時代における外部環境の変遷を見極め、コア・コンピタンスと価値創造ストーリーを再発見していくことが重要だ。

③について。①②を鑑みた同社の各時代における事業ビジョンは「食の力を解放し現在・未来世代の全ての人々の生活の質を高め続けるための最適なブランドポートフォリオが組まれている」が基本となるだろう。同社の歴史はこの事業ビジョンそのものだ。創業者で薬剤師のアンリ・ネスレは、母乳で育つことのできない新生児のためにベビーフード「Farine Lactée Henri Nestlé」を開発・提供し、欧州の新生児を持つ家族の生活の質を高めた。その後も、現在・未来世代の全ての人々が抱える生活課題を乳製品、チョコレート、コーヒー、アイスクリーム、調味料やスープ、ミネラルウォーター等を開発・提供し解決することで、世界中の人々の生活の質を高め続けてきた。今後もこの事業ビジョンは原則不変であり続けるだろう。そして、各時代における事業ビジョンは、目標企業価値として定量化し都度測定し管理できる状態とするのだ。

2つ目は、各時代のブランドポートフォリオ戦略である。同社の現状のブランドポートフォリオは7つ(Powdered & Liquid Beverages、Water、Milk products & Ice cream、Nutrition & health Science、Prepared dishes & cooking aids、Confectionery、PetCare)のセグメントで運用されており、パンデミックや地政学リスクに晒されたFY2020—2022の実績からも分かる通り、リスク分散効果を実現している。

一方で、事業ビジョンおよび目標企業価値実現の観点ではやるべきことが山積みである。今後の方向性は、①既存(コア)事業領域(Powdered & Liquid Beverages、Milk products & Ice cream、PetCare。セグメント全体に占める売上比率・営業利益比率が相対的に高い3事業領域)

の製品ラインナップを拡張するための成長投資、②既存（コア）事業領域の参入市場を拡張するための成長投資（Powdered & Liquid Beverages領域はNorth America［NA］、Milk products & Ice cream領域はZone Europe［EUR］、PetCare領域はAsia, Oceania & Africa［AOA］やGreater China［GC］等）、③既存の非コア事業領域（Water、Nutrition & health Science、Prepared dishes & cooking aids、Confectionery。セグメント全体に占める売上比率・営業利益比率が相対的に低い4事業領域）の製品ラインナップを拡張するための成長投資、④既存の非コア事業領域の市場シェアを向上させるための成長投資（Water領域はNorth America［NA］、Nutrition & health Science領域はAsia, Oceania & Africa［AOA］やGreater China［GC］、Prepared dishes & cooking aids領域はNorth America［NA］やGreater China［GC］、Confectionery領域はEurope［EUR］・Latin America［LATAM］・Greater China［GC］等）、⑤新規事業領域への新規投資の5つだ。以上5つの方向性にて各時代の機会を見極めながら成長投資・新規投資を進めることで、事業ビジョンおよび目標企業価値を実現していくことが基本となるだろう。

3つ目は、各時代のブランド別競争戦略である。各時代のブランド別競争戦略は、①オーガニック戦略、②インオーガニック戦略の順に検討していく。

①について。ビジネスモデルの進化、グループシナジーの観点から検討したい。前者は、各ブランドが参入している市場固有の顧客ニーズをデジタルの力も活用しながら適時・迅速に把握し、製品を適正価格で販売していく効率的・効果的なオペレーションを通じ、持続的な売上成長を実

現していく。後者は、ブランドの垣根を越えた工場・サプライチェーン・販売チャネルの共同利用等を通じ、売上向上・コスト削減効果を実現していく。こうした方針を基本に、各時代における外部環境の変遷を鑑み内部環境を最適化していくことが各ブランドのオーガニック戦略だろう。

②について。同社を現在の姿(食品飲料業界世界No．1企業)に押し上げた要因は、同社の巧みなインオーガニック戦略抜きには語れない。同社は、1905年のアングロ・スイス・コンデンスミルク・カンパニーとの合併、1947年のマギーとの合併、1950年のクロス・アンド・ブラックウェルとの合併、1963年のフィンダスとの合併、1974年のロレアル株式取得、1988年のRowntree Company買収、1992年のペリエ買収、1997年のサンペレグリノ買収、1998年のSpillers Petfoods買収、2005年のデルタ・アイスクリーム買収、2006年のDreyer'sの経営権取得、2007年のGerber買収、2013年のPamlab買収、2017年のブルーボトルコーヒー買収、同アトリウム・イノベーションズ買収等、現ブランドポートフォリオの礎となる多くのブランドをインオーガニック戦略を通じ獲得してきた。

今後の方向性は、①既存(コア)ブランドの市場シェア・製品価値向上を見込める提携先との業務提携および成長投資、②既存(コア)ブランドの参入市場を拡張するための成長投資、③既存非コアブランドの市場シェア・製品価値向上を見込める提携先との業務提携および成長投資、④既存非コアブランドの参入市場を拡張するための成長投資、⑤新規ブランドへの新規投資、の5つだ。以上5つの方向性を基本に、各時代の機会を見極めながら成長投資・新規投資を進めることが各ブランドのインオーガニック戦略だろう。

【CEOアジェンダ3】各時代のCEO育成

留意すべきポイントは３つだ。

１つ目は、各時代のＣＥＯを育成すべき理由である。同社の真価とアイデンティティ、各時代の基本となる事業ビジョン、世界196カ国中188カ国（ＦＹ2022実績）のお客様に価値を提供し続ける食品飲料業界世界Ｎｏ．１企業としての競争ポジション等を鑑みれば、同社が世界になくてはならない存在であること、経営に永続性が求められることは自明だ。従って、各時代のＣＥＯ育成は外せない論点となる。

２つ目は、各時代のＣＥＯの育成要件である。各時代のＣＥＯには、同社経営の縦の論理（真価とアイデンティティ、各時代のビジョンと経営戦略、企業哲学等）と横の論理（過去・現在・未来の時間軸における変遷）の理解をもとに、同社グループの経営をリードできる能力が求められる。各時代の現任ＣＥＯと取締役会が後継ＣＥＯ育成に責任を負い、同社内での職務経験等を通じ後継ＣＥＯを育成していくのだ。

３つ目は、各時代のＣＥＯの育成方法である。各時代のＣＥＯの育成方法は、①社内外より後継ＣＥＯ候補者を発掘し3名程度に絞り込む、②主要事業領域・事業におけるＣＥＯ等、同社グループの価値創造の源泉を体感できる経験を3年。候補者を1名に絞る、③ＣＦＯ等グループのファンクションヘッド経験を3年、④COO等グループのNo.2経験を3年、⑤前任CEOに会長等の役職で後方支援をいただきながら二大代表制でグループの経営をリードする共同CEO経験を3年、⑥単独CEOとして独り立ちの6つのステップ、計12年間のプロセスを経るのがよい。12年間はあっという間に過ぎ去るため、②〜⑤までの各3年間、後継CEOと現任CEO・取締役会は徹底的に集中し準備を進めるべきだ。

3-9 よりよい世界を築き続ける伝統的小売企業
――ウォルマート

【要諦】全階層型リーダーシップが鍵。リーダーシップの源泉であり未来の方向性を示す長期ビジョンと経営戦略の策定・実行・実現。同時に後継CEOの育成を進め経営の永続性を実現する

【CEOアジェンダ1】全階層型リーダーシップ

同社のパーパスは「人々のよりよい生活、地球の反映、レジリエントなコミュニティづくりへの貢献を通じ、よりよい世界を築く」ことだ。パーパスは、①Opportunity（雇用創出）、②

Sustainability（持続可能な未来への貢献）、③Community（地域の仲間たち［従業員］や顧客のよりよい生活を目指すコミュニティの形成）、④Ethics & Integrity（倫理に則った誠実な行動）、⑤Belonging, Diversity, Equity & Inclusion（帰属性・多様性・公平性と包摂性）、⑥Philanthropy（慈善活動）、⑦Environment, Social & Governance（ESG）、⑧Health & Wellness（健康）の８つのテーマに分け体現されている。

そして、同社は、小売業のリーダーで創業者サム・ウォルトン氏が築き上げた原理原則（10 Rules for Building a Better Business。①Commit to your business.、②Share your profits with all your associates, and treat them as partners.、③Motivate your partners.、④Communicate everything you possibly can to your partners.、⑤Appreciate everything your associates do for the business.、⑥Celebrate your success.、⑦Listen to everyone in your company.、⑧Exceed your customers' expectations.、⑨Control your expenses better than your competition.、⑩Swim upstream.）を源流とし、世界２１０万人（ＦＹ２０２３実績。うち米国が１６０万人）の世界一の規模を誇る仲間たちとともに、世界最大のスーパーマーケットチェーンとして米国を中心に他19カ国へと事業を拡大してきた結果、過去10年超にわたり高水準の株価・業績成長を続け、株価は２０１３年２月１日時点の終値$70・49から２０２３年１月31日時点の終値$１４３・62に、売上高はＦＹ２０１４ $47万６２９４ｍからＦＹ２０２３ $61万１２８９ｍに、ＦＣＦは同$１万１４２ｍから同$１万１９８４ｍへと成長してきた。

同社は1962年に最初のウォルマート・ストアをアーカンソー州ロジャーズに開いて以降、創業者サム・ウォルトン氏の指導のもとウォルマート・ストア（いつも・いつでも最安値で商品を提供）の船出を果たした「1960年代：小売革命の時代」、創業者サム・ウォルトン氏のビジョンを広くアピールしながら米国中に店舗出店を果たした「1970年代：国民的ストアへの進化の時代」、ウォルマート・スーパーセンターやSam's Club等の新業態ストアの開店を進めた「1980年代：新業態ストア開発の時代」、ウォルマート・スーパーセンターの業態転換を進めながら米国No.1小売業者となった「1990年代：米国No.1小売業者への飛躍の時代」、オンラインを活用したシームレスなショッピング体験を開発した「2000年代：新顧客体験開発の時代」、テクノロジーを通じ顧客のショッピング体験や仲間たちの働き方の利便性向上を実現した「2010年代：テクノロジーを通じた顧客・仲間たちの利便性探求の時代」、そして、伝統的な小売業の仕組みを踏襲しながら新たな仕組み構築に挑戦していく「2020年代：伝統的小売業の枠を超えていく時代」と変遷を辿ってきた。

FY2024の第三四半期決算は、売上高・FCFともに、成長基調に陰りはなく、手元流動性も増加傾向にあり安全性もより改善している。今後も同社のパーパス、原理原則、競争優位なポジションにある事業のもと持続的成長が見込めるだろう。かかる経営環境を鑑み、全階層型リーダーシップがCEOアジェンダと考える。留意すべきポイントは3つだ。

1つ目は、キーメッセージである。キーメッセージの筆頭は、長期ビジョンと経営戦略であり、特に事業ビジョン（よりよい世界を築き続ける伝統的小売）の絵姿（Ｗｈａｔ）・事業ビジョンを目指す理由（Ｗｈｙ）・経営戦略（Ｈｏｗ）を20カ国・1万500事業ユニットの210万人の仲間たちが鮮明にイメージできる内容へ抽象すべきだ。次いで、パーパスと原理原則についても改めて強調していくのである。単純明快に抽象したい。

2つ目は、コミットメントと一貫性である。同社においてリーダーシップの一貫性を保つには「調整力」が必要だ。例えば、同社の各国・各事業ユニットが対峙する外部環境の変遷、時代の変遷を鑑み、キーメッセージを個別最適化するのである。20カ国・1万500事業ユニットに210万人の仲間たちが存在する以上、キーメッセージが全社一律とはなり得ないのだ。

3つ目は、全階層型リーダーシップの発揮である。20カ国・1万500事業ユニットを210万人の仲間たち（世界一の規模）とともに展開し、世界中に多角的・多面的にステークホルダーが存在する同社には、ＣＥＯを中心としたリーダーシップチームによるトップアップ型リーダーシップが必要不可欠だ。その中核はやはりＣＥＯのリーダーシップとなる。特に、未来の同社の方向性を示す長期ビジョンと経営戦略を抽象したＣＥＯメッセージが重要だ。広範にわたるステークホルダー一人ひとりと個別に対話を行うことが最も丁寧なコミュニケーションではあるが、ＣＥＯとステークホルダーの時間は有限である以上それは非現実的である。従って、ＣＥＯは、自身のリーダーシップを有限な時間内で最大化すべくＣＥＯメッセージに伝えたいポイントを凝縮し、コミットメントと一貫性を示し続け、長期ビジョン実現へとステークホルダーを導くのだ。また同社規模の企業のリーダーシップをCEO1人で担うことは難しいため、リーダーシップの分業を図りたい。その際のチーム編成（グループCEOに加え、各地域担当CEOとファンクションヘッド［CFOやCTO等］で構成）やCEOが集中すべき仕事（長期ビジョンの構想・体現に集中等）は不変だ。

同社のリーダーシップは、トップアップ型リーダーシップだけでは足りない。すなわち、ミドルアップ型リーダーシップが必要だ。ミドルリーダーは各店舗の店長等を担い、現場に責任を負い現場を俯瞰しながらリアルタイムの課題を発見・解決し続けることが求められる立場にあろう。「店は客のためにあり　店員とともに栄え　店主とともに滅びる」という言葉があるが、店主を店長に読み換えたり、店長と店主と読み換えてもこの言葉は成り立つはずだ。ミドルリーダーの課題解決力やリーダーシップは、同社の課題解決力やリーダーシップに直結する。従って、CEOやリーダーシップチームはミドルリーダーとの対話・連携を深めトップアップ型リーダーシップを強化すべきだ。

さらに同社のリーダーシップには、ボトムアップ型リーダーシップも欠かせない。全階層でリーダーシップが発揮されることではじめて同社のリーダーシップは機能し、CEOやリーダーシップチームは真に現場に即した決断が可能となり、組織のダイナミズムが際立つのだ。現場スタッフは各店舗の最前線で顧客と接し同社の価値創造をリードする立場にあり、現場スタッフの各店舗における接客は同社の価値創造に直結する。従って、CEOやリーダーシップチームは現場スタッフとの対話・連携を深めトップアップ型リーダーシップを強化するとともに、全階層型のリーダーシップを発揮していくべきだ。

【CEOアジェンダ2】長期ビジョンと経営戦略

留意すべきポイントは3つだ。

1つ目は、ウォルマートとは何者か、である。長期ビジョンは最終的に事業ビジョン（定性ビジョン）と目標企業価値（定量ビジョン）に抽象していくこととなる。その際、抽象するための基準がなければ長期ビジョンを構想することはできない。従って、まず、同社の根源となる実力・真価・アイデンティティを明らかにすべきだ。

結論から述べると、同社の実力は「世界196カ国中20カ国に複数業態のストアを、リアル店舗を中心に展開する米国No．1・世界No．1の伝統的小売企業」、アイデンティティは「サム・ウォルトン氏が築き上げた原理原則に基づき、米国No．1・世界No．1の伝統的小売業を210万人の仲間たちとともに経営し続ける米国企業であること」と考える。

同社の実力・真価・アイデンティティを明らかにすることで、自ずと長期ビジョンの輪郭が見えてくるだろう。すなわち、よりよい世界を築き続けることを目指し、より多くの国でのリアル店舗展開を続け、1人でも多くの顧客と仲間たちの生活をよりよくし続ける全世界的な伝統的小売企業の姿だ。

2つ目は、長期ビジョンである。長期ビジョンは、事業ビジョン、目標企業価値の順に構想していく。事業ビジョンは、ウォルマートとは何者かを検討するなかで見えた輪郭に加え、外部環境の変遷、コア・コンピタンスの観点から思考を深め、長期ビジョンの時間軸であるFY2035時点の最適な事業ビジョンとして抽象したい。

FY2035までの外部環境の変遷として同社が注視すべきは、パーパスの体現に向け8つに分類されたテーマへの対応、尽きることのない顧客の生活需要への対応、Amazonの脅威への対応、AI・ロボット等1人でも多くの顧客と仲間たちの生活をよりよくしうるテクノロジーの活用を通じたビジネスモデルの進化等だ。そして、そうした外部環境の変遷のなかにおける同社のコア・コンピタンスは、20カ国・1万5000事業ユニット（リアル店舗を顧客接点に人と人との対面コミュニケーションを経て価値と対価の等価交換が行われる場）を210万人の仲間たち・地域コミュニティとともに運営する伝統的小売業を経営する能力だろう。

昨今、本邦企業経営界でもコロナ禍を経てオフィス回帰論を提唱する企業が増えているが、いかにテクノロジーが発展しようとも人と人との対面コミュニケーションの価値が失われることはない。Amazonもアマゾン・フレッシュ（Amazon Fresh）、アマゾン・ゴー（Amazon Go）、アパレルのアマゾン・スタイル（Amazon Style）の3業種・業態のリアル店舗事業を展開しているが、この分野は同社に一日の長がある。以上を鑑みた同社の事業ビジョンは「よりよい世界を築き続ける伝統的小売企業」だ。

次に事業ビジョンを目標企業価値へと抽象していく。すなわち、継続企業である同社の企業価値を2つの企業価値評価手法（類似企業比較法、DCF法）で算出し、当該理論値を参考値としCEOが目標企業価値を決断するのだ。2つの企業価値評価手法のいずれを使用する場合も企業価値算定に必要となる損益は、事業ビジョンを実現するための経営戦略が、未出店国への新規店舗展開や店舗運営上の商品選択・価格調整等、勝手知ったる戦略が中核となるため比較的予測しやすいだろう（過去にドイツ・韓国・日本等へ新規出店し撤退した経験から学習している点も大きい）。

ただし、Amazonの過去10年間における急成長（売上高はFY2013の$7万4452mからFY2022に$51万3983mの6・90倍へ。同期間における同社売上高はFY2014の$47万6294mからFY2023に61万1289mと1・28倍へ。先行投資を続け利益を創出してこなかったAmazonだが、FY2018からFY2021には同社を上回る水準の最終利益率を実現した。こうした急成長に対し資本市場は好感を示し、AmazonのPERは同社の2倍超で評価されていることが多い）を鑑みれば、市場シェアの維持・拡大のために、既存の延長線上にない経営戦略も求められる点に注意したい。こうした既存の延長線上にない経営戦略も踏まえ、企業価値の理論値を参考値としCEOが目標企業価値を決断するのだ。

3つ目は、経営戦略である。経営戦略は、経営戦略ストーリー、評価の順に検討していく。出発点は経営戦略ストーリーの構想だ。経営戦略ストーリーはウォルマートとは何者か、FY

2035までの外部環境の変遷、コア・コンピタンス、事業ビジョンを前提に、企業戦略と競争戦略を検討しKSF(主要成功要因)を特定していく。

企業戦略を優先順に述べると、①既存(コア)業態の一店舗当たり損益の向上、②既存(コア)業態の新市場・新エリアの店舗展開(現状未開拓な欧州市場における主要業態ウォルマート・スーパーセンターの店舗展開等)、③既存(コア)業態における不採算エリアおよび店舗のリストラクチャリング・縮小・再生・売却・撤退・清算等、④新規業態の開発、となるだろう。①はさることながら、特に②③の両輪におけるPDCAを徹底することが重要だ。そして、①〜④の戦略を同時に実行していくべく、CEOやリーダーシップチームは全階層型リーダーシップを発揮していくのである。

競争戦略を優先順に述べると既存(コア)・新規業態問わず、①現地化を意識したビジネスモデルの進化、②ビジネスモデルを進化しうる事業のM&A、となるだろう。

特に①が重要だ。エリア固有の競争環境理解(地政学的リスク・景気・文化・先端技術の浸透度・顧客特性・サプライヤーの充実度・新規参入者の量と質・代替業者の量と質・競合プレイヤー等はエリアごとに全て異なる)、エリア固有の商品選択と価格調整、エリア固有のオペレーションモデルの構築が求められる。

そしてKSFは「現地化」だ。KSFをおさえ続け徹底的に追求することができれば、コア・コンピタンスを活かし、対Amazonをはじめとする競合との競争勝利と長期ビジョンを最短・確実に実現できるはずだ。外部環境の変遷、競争環境の本質を熟考しＫＳＦを見極めたい。

次に経営戦略ストーリーを評価したい。例えば、仲間たちをエンパワーメントする経営戦略か否かだ。同社には世界一の規模を誇る２１０万人の仲間たちがいる。それは強みであり弱みでもある。当然、強みとすべきであり、そのためには経営戦略が仲間たちからみてワクワクしたり、自然と身体が動き出すような高揚感を生む内容となっていなければならない。かつてサム・ウォルトン氏が実践してきたように、それができれば、同社は比類なき実行力のもと「よりよい世界を築き続ける伝統的小売企業」へと進化を果たすとともに、資本市場をはじめとする他市場やあらゆるステークホルダーから、今以上の評価を得る企業となるはずだ。

【CEOアジェンダ3】後継CEOの育成

留意すべきポイントは3つだ。

１つ目は、後継ＣＥＯを育成すべき理由である。同社のＦＹ２０３５までの事業ビジョンは「よりよい世界を築き続けることを目指す全世界的な伝統的小売企業」であり、同社は世界になくてはならない存在でもあることから、経営に永続性が求められる。例えば創業１００周年となる２０６２年まで等、同社の経営はＦＹ２０３５以降も続くのだ。従って、後継ＣＥＯの育成は外せない論点だ。

２つ目は、後継ＣＥＯの育成要件である。後継ＣＥＯとはＦＹ２０３６以降に単独で同社ＣＥ

Oを担える人材を指す。後継CEOには、同社経営の縦の論理（パーパス、原理原則、コア・コンピタンス、事業ビジョン等）と横の論理（過去・現在・未来の時間軸における変遷）の理解をもとに、同社グループの経営をリードできる能力が求められる。FY2024-2035までの12年間、現任CEOと取締役会が後継CEOの育成に責任を負い、同社内での職務経験等を通じ後継CEOを育成していくのだ。

3つ目は、後継CEOの育成方法である。後継CEOの育成方法は、①社内外より後継CEO候補者を発掘し3名程度に絞り込む（FY2024）、②主要業態におけるCEOや店長等、同社グループの価値創造の源泉を体感できる経験を3年。候補者を1名に絞る（FY2024-2026）、③CFO等グループのファンクションヘッド経験を3年（FY2027-2029）、④COO等グループのNo.2経験を3年（FY2030-2032）、⑤前任CEOに会長等の役職で後方支援をいただきながら二大代表制でグループの経営をリードする共同CEO経験を3年（FY2033-2035）、⑥単独CEOとして独り立ち（FY2036以降）の6つのステップを経るのがよいだろう。

12年間はあっという間に過ぎ去るため、②〜⑤までの各3年間、後継CEOと現任CEO・取締役会は徹底的に集中し準備を進めたい。

3-10　時代を創る
――アップル

【要諦】時代を創るリーダーシップが鍵。そして、リーダーシップの源泉である長期ビジョンと経営戦略を構想・実行し長期ビジョンを実現するとともに、15年間で新時代の顔となるCEOを育成する

【CEOアジェンダ1】時代を創るリーダーシップ

同社は、Products・Services の2つの事業を iPhone・Mac・iPad・Wearables, Home and Accessories・Servicesの5つのセグメントに分け、Americas・Europe・Greater China・Japan・Rest of Asia Pacificの5つの地域にて展開している。結果、過去10年超にわたり高水準の株価・業績成長を続け、株価は2013年10月1日時点の終値$17・43から2023年9月29日時点の終値$171・21に、売上高はFY2014 $18万2795mからFY2023 $38万3285mに、包括利益は同$4万1063mから同$9万6652mへと成長してきた。

同社は、1976年にApple Iを開発しApple Computer Companyを創業してから1980年までの「1976-1980年：創業の時代」、マッキントッシュの開発と好調な販売を記録した「1981-1990年：マッキントッシュによる成功の時代」、Macint osh3ブランド(ハイエンドのMacintosh Quadra、ミッドレンジのMacintosh Centris、ローコストのMacintosh Performa)の販売不振や携帯情報端末Apple Newtonの販売不振等により業績悪化が表面化した「1991-1997年：業績悪化の時代」、共同創業者のスティーブ・ジョブズ氏の復帰、iMac・iPod等の新プロダクトを発表し急激な利益成長を実現した「1998-2007年：急成長の時代」、大ヒットモバイルデバイスiPhoneを発表し持続的な急成長を実現した「2007-2011年：モバイルデバイスの時代」、共同創業者で1990年代後半以降の同社の急成長を牽引したジョブズ氏亡き後、新任CEOティム・クックのもとApple初のスマートウォッチApple Watch等の新プロダクト発表や継続的なiPhone等の既存プロダクト・サービスの販売拡大を図る「2011-現在：ティム・クックの時代」と変遷を辿ってきた。

FY2023通期決算は、売上高は米ドル安の影響で減収も(Mac・iPhoneセグメントの減収をServicesセグメントの増収で相殺していたため米ドル安の影響を除けば増収)、包括利益は力強い利益成長を継続しており成長基調に陰りはなく、株主資本比率は3・2ポイント改善し、安全性もより高まっている。今後も同社の競争優位なポジションにある事業(プロダクト・サービス)が持続的成長を牽引していくだろう。かかる経営環境を鑑み、時代を創るリーダーシップがCEOアジェンダと考える。留意すべきポイントは3つだ。

1つ目は、CEOメッセージである。リーダーシップを発揮する対象を問わず、リーダーシップの源泉はＣＥＯが発信するキーメッセージとコミュニケーション、すなわち、「未来を見せる力」に凝縮される。そして、未来を創る力、時代を創る力の源泉もＣＥＯメッセージに凝縮されている。

ジョブズ氏は、この本質を体現した当代随一のコミュニケーターでありリーダーだった（ｉＰｈｏｎｅのサプライズ発表は今も記憶に新しい）。キーメッセージは、同社の未来の方向性（長期ビジョンと経営戦略、新時代の顔となるＣＥＯの育成等）に向け現在どんな動きをしているか（最新ニュース）、それは過去（業績実績や社史）を鑑みれば妥当であることを単純明快なストーリーとして抽象していく。

そして、コミュニケーションでは、時代に最適化されたオフライン（リアル）とオンライン（バーチャル）の選択や最も伝わりやすいビジュアル等について工夫していく。世界有数の水準で多角的・多面的なステークホルダーが存在する同社においても、キーメッセージとコミュニケーションにおいて注意すべきポイントは不変だ。

２つ目は、ＣＥＯの時間配分である。ＣＥＯの時間配分を決めることは、リーダーシップ（外発的動機付け・内発的動機付け）のトータルコーディネートを決めることであり、リーダーシップの強弱をも規定する。ＣＥＯの時間配分は、リーダーシップチームとの分業・連携を進めることを前提に、ＣＥＯアジェンダの構想・実行段階ともに、ＣＥＯアジェンダ突破に９割、ＣＥＯにしか対応できない業務や会合への参加等に１割が望ましい。ＣＥＯアジェンダ１～３を確実に実行し結果を出すことは非常に困難だ。CEOは可能な限り集中的にCEOアジェンダに時間を配分したい。

3つ目は、リーダーシップの分業・連携である。CEOの時間配分で述べた通り、CEOは可能な限り集中的にCEOアジェンダに時間を配分できるようリーダーシップの分業・連携を企図すべきだ。基本は現体制で採用している全社CEO＋各セグメントSenior Vice President＋全社機能責任者(General Counsel・Software Engineering・Worldwide Marketing・COO・CFO等)を通じリーダーシップの分業・連携を図る形を維持するのがよいだろう。事業ポートフォリオや海外展開の拡張に応じ都度体制の見直しを図りたい。

【CEOアジェンダ2】長期ビジョンと経営戦略

留意すべきポイントは3つだ。

1つ目は、CEOの時代観である。長期ビジョンと経営戦略はCEOの時代観に基づき構想される。そして、CEOの時代観は、外部環境の時代と内部環境の時代の2つに分け認識していくのだ。同社の長期ビジョンと経営戦略を構想するためには、FY2024-2033までの10年間を1つの時代とし外部環境の時代と内部環境の時代を認識していく必要がある。

FY2024-2033までの10年間、外部環境は「真理と本質の時代」になろう。政治(世界平和を脅かす紛争やテロの多発とそれに伴う地政学的リスクの増大、テック規制等)、経済(生成

AIをはじめとするテクノロジーの企業経営へのさらなる浸透、サステナビリティ経営・パーパス経営の標準化等）、社会（情報爆発、格差拡大、人権尊重、気候変動リスク増大等）、技術（AIやロボット、宇宙開拓技術のさらなる進化等）の各分野における世界的にコンセンサスを得られた未来予測とランダム性を鑑み抽象した。

そして、内部環境は「時代を創る時代」となる。外部環境が「真理と本質の時代」を迎えるなか、同社が「1976-1980年：創業の時代」「1981-1990年：マッキントッシュによる成功の時代」「1991-1997年：業績悪化の時代」「1998-2007年：急成長の時代」「2007-2011年：モバイルデバイスの時代」「2011-現在：ティム・クックの時代」を経て、築き上げた現経営環境を鑑み抽象した。実務上、長期ビジョンと経営戦略は、構想内容を取締役会等で評価・議論しながら最終化していくこととなろうが、その出発点はCEOの時代観だ。

2つ目は、長期ビジョンである。次に「時代を創る時代」における同社の長期ビジョンを事業ビジョン、企業戦略・競争戦略、目標企業価値の順に検討し構想していく。

事業ビジョンは、FY2024-2033における外部環境の変遷を見極め、同期間における同社のコア・コンピタンス発見、事業ビジョンの構想と検討していく。外部環境は「真理と本質の時代」として時代観で述べた通り、政治面では世界平和を脅かす紛争やテロの多発とそれに伴う地政学的リスクの増大、テック規制等、経済面では生成AIをはじめとするテクノロジーの企業経営へのさらなる浸透、サステナビリティ経営・パーパス経営の標準化等、社会面では情報爆発、格差拡大、人権尊重、気候変動リスク増大等、技術面ではＡＩやロボット、宇宙開拓技術のさらなる進化等をトレンドとし、益々多様化・複雑化していくことは間違いない。唯一の正解が存在しない世界では、真理と本質を見極める力、真理と本質を捉えたマーケティング力・イノベーション力が鍵だ。

　そのような外部環境下における同社のコア・コンピタンスは、地球規模で愛されるプロダクトとサービスおよびその世界観、プロダクトとサービスを利用いただいているお客様の個人情報と当該お客様との接点、他の追随を許さないＣＣＣ（キャッシュ・コンバージョン・サイクル）が可能とする資金繰りとレバレッジ戦略だ。つまり、同社は「真理と本質の時代」において時代を創ることのできる稀有な存在といえる。

　こうした前提と事業ビジョンの必要条件（事業活動を通じた課題解決、世界のＷｅｌｌ－ｂｅｉｎｇへの貢献、世界になくてはならない）を鑑みた同社の事業ビジョンは「情報社会の最適化を通じ世界のＷｅｌｌ－ｂｅｉｎｇに貢献する」だ。なお、最適な情報社会とは、全ての人に同社のｉＰｈｏｎｅや便利で快適なサービスが行き渡り、適時必要な情報を取得でき、一人ひとりが自由と責任のもとＷｅｌｌ－ｂｅｉｎｇな人生を力強く歩んでいくことのできる社会を指す。

　次に、事業ビジョンを実現するための企業戦略・競争戦略を検討していく。事業ビジョンを実現するための企業戦略における事業ポートフォリオ戦略を優先順に述べると、①既存プロダクト・サービスの既存参入済み市場におけるさらなるシェア拡大、②既存プロダクト・サービスの未参入市場（国や各国特定地域等）への拡張、③新規プロダクト・サービスの開発、となる。組織戦略は既存組織の方針を踏襲しつつ、①～③を通じた事業ポートフォリオの変化に応じ、順次最適化していく。競争戦略を優先順に述べると、①既存プロダクトの価値向上・販売強化、②既存サービスの価値向上・販売強化、③新規プロダクト・サービスの事業開発（事業化、事業拡大）となるだろう。

最後に、事業ビジョンと企業戦略・競争戦略を目標企業価値に抽象していく。すなわち、継続企業である同社の企業価値を2つの企業価値評価手法（類似企業比較法、DCF法）で算出した理論値を参考値としCEOが目標企業価値を決断するのだ。考え方に他社との違いはない。

3つ目は、経営戦略である。最後に長期ビジョン構想時に検討した経営戦略を決断に足る水準とすべく経営戦略ストーリー、評価の順に検討していく。ストーリーは以下の通りだ。FY2024-2033の全期間において、コア・コンピタンス（地球規模で愛されるプロダクトとサービスおよびその世界観、プロダクトとサービスを利用いただいているお客様の個人情報と当該お客様との接点、他の追随を許さないCCCが可能とする資金繰りとレバレッジ戦略）を維持・強化しながら、既存プロダクト・サービスの既存参入済み市場におけるさらなるシェア拡大、既存プロダクト・サービスの未参入市場（国や各国特定地域等）への拡張、新規プロダクト・サービスの開発および事業開発（事業化、事業拡大）を実行していく。

6年目以降の長期ビジョン実現期間の後半には、新規プロダクト・サービスが第6・第7のセグメントとなるレベルまで育成されていることが理想だ。KSFは「新市場開拓と新プロダクト・サービス開発」である。現状に満足せず、お客様の期待を上回るさらなる価値を地球規模で届け続けることで時代を創るのだ。以上述べた経営戦略ストーリーは、長期ビジョンの実現確率が高い最適解と評価できる。

【CEOアジェンダ3】新時代の顔となるCEOの育成

留意すべきポイントは3つだ。

1つ目は、新時代の顔となるCEOを育成すべき理由である。同社のFY2033までの事業ビジョンは「よりよい世界を築き続けることを目指す全世界的な伝統的小売企業」であり、同社は世界中に同社サービスやプロダクトのファンを持つ世界になくてはならない存在でもあることから、経営に永続性が求められる。また、同社は現世界No.1企業であり、新時代の顔となるCEOが必要だ。そして、ビジョンを示し人類・時代をリードする使命がある。従って、新時代の顔となるCEOの育成は外せない論点となる。

2つ目は、新時代の顔となるCEOの育成要件である。新時代の顔となるCEOとはFY2033以降に単独で同社CEOを担える人材を指す。新時代の顔となるCEOには、同社経営の縦の論理（コア・コンピタンス、事業ビジョン、目標企業価値等）と横の論理（過去・現在・未来の時間軸における変遷）の理解をもとに、同社グループの経営をリードできる能力が求められる。ＦＹ２０２４‐２０３８までの15年間、現任ＣＥＯと取締役会が後継ＣＥＯの育成に責任を負い、同社内での職務経験等を通じ新時代の顔となるＣＥＯを育成していくのだ。

３つ目は、新時代の顔となるＣＥＯの育成方法である。新時代の顔となるＣＥＯの育成は長期ビジョンの実行期間10年に5年を加えた計15年間で行う。育成方法は、①社内外より新時代の顔となるＣＥＯ候補者を発掘し3名程度に絞り込む（ＦＹ２０２４）、②主要セグメントにおけるＣＥＯ等、同社グループの価値創造の源泉を体感できる経験を3年。候補者を1名に絞る（ＦＹ２０２４‐２０２６）、③ＣＦＯ等グループのファンクションヘッド経験を3年（ＦＹ２０２７‐２０２９）、④ＣＯＯ等グループのＮｏ．２経験を5年（ＦＹ２０３０‐２０３４）、⑤前任ＣＥＯに会長等の役職で後方支援をいただきながら二大代表制でグループの経営をリードする共同ＣＥＯ経験を4年（ＦＹ２０３５‐２０３８）、⑥単独ＣＥＯとして独り立ち（ＦＹ２０３９以降）の6つのステップを経るのがよいだろう。

15年間はあっという間に過ぎ去るため、②～⑤までの15年間、新時代の顔となるＣＥＯと現任ＣＥＯ・取締役会は徹底的に集中し準備を進めたい。この点も他社との違いはない。

第4章

企業価値最大化経営の実戦

本書では企業価値最大化経営を基本・応用・発展の順に考察してきた。最後に、本章では企業価値最大化経営の実戦における要諦、企業価値最大化経営の実戦で外部アドバイザーを起用する場合の要諦を紹介する。

4-1 企業価値最大化経営の実戦における要諦

要諦1 非連続な結果を実現し続ける

経営とは「結果を出し続ける行動」だ。企業価値最大化経営においても企業価値最大化の実現という結果を出し続けることが使命であり、結果が全てだ。本書ではここまで、企業価値最大化経営の基本・応用・発展と論理を展開してきたが、本書で述べた全ての論理は結果を出し続けるためにある。方法論・テクニック論はそれ単体では価値を証明することはできず、信念を貫き結果を出し続けることではじめて価値が実証される。さらに、ただ結果を出し続けるのではなく、非連続な結果を実現し続けることを前提とすべきだ。

結果、より高い・より早い・より堅い・より長い企業価値最大化経営を実現できる。

要諦2 他の追随を許さない基本力とコア・コンピタンス

理由は3つだ。

1つ目は、基本力があればビジョンの実現力が高まりあらゆる経営に対応可能な応用力を得られるためである。基本力とは、一言で述べれば「実戦の要諦と自社が何者であるか（実力・真価・

アイデンティティ）に基づく、経営環境創出（外部環境の変遷に内部環境を最適化。広義のマーケティング［顧客創造と顧客貢献をし続ける仕組み］）とCEOアジェンダ突破（広義のイノベーション［顧客創造と顧客貢献をし続ける新しい仕組み］）により、未来の企業価値最大化経営を動的にコントロールし続ける力」のことだ。

経営では動的にリスクと対峙していくこととなり、期初に想定した計画通りに物事が進捗することはほぼない。従って、想定外への対応等、都度経営の軌道修正が求められるが、その際によりどころとなるのが基本力だ。基本力があれば、動的に何度でも経営を構想しなおすことができる。同様に、基本力があれば、過去経験したことのない現象と対峙する応用的局面でも慌てることなく対応することが可能だ。基本力は、常に危機感を持ち視座・視野・視点を使い分け、自社を多角的・多面的に細部にわたり観察することで、自社がＮｏ．１へと続く道から脱線・脱落していないか、明らかに競合に劣後する水準となっていないか違和感を見逃さないことが鍵だ。

油断や慢心、甘さは命取りとなる。仮に動的にコントロールができていない場合、すなわち、CEOが自社はどのような流れのなかで経営を行っているか理解できていない場合は溺れていることに等しい。例えば、CEOを「船長」に、流れを「海流」に、経営を「船の操縦」に置き換えて考えれば、その状態が如何に危険かご理解いただけるだろう。船長はどのような海流のなかで自船を操縦しているか理解していないため、将来的にどこに行き着くのかどのような脅威にさらされるのか分からない。従って、自船の命運は船長の臨機応変な対応と直観や運に委ねられる。

この場合、目的地に辿り着くことよりも生存が最優先事項となり運よく目的地に辿り着くことができたとしても、未来の船の操縦を動的にコントロールができていた場合と比較しより多くの時間と犠牲を払うことになるだろう。

2つ目は、コア・コンピタンスが有事の突破力の源泉であるためである。コア・コンピタンスとは、企業固有の企業文化と社名のもと創業から現在までの全ての企業活動を通じ蓄積された「中核的な強み（競争の勝敗を決定付ける競争優位性（違い））」だ。基本力だけでもあらゆる経営に対応可能だろう。しかし、基本力だけでは、爆発的な急成長や絶望的な再生局面からのV字回復等、有事を突破することは難しい。従って、いつか来る有事に備え、創業時よりコア・コンピタンスを発見し、自社固有の「最強の武器」へと強化し続ける必要がある。

3つ目は、基本力とコア・コンピタンスが他の追随を許さない水準であれば、より高い・より早い・より堅い・より長い企業価値最大化経営を実現できるためである。基本力があればビジョンの実現力が高まりあらゆる経営に対応可能な応用力を得られ、コア・コンピタンスがあれば有事の突破力を得られる。そして、基本力とコア・コンピタンスが他の追随を許さない水準であれば、より高い・より早い・より堅い・より長い企業価値最大化経営を実現できるのだ。

要諦3　ストーリーに夢中になる。ストーリーを批判的に評価する

企業価値最大化経営を実戦し企業価値最大化を実現するには、過去・現在・未来と続くストー

リーに夢中になる一方で、第三者の視点でストーリーの魅力や蓋然性を批判的に評価する姿勢が重要だ。そのために、CEOは、自分の中に2人の自分（ストーリーに夢中になっている自分とストーリーを批判的に評価する自分）を同居させる必要がある。理由は3つだ。

1つ目は、無意識レベルの強力なリーダーシップを期待できるためである。人間はストーリーに引き込まれたり魅了されたりしやすい生き物といわれるが、企業価値最大化経営の演者であるCEOや役職員は、当事者ゆえにその傾向が一層強まる。結果、無意識に動機付けされ、ビジョン実現に向け身体が勝手に動き出すような状態に至ることがある。ストーリーに夢中になることで無意識レベルの強力なリーダーシップを期待できるのだ。

2つ目は、ストーリーの魅力を最大化すべくフルポテンシャルが解放されイノベーションやブレークスルーが生まれやすくなるためである。無意識レベルの強力なリーダーシップに導かれ、CEOや役職員はストーリーの魅力を最大化したいと考えることとなる。結果、衆知が集まり、これまで眠っていた企業のフルポテンシャルが解放されることで、イノベーションやブレークスルーが生まれやすくなるのだ。

3つ目は、認知バイアスが排除され客観的な経営に修正できるためである。ストーリーに夢中になることは、ストーリーを前進させるために必要不可欠だ。一方で、ストーリーに夢中になるがゆえに経営が主観的になりやすく、CEOや役職員が認識できていない外部環境の変遷や現実世界の状態に内部環境（自社）を最適化できておらず、本来のフルポテンシャルを発揮できていない可能性が高い。従って、第三者の視点でストーリーを批判的に評価するため、CEOや役職員がストーリーを批判的に評価する習慣を持つとともに、必要に応じ外部アドバイザーの起用を検討し、常に客観的な経営に修正していくことが重要だ。

4-2 企業価値最大化経営の実戦で外部アドバイザーを起用する場合の要諦

要諦1 外部アドバイザーを起用する背景と目的を明確にしCEOが方向性を決断する

企業価値最大化経営の実現確率を上げるために外部アドバイザーを起用する場合、はじめに自社固有の背景と目的を明確にし、CEOが方向性を決断しておくことが成否を分ける重要な分岐点となる。

背景とは、中期経営計画等で定めた(定めたい)企業価値最大化経営の与えられた時間・目標企業価値・経営戦略等のことであり、目的とは当該企業価値最大化経営の実現確率を上げるための外部アドバイザーへの依頼条件(機能・権限・期間・報酬体系等)のことだ。背景と目的を整理する際には、自社単独で検討を進めるか、この段階より外部アドバイザーに相談を持ちかけ検討を進める方法が考えられる。

いずれの進め方においても共通するのは、第1章で論じた企業価値最大化経営の全体像を「見える化」したうえで、左記論点に最適解を見いだしていくことだ。

・第三者・アウトサイダーからの客観的な助言が必要か。
・中長期的に自社が強化していくべきコア業務は何か。逆にノンコア業務は何か。
・外部のプロフェッショナルでなければ解決困難な課題は何か。
・企業価値最大化経営に関与可能な社内人材は誰か。

自社単独、あるいは、外部アドバイザーを巻き込みながら、これらの論点に最適解を見いだしROI（投資対効果）を慎重に検討したうえで、企業価値最大化経営の実現確率を上げるために外部アドバイザーを起用するべきか、起用する場合どのような背景と目的を持ち起用するのか、はじめにCEOが方向性を決断することが鍵だ。

要諦2　外部アドバイザーのベストパフォーマンスを引き出すべく受け入れ準備をする

企業価値最大化経営の実現確率を上げるために、外部アドバイザーが最高のパフォーマンスを発揮できるよう行う受け入れ準備は、一般的なプロジェクト・マネジメントにおけるプロジェクト設計とは考え方が異なる。留意すべきポイントは6つだ。

1つ目は、社内への背景と目的の浸透である。CEO自ら企業価値最大化経営を行う背景と目的を紙3枚程度に簡潔にまとめ（1枚目「過去の実績値と未来の目標値」、2枚目「今後の経営戦略」、3枚目「今後のスケジュール」等）、キーマンに対しCEO自ら話者となり、コミットメントを示すことで、外部アドバイザーは最高のパフォーマンスを発揮できる。

2つ目は、企業価値最大化経営の全体像と外部アドバイザーへの依頼条件である。依頼条件とは、背景と目的にて外部アドバイザーへの依頼条件として設定した機能・権限・期間・報酬体系等のことだ。この段階にて必要に応じ改めて見直しを行っていただきたい。

3つ目は、業務プロセス・情報管理・コミュニケーションである。戦略に基づく業務プロセスの厳格な設計、競合への情報漏洩リスク等を加味した情報管理方針の検討、プロジェクト・メンバー間でのコミュニケーション方法(主要窓口、電話・メール・オンラインチャットツールの使用等)について検討していく。

4つ目は、予算である。戦略を実行するために必要となる資金であり、背景と目的の検討時に設定した金額をこの段階にて必要に応じ改めて見直しを行っていただきたい。

5つ目は、プロジェクト体制である。体制は企業価値最大化経営の実現確率を上げるために極めて重要だ。企業価値最大化経営を実践するには中長期にわたるコミットメントと高い専門性が求められることから、内製での業務執行を基本に、背景と目的にて整理した方向性に沿い外部アドバイザーの起用有無を決断し、自社固有の環境に対応するために最適な体制を編成したい。

6つ目は、働き方である。業務プロセス上のフェーズやプロジェクト・メンバーの特性に合わせ、企業価値最大化経営の実現確率を上げることのできる最適な働き方を選択すべきだ。例えば、リモートワークか常駐か、その際に固定席を設けるかフリーアドレスか、特別なプロジェクト・

ルームを設けるか、業務執行を円滑に進めるため外部アドバイザーにもメールアドレスや名刺を準備するか等、一つひとつ選択していくのである。

これら６つの留意すべきポイントについて事前にしっかりと準備しておくことができれば、外部アドバイザーを受け入れ、企業価値最大化を実現する確率を上げることができるだろう。

要諦３　外部アドバイザーを見極め選抜する

外部アドバイザーを見極め選抜する際には、背景と目的に照らし、外部アドバイザーを組織単位だけではなく、チーム単位・個人単位で比較し評価すべきだ。企業価値最大化経営の実現確率を上げる外部アドバイザー組織には、戦略コンサルティングファーム、会計系コンサルティングファームの戦略部門、ＴＳ＆Ｃｏ．のような企業価値最大化経営をコアサービスとするブティック系の専業ファーム等がある。

本業とするソリューションに起因し組織ごとに特徴が異なり、戦略コンサルティングファームであれば企業戦略・競争戦略立案、会計系コンサルティングファームの戦略部門であれば会計情報と整合した戦略立案、ＴＳ＆Ｃｏ．であれば企業価値最大化経営全体を総合的に支援し非連続な結果（企業価値）の実現とサステナビリティに貢献することを特長とする。

組織単位の比較・評価を終えた後、次に、チーム単位の比較・評価を行う。多くの場合、外部アドバイザーの組織内では複数案件を並行して請け負っており、稼働の関係上、組織単位では素晴らしくとも必ずしも自社が依頼する案件に最適化されたチームアップがなされるとは限らない。従って、組織単位の比較・評価に加えチーム単位の比較・評価も厳格に行うことが重要だ。

さらに、チーム単位の比較・評価に加え、個人単位の比較・評価も行う。これは企業価値最大化経営の業務執行は非常に専門性が高く個の力に大きく依存するためだ。外部アドバイザー組織の筆頭となる経営コンサルティングファーム業界は慣習的にキャリア採用者が多く、現所属組織名だけでは個の力を適切に比較・評価することはできない。従って、個人単位での業務実績や得意・不得意等まで外部アドバイザーへのヒアリングを通じて深く把握していく必要がある。

こうしたプロフィール上の比較・評価に各社が提供する価値（実績・ブランド・提案書等を通じた提案の質や的を得たコミュニケーション等）と、価格（固定報酬・成果報酬等の金額水準）の比較・評価を加え、最も自社固有の環境に対応するために最適な外部アドバイザー組織・チーム・個人を選抜し、最後に、最も意思疎通・気心知れた関係が構築された外部アドバイザーを選抜することを推奨したい。

要諦4　外部アドバイザーを試用し企業価値最大化を実現する

企業価値最大化を実現するまでには数年にわたる時間と数多の難易度の高い論点を解き続ける必要があるため、受け入れる側（企業価値最大化経営の主体者）と、受け入れられる側（外部アドバイザー）がともに、高い緊張感を維持し続けなければならない。そのための有効策が、契約条件（期間や報酬体系等）にて、必然的に、受け入れる側・受け入れられる側ともに「試用している・されている」意識を得られる条件を定め、企業価値最大化経営に挑むことだ。

例えば、一定期間内に事前に定めた成果を創出した場合に一定の報酬を提供する成功報酬型の報酬体系や、一定期間内に事前に定めた成果を創出した場合のみ契約期間を延長する等の取り決めである。なお、最終的に、企業価値最大化経営の実現確率を上げるため外部アドバイザーを有効活用するには、ＣＥＯと外部アドバイザーのコミュニケーションの質と量が最も重要となる。間違ってもプロジェクト途中で梯子を外したり、進捗管理にＣＥＯが関与しないといった事態は避けるべきだ。

要諦5　再挑戦時の内製化を目指す

企業価値最大化経営の実戦期間は、企業価値最大化経営再挑戦時の内製化に向けた準備期間でもある。従って、企業価値最大化経営をリードしていただくことを期待する次期ＣＥＯ候補者等に外部アドバイザーの見識や業務執行能力を移植し、企業価値最大化経営の内製化を期待すべきだ。

そして、徐々に自社流経営へと昇華し企業価値最大化経営並びに企業価値最大化の実現を恒常化したい。

著者紹介

澤 拓磨
（さわ たくま）

株式会社TS&Co.創業者兼代表取締役グループCEO
経営変革プロフェッショナル
TS&Co.経営変革研究所（TMTI）所長

グロービス経営大学院大学経営学修士修了（MBA）
1986年12月　生まれ。さいたま市出身
2007年４月　J2ザスパクサツ群馬練習生、Ｆリーグ名古屋オーシャンズセレクション合格
2009年11月　プラトリー株式会社代表取締役CEO　５事業創造１事業譲渡（ミドル層向け転職支援事業Middle Groupe）
2013年８月　株式会社ミクシィ（現株式会社MIXI）入社　M&A後の経営及び事業支援、新規事業
2015年８月　株式会社リクルートテクノロジーズ（現株式会社リクルート）入社　経営企画、経営戦略
2016年10月　シナネンホールディングス株式会社入社　グループ経営企画、コーポレートディベロップメント、IR、広報
2018年10月　フロンティア・マネジメント株式会社入社　M&Aアドバイザリー
2020年８月　株式会社TS&Co.創業者兼代表取締役CEO　第１次中期経営計画 第２－４期（2021-2023年度）を牽引し企業価値10倍超を実現
2023年８月　同社創業者兼代表取締役グループCEO（現任）第２次中期経営計画第５－７期（2024-2026年度）に挑戦中

著書：『最高経営責任者（CEO）の経営観』（単著、2022年、ダイヤモンド社）

お問い合わせ先：ts@ts-andco.com

株式会社TS&Co.
（ティエス・アンド・コー）

経営変革なら「経営力と経営変革力」のTS&Co.。
東証プライム市場トップ100社・中堅中小企業の経営変革を成功に導く経営力と経営変革力として、短中長期の経営変革サービスを提供し、非連続な結果の実現とサステナビリティに貢献し続ける経営変革ファーム。82%がCEOアジェンダ解決支援。

短中長期の経営変革サービス
1. 【長期】企業価値最大化経営
2. 【中期】プロ経営者（CEO）
3. 【中期】社外取締役
4. 【中期】経営執行支援
5. 【短期】経営コンサルティング
6. 【短期】M&Aアドバイザリー

企業・サービスサイト：http://www.ts-andco.com/

企業価値最大化経営

2024年5月1日　1版1刷

著　者　　澤 拓磨
発行者　　中川ヒロミ
発　行　　株式会社日経BP
　　　　　日本経済新聞出版
発　売　　株式会社日経BPマーケティング
　　　　　〒105-8308　東京都港区虎ノ門4-3-12
装　丁　　三木和彦
ＤＴＰ　　有限会社ベンチシート
印刷・製本　中央精版印刷株式会社

ISBN978-4-296-12236-3　Printed in Japan

本書籍に関するお問い合わせ、ご連絡は下記にて承ります。
https://nkbp.jp/booksQA